MONOGRAPHIE

DE

L'ABBAYE ET DE L'ÉGLISE SAINT-REMI

DE REIMS.

MONOGRAPHIE

DE

L'ABBAYE ET DE L'ÉGLISE

de

St-REMI DE REIMS

Précédée d'une Notice sur le saint Apôtre des Francs

D'APRÈS FLODOARD,

Par M. l'abbé POUSSIN, membre de l'Académie Impériale de Reims ;

OUVRAGE ILLUSTRÉ DE HUIT DESSINS

Par M. E. LEBLAN, architecte,

1re médaille d'or au concours de Lille, auteur de la *Monographie de Notre-Dame de Reims, de Saint-Eustache de Paris, etc.*

REIMS

LEMOINE-CANART, LIBRAIRE-ÉDITEUR,

Rue du Cadran-Saint-Pierre, 23.

1857.

Reims, Imp. de P. Regnier.

MONOGRAPHIE

DE

L'ABBAYE ET DE L'ÉGLISE DE SAINT-REMI

PARTIE HISTORIQUE.

CHAPITRE PRÉLIMINAIRE

Origines de l'Église de Reims. — Ses premiers Apôtres. — Ses Martyrs.
Évêques prédécesseurs de saint Remi.

« Le prince même de l'Église de Jésus-Christ, dit Flodoard, le bienheureux apôtre saint Pierre, ayant ordonné
saint Sixte évêque (1), jugea à propos de l'envoyer dans
notre ville avec des suffragants ; il lui donna pour collaborateurs dans cette province des hommes qui lui étaient

(1) Malgré l'assertion de Flodoard, il est encore permis de douter
que saint Sixte ait été contemporain de saint Pierre. Les auteurs de
l'*Histoire de Soissons*, Henri Martin et Paul Lacroix, et un grand nombre
d'histoires ecclésiastiques, placent vers le milieu du iii° siècle l'arrivée
de Sixte et de Sinice dans le pays Rémois et le Soissonnais. Sixte de
Reims aurait été envoyé par Sixte de Rome ; le pape Sixte II, désigné par
Hincmar, occupait le siége de Rome de 257 à 258.
L'opinion de Flodoard sur saint Sixte est aussi combattue par les éditeurs
de Dom Marlot (V. la *Dissertation*, liv. iii, ch. 5, en note). Cependant
il faut, pour être exact, avouer que les travaux de M. Faillon sur les
Apôtres de la Provence, la dissertation de M. Darboy sur l'*Apostolat et
l'aréopagitisme de saint Denys de Paris*, les recherches savantes pu-
bliées récemment sur saint Martial, de Limoges, les traditions surtout
de la liturgie romaine, infirment beaucoup par analogie les arguments
apportés contre Flodoard.

nécessaires ; c'étaient saint Sinice, qui d'abord occupa le siége de Soissons, puis celui de Reims ; et saint Memmie, évêque de Châlons. Saint Sixte, premier évêque de Reims, passe pour avoir fondé aussi l'Eglise de Soissons et y avoir établi saint Sinice, compagnon de ses travaux. Celui-ci, après la mort de saint Sixte, ordonna, dit-on, évêque de Soissons saint Divitien, son neveu ; et comme l'Eglise de Reims, nouvellement instituée, ne nourrissait encore que des enfants trop jeunes et trop faibles pour porter le fardeau de l'épiscopat, saint Sinice se soumit à la nécessité, et monta sur la chaire archiépiscopale. »

« Là, travaillant avec zèle au salut des âmes, et livrant d'utiles combats, il mérita d'être associé à son prédécesseur sur la terre comme dans le ciel. Il fut déposé dans le même temple et dans le même tombeau que saint Sixte. Depuis, grâce aux mérites de ces deux saints, leur église fut illustrée par des miracles éclatants, enrichie d'un grand nombre de donations, dotée et desservie par un clergé nombreux. »

On voit qu'il y eut une congrégation, tantôt de douze, tantôt de dix prêtres, comme au temps de l'évêque Sonnace ; mais dans les temps postérieurs, lorsque l'iniquité triompha et que la ferveur se refroidit, le nombre des ministres du Seigneur vint à diminuer. L'Eglise de Reims cependant devait être cimentée du sang des martyrs ; Timothée, Maur et Apollinaire furent les premières victimes. Ce fut dans l'église élevée en l'honneur de ces pieux athlètes que saint Remi voulut avoir sa sépulture, ainsi qu'il l'ordonna par cette clause ajoutée à son testament : « Mon » testament terminé et même scellé, il m'est venu à » l'esprit de léguer à l'église des saints martyrs Timo- » thée et Apollinaire un vase d'argent, du poids de six

» livres, pour les frais du tombeau qui renfermera mes
» restes. » Dans le testament même, il lègue douze sous
pour faire la voûte de cette église.

« Au milieu des orages de la persécution, continue
Flodoard, le vaisseau de notre Eglise, battu par la tempête
et souvent submergé par les flots, pouvait à peine se
maintenir sur la surface des eaux. On ne sait combien de
temps elle demeura privée d'un chef digne de la conduire. Après saint Sixte et saint Sinice, nos pères dans la
foi, nous ne trouvons qu'un seul pontife, Amansius,
jusqu'au règne de Constantin. Sous ce prince, on voit
Bétausius, qui, avec Primogénitus, son diacre, assista
le premier de la province Belgique au premier concile
d'Arles (1) ; l'évêque Marin place cette assemblée sous le
pontificat du pape saint Sylvestre (2), sous le consulat de
Volusius et d'Anianus. A Bétausius succède Aper, puis
Maternianus, dont les reliques furent envoyées à Louis-
d'Outre-Rhin par l'archevêque Hincmar, comme il le raconte dans une lettre au roi. Ensuite vint l'évêque Donatien,
dont les reliques, portées dans les contrées maritimes de
l'évêché de Noyon ou de Tournay (3), furent illustrées par
plusieurs miracles. Il eut pour successeur Viventius, aussi
célèbre par les mérites de sa vie que par sa dignité pontificale. Ses vénérables restes furent, par l'ordre de l'archevêque Ebbon, transférés sur les rives de la Meuse, dans

(1) En 314. — « Imbetausius episcopus, Primogenitus diaconus, de
civitate Remorum. » *Conciles* de Labbe, t. ı, p. 1430.

(2) Saint Sylvestre, 314-335.

(3) L'église de Noyon et celle de Tournay furent réunies pendant 600
ans, depuis le temps de saint Médard jusqu'à celui de saint Bernard.
Les reliques de saint Donatien furent transférées à Bruges qui dépendait
de l'église de Tournay. V. MARLOT, l. ııı, c. 11.

l'église construite à Braux (1). Cette église était desservie par une nombreuse congrégation de clercs, chargés de garder les saintes Reliques et de leur rendre les hommages qui leur sont dus. Son successeur fut Sévérus.

« Après les évêques que nous avons nommés, le siége épiscopal fut occupé par saint Nicaise, homme d'une grande charité et d'une grande constance. Pendant les ravages des Vandales en Gaule, il dirigea avec beaucoup de fermeté l'Eglise qui lui était confiée; pendant la paix, il sut l'illustrer et l'embellir; au milieu des dangers, il sut la diriger et la protéger, édifiant le peuple par la piété de sa doctrine et de ses exemples, et relevant par des constructions et des embellissements la splendeur de l'Eglise, chaste épouse de Jésus-Christ. »

« Ce fut, dit-on, sur une révélation céleste qu'il fonda, en l'honneur de la Vierge Marie, Mère de Dieu, cette sainte basilique qu'il consacra de son propre sang. Le siége pontifical était primitivement dans l'église dite des Apôtres (2). »

« Le prélat, instruit par les avertissements d'un ange, prévit longtemps d'avance les massacres qui allaient avoir lieu, et blàmant la sécurité dangereuse que faisait naître la prospérité, il annonça les coups dont la vengeance céleste allait frapper la Gaule. »

Les Vandales en effet envahissent la ville et répandent partout la terreur et le carnage. Saint Nicaise, comme le Bon Pasteur, offre en holocauste sa vie pour son troupeau. A peine a-t-il versé son sang, confondu bientôt avec celui

---

(1) Il est probable que c'est Braux, canton de Monthermé, arrondissement de Mézières, département des Ardennes. V. MARLOT, l. III, c. 12.

(2) Cette église des Saints-Apôtres prit par la suite le nom de Saint Symphorien.

de sainte Eutropie, sa sœur, que les barbares épouvantés s'enfuient confusément, abandonnant la ville qu'ils venaient d'envahir.

Les précieux restes de saint Nicaise et de sa sœur furent placés dans le cimetière de Saint-Agricole, dont l'Eglise avait été fondée et richement dotée par le célèbre Jovin (1). Aussi bientôt fut-elle glorifiée par un grand nombre de miracles. Par leurs mérites et leurs prières, dit Flodoard, ces martyrs obtiennent la guérison d'une foule de malades, et par leurs exemples enseignent au peuple à se diriger vers le ciel.

Saint Jérôme parle de cette persécution des barbares dans une lettre à une jeune veuve noble, nommée Agéruchia. Après l'avoir exhortée à persévérer dans son veuvage, il ajoute (2) :

« Des nations innombrables de barbares ont envahi toutes les Gaules. Tout le pays renfermé entre les Alpes et les Pyrénées, entre l'Océan et le Rhin, a été ravagé par les Quades, les Vandales, les Sarmates, les Alains, les Gépides, les Hérules, les Saxons, les Bourguignons, les Allemands, les Pannoniens. O malheureux pays ! « L'Assyrien était avec eux (3). » Mayence, ville autrefois fameuse, a été prise et détruite, et dans l'église, des milliers d'habitants ont été égorgés. La ville des Vangions a été ruinée par un long siége. Les habitants de *la puissante cité de Reims*, les Ambiens, les Atrébates, les Morins, situés à l'extrémité du globe, ceux de Tournay, les Némètes et ceux d'Argentoracus ont été transportés en Germanie. Dans.

---

(1) Jovin, illustre rémois, suivit Julien dans la guerre des Perses et commandait la cavalerie dans les Gaules.

(2) *Epître* **xxv** à Agéruchia.

(3) *Ps.* 82, v. 9.

l'Aquitaine et la Novempopulanie, dans la Lyonnaise et la Narbonnaise, tout a été saccagé, à l'exception d'un petit nombre de villes; au dehors le glaive, au dedans la famine, etc. »

On rapporte que c'est dans l'église où reposaient ces martyrs immolés par les Vandales, que saint Remi faisait son séjour presque habituel, afin d'être corporellement aussi près d'eux qu'il l'était toujours par la pensée. On montre encore près de l'autel une petite chapelle où il avait coutume de prier en secret, et de présenter, loin du bruit du monde, à celui qui voit tout, l'offrande des plus saintes méditations. Ce fut là que, remplissant un jour ce pieux devoir, il apprit l'incendie de la ville de Reims. Aussitôt il se hâta d'accourir en invoquant le Seigneur, et encouragé par les suffrages des saints, il laissa l'empreinte de ses pas sur les marches de l'église.

C'est à cette époque de l'invasion des Vandales que Flodoard rapporte le martyr de saint Oricle de Senuc (1). Après la disparition des Barbares, saint Nicaise, selon la tradition, eut pour successeur sur le siége épiscopal Baruch, puis Barucius (2), ensuite Barnabé (3), après lequel vint Bennade (4) ou Bennage, suivant le nom qu'on trouve dans le testament écrit de sa propre main. Par cet acte testamentaire, Bennage institue l'Église de Reims

(1) Chesneau traduit *Sindunum* par Senuc, village des Ardennes, canton de Grandpré. Saint Oricle y est encore en grande vénération.

(2) Barucius, frère de Baruch, n'occupa le siége qu'un an et mourut à Rome l'an 459. Baruch et Barucius ne feraient-ils pas un même personnage ?

(3) Barnabé, sacré à Rome, reçut le pallium des mains du pape saint Léon en 460, et mourut la même année.

(4) Bennade ou Bennage fut sacré en 452. C'était le frère de saint Hilaire, évêque d'Arles. Il eut beaucoup à souffrir d'Egidius, préfet des Romains à Soissons. Il mourut en 456.

héritière de ses biens ; à cette donation s'associe le fils de
son frère, qu'il dit avoir tenu sur les fonts sacrés et
enrichi des dons éternels de la grâce. Entre autres legs,
il donne à l'Eglise, son héritière, un vase d'argent, qu'il
dit lui avoir été légué par son prédécesseur de sainte
mémoire, l'évêque Barnabé. Au lieu de l'employer à son
usage personnel, comme il aurait pu le faire, il déclare
l'avoir réservé pour l'ornement de l'église. Il lègue aussi
vingt sous, ainsi que des terres et des bois pour la réparer ; diverses sommes aux frères de la même église,
aux diacres, aux prisonniers, aux sous-diacres, aux
lecteurs, aux ostiaires, aux exorcistes, aux religieuses
et aux veuves portées sur la matricule. Puis, s'adressant à
l'Eglise, son héritière, il la prie de regarder comme son
bien tout ce qu'il a laissé aux prêtres, aux diacres, aux
diverses écoles de clercs, aux prisonniers et aux pauvres,
pour le soulagement de son âme.

Ainsi donc, depuis son origine jusqu'à saint Remi,
l'Église de Reims compte au moins quatorze évêques bien
connus : 1° saint Sixte, romain d'origine, venu en 57 (1).
— 2° Saint Sinice, aussi romain de nation, mort en 68.—
3° Saint Amansius ou saint Amand, romain, mort en 89 :—
A sa suite est un interrègne, facile à expliquer par la persécution qui forçait les évêques à la vie nomade et obscure
de simple missionnaire. — 4° Bétause, grec de nation, fils
de la sœur du pape saint Eusèbe, ordonné évêque par le
pape Miltiade en 312 ; l'année suivante, (ou selon la chro-
nologie de Baronius, en 314) Bétause assiste au premier
concile d'Orléans, construit à Reims l'église des Saints-

(1) En 57, si l'on admet la tradition donnée par Flodoard ; sinon, en
257.

Apôtres, appelée depuis Saint-Symphorien, et, avec l'autorisation du pape saint Sylvestre, érige son siége en métropole. Il occupe le siége quatorze ans et meurt l'an 327. C'est à lui que l'on doit la petite chapelle de Saint-Christophe où fut enterré saint Remi.— 5° Aper ou Afer, prêtre de Rome, ordonné archevêque après le troisième concile de Rome par saint Sylvestre, en 328. Avec Flodoard et les anciennes listes, on peut omettre Discolius qui ne fut que chorévêque. — 6° Saint Maternien, frère utérin de Maternus et archevêque de Milan, ordonné archevêque par le pape saint Jules en 351. — 7° Saint Donatien, en 361, mort en 390, encore pieusement honoré d'un culte tout particulier à Bruges et à Cambray. — 8° Saint Vivent, clerc de Laon, ordonné archevêque par le pape saint Sirice, mort en 394. Ses reliques furent, en 837, données par Ebbon à l'église de Braux, qui le vénère encore. — 9° Saint Sévère, prêtre de l'église de Vermandois, élu en 395, mort en 400. — 10° Saint Nicaise, élu en 401 ; il construisit la première église de Notre-Dame dont il fit sa cathédrale ; plus tard, elle fut consacrée de son sang.— 11° Baruch, ancien prévôt de l'Eglise de Reims, élu en 410, mort en 440. — 12° Barucius ou Baruch II, frère du précédent, ordonné en 440, mort à Rome auprès du pape saint Léon en 441. — 13° Barnabé, ordonné à Rome où il reçut le pallium du pape saint Léon, en 442 ; il mourut au concile de Vannes, vers 451. — 14° Bennade ou Bennage, frère de saint Hilaire d'Arles, ordonné archevêque en 452; il occupa le siége dix-huit ans, mourut en 469 ; c'est le prédécesseur immédiat de saint Remi, dont nous allons esquisser l'histoire.

CHAPITRE Ier.

SAINT REMI. — Sa naissance et ses premières années racontées par Flodoard. — Son épiscopat. — Sa science et sa sainteté. — Conversion des Francs. — Donations faites à saint Remi. — Conversion d'un Arien. — Mort de saint Remi. — Sa sépulture et son tombeau (1).

NAISSANCE DE SAINT REMI.

Le successeur de Bennage fut le bienheureux saint Remi (2), qui s'éleva, dit Flodoard, comme une lumière brillante pour guider les Gentils à la foi. La bonté divine, suivant l'expression de notre poète Fortunat, l'avait choisi, non seulement avant sa naissance, mais encore avant sa

---

(1) Nous n'avons jamais compris qu'on pût s'évertuer à faire une notice de saint Remi, quand Flodoard nous en a laissé une si belle et si pieuse. Ce sage écrivain, auquel nous empruntons ce récit en l'analysant, est né à Epernay, l'an 894. Il fut élevé à l'école de Reims, nouvellement reconstituée par les soins de Foulques, qui venait d'y appeler deux célèbres docteurs, Remi d'Auxerre et Huchald de Saint-Amand. Promu au sacerdoce, il fut attaché d'abord à la cathédrale de Reims. Plus tard, investi de la confiance de son évêque, il fut chargé de plusieurs missions, l'une près du pape Léon VII, l'autre près d'Otton, roi de Germanie. Dégoûté du monde, il s'ensevelit dans un cloître des environs de Reims. Son mérite, qui déjà lui avait presque obtenu les honneurs de l'épiscopat, lui valut le titre d'abbé, dont il se démit trois ans avant sa mort qui arriva en 966.

(2) Saint Remi, 434-530.

conception (1). Sa naissance avait été prédite à sa bienheureuse mère Cilinie par un moine nommé Montan,
qui, dormant d'un sommeil léger, avait été par trois fois
averti de lui annoncer cette nouvelle, et de lui révéler le
nom et le mérite de son fils. Or, Montan (2) vivait dans la
solitude et la retraite, dans l'exercice habituel du jeûne,
des veilles et de l'oraison ; il se rendait recommandable à
Dieu par la pratique de toutes les vertus, et invoquait sans
cesse dans ses prières la miséricorde de Jésus-Christ pour
la paix de sa sainte Église, qui, dans les provinces des
Gaules, était en proie à mille afflictions. Une nuit, cédant
à la fragilité de la nature, il s'abandonnait au sommeil
pour réparer ses forces. Tout-à-coup il se crut, par un
effet de la grâce divine, transporté au milieu du chœur
des anges et dans le séjour des âmes bienheureuses. Il
lui sembla qu'il assistait à leurs entretiens ; il les enten-
dait discuter sur la ruine ou le rétablissement de l'Église
des Gaules, et déclarer qu'il était temps de prendre pitié
d'elle. En même temps, une voix pleine de douceur parut sortir d'une région supérieure et plus éloignée : « Du
» haut de son sanctuaire le Seigneur a regardé ; des hau-
» teurs du Ciel il a jeté les yeux sur la terre pour enten-
» dre les gémissements des captifs, délivrer les enfants de
» ceux qui ont été mis à mort, et pour faire annoncer
» sa gloire parmi les nations, quand les rois et les peuples

---

(1) « Hic itaque primis ortus natalibus, parentum nobilitate fulge-
» bat, quem divina pietas, non solum priusquam nasceretur, sed
» antequam conciperetur, elegit. » (*Vie de saint Remi.*)

(2) Saint Montan a sa fête le 17 Mai. C'était une tradition à l'abbaye
d'Orval que saint Montan avait habité entre Marville et Montmédy une
solitude qui prit son nom. On ajoute que l'abbaye de Juvigny possédait
quelques-unes de ses reliques. Le lieu où avait été la cellule de saint
Montan appartenait à l'abbaye de Juvigny, et n'en est éloigné que d'une
demi-lieue. (BOLLANDISTES.)

» se réuniront pour servir Dieu (1). » Cette voix prédisait que Cilinie concevrait et mettrait au monde un fils nommé Remi, auquel devait être confié le salut du peuple.

« Après avoir entendu ces consolantes paroles, le vénérable Montan, obéissant au triple avertissement de Dieu, annonça à Cilinie l'oracle transmis par la céleste vision. Cette bienheureuse mère, longtemps auparavant, étant à la fleur de l'âge, avait eu de son unique mari, Emilius, un fils nommé Principe (2), depuis évêque de Soissons, et aussi un autre fils qui fut père de saint Loup, successeur de Principe (3). Sainte Cilinie étonnée ne comprit point que dans un âge si avancé elle pût donner le jour à un enfant et le nourrir de son lait. Elle et son mari, accablés d'années (4), n'avaient plus ni l'espoir ni le désir d'avoir de nouveaux enfants. »

Pour que la patience se joignît à ses autres mérites, le bienheureux Montan avait été momentanément privé de la vue. Afin de persuader Cilinie, il lui annonce qu'il suffira de lui baigner les yeux de son lait, pour que ce breuvage de l'enfant lui rende aussitôt la vue. Une consolation si grande remplit de joie le père et la mère; le futur pontife de Jésus-Christ est conçu ; avec le secours

---

(1) *Psaume* 101, v. 20, 21 , 22 et 23. Nous reproduisons volontiers toutes les légendes de Flodoard comme toutes celles du moyen-âge, n'attachant à ces sortes de récits d'autre autorité que celle que peut leur accorder l'Eglise.

(2) Saint Principe, frère aîné de saint Remi , mourut évêque de Soissons , vers l'an 486 , suivant Marlot. Saint Remi déposa ses restes dans la chapelle de Sainte-Thècle, hors des murs de Soissons ; sa fête se célèbre le 25 Septembre.

(3) Saint Loup, évêque de Soissons , fut institué par saint Remi pour son héritier. Il assista au concile d'Orléans, en 511, et survécut à saint Remi. Il mourut vers 546.

(4) Cilinie avait alors , dit-on , 90 ans.

de la grâce, il vient au monde heureusement et reçoit
sur les saints fonts du baptême le nom de Remi (1).
L'heureuse promesse faite au saint prophète s'accomplit
fidèlement ; car, en allaitant son fils, la bienheureuse
mère répand du lait sur les yeux de Montan, et lui fait
recouvrer la vue. — Cet enfant si célèbre, même avant sa
naissance, naquit au diocèse de Laon, de parents illustres, déjà avancés en âge, et depuis longtemps stériles.
Ainsi se signalait par des merveilles la naissance de
celui qui, pendant sa vie, était destiné à opérer tant de
miracles. Suivant l'ordre de Dieu, il reçut à juste titre
le nom de *Remi* (Remigius); ne devait-il pas en effet par
sa doctrine, comme par une *rame* puissante, diriger l'Eglise
de Dieu, et spécialement l'Eglise de Reims sur la mer
agitée de cette vie, et, par ses mérites et ses prières, la
conduire vers le port du salut éternel? On lit cependant
dans de vieux écrits qu'il porta le nom de *Remède*
(Remedius) ; ce nom, nous l'adopterions volontiers, en ne
considérant que ses mérites et ses œuvres ; mais des titres
plus exacts nous apprennent qu'il doit être nommé Remi,
selon l'oracle divin. On lisait même son nom, dans ces
vers qu'on lui attribue et qu'il aurait fait graver sur un
vase par lui consacré à Dieu : « Que le peuple puise ici
» la vie dans le sang précieux que le Christ éternel a
» versé de sa blessure. Remi, prêtre, offre ses vœux au
» Seigneur. (2) » Ce vase, qui a existé jusque dans
ces derniers temps, a été fondu et donné aux Normands
pour la rançon des Chrétiens.

(1) En 437.
(2)   Hauriat hinc populus vitam de sanguine sacro,
   Injecto æternus quem fudit vulnere Christus.
   Remigius reddit Domino sua vota sacerdos.

Suivant la tradition, saint Remi eut pour nourrice sainte Balsamie qui, dit-on, fut la mère de saint Celsin. Celui-ci, disciple bien-aimé de saint Remi, s'illustra dans la suite par ses miracles ; maintenant encore il est célèbre par les vœux que lui adressent les justes. C'est dans son église que reposent les restes de sainte Balsamie, sa mère (1).

Envoyé par ses parents dans les écoles pour y apprendre les belles-lettres, saint Remi surpassa bientôt en science et ceux de son âge, et ceux d'un âge plus avancé. Supérieur à tous ses condisciples par la gravité de ses mœurs et la douceur de sa charité, il s'attachait à fuir le bruit de la foule et à servir le Seigneur dans la solitude et la retraite. Ses vœux s'accomplirent : le pieux jeune homme se livra loin du monde aux exercices de la piété, et s'enrôla à Laon dans la milice de Jésus-Christ.

SAINT REMI EST ORDONNÉ ÉVÊQUE.

Saint Remi venait d'entrer dans sa vingt-deuxième année, lorsqu'à la mort du vénérable archevêque Bennade, déjà nommé plus haut, il fut, par les vœux unanimes de la population, moins élu que porté à la dignité épiscopale dans la ville de Reims (2). Un immense concours de tout sexe, de toute condition, de tout rang et de tout âge, proclame d'une voix unanime qu'il est l'homme de Dieu, que c'est lui qu'il faut mettre à la tête du peuple. Dans cette extrémité, le saint jeune homme, voyant qu'il

(1) Il y avait à Reims une église sous l'invocation de sainte Balsamie et de saint Celsin. Le nom de la sainte femme a fini par faire oublier celui de son fils. L'église était même quelquefois désignée sous le nom de Sainte-Nourrice.

(2) En 459.

ne peut ni fuir, ni déterminer la foule à revenir sur sa
résolution, commence à s'excuser sur la faiblesse de son
âge , déclarant à haute voix que les lois de l'Eglise ne
permettent pas d'élever un homme si jeune à une si
grande dignité (1). Mais tandis que la multitude indique
par ses acclamations sa volonté irrévocable et que l'homme
de Dieu oppose une ferme résistance , le Tout-Puissant
daigne manifester par des signes irrécusables le jugement
qu'il porte du saint candidat. On raconte, en effet, qu'un
rayon d'une céleste lumière descendit tout-à-coup sur son
front, et qu'en même temps l'odeur suave d'une onction
divine se répandit sur sa chevelure ; toute sa tête parut
embaumée d'un parfum sacré. Aussi , sans plus tarder,
les évêques de la province de Reims, d'un consentement
unanime, lui donnèrent la consécration épiscopale.

Les preuves admirables de son dévouement et de son
aptitude à ce saint ministère ne se firent point attendre :
on remarquait la libéralité de ses aumônes, l'assiduité de
ses veilles, la ferveur de ses prières, la prodigalité de sa
bienfaisance, la perfection de sa charité, l'éclat de son
enseignement et la sainteté de sa vie. La candeur et la
pureté de son âme se reflétaient dans la gaîté de son pieux
visage, et la bienveillance de son cœur charitable dans le
calme de ses discours. Par ses œuvres, il réalisait les
devoirs du chrétien aussi fidèlement qu'il les inculquait
dans ses entretiens. Grave dans son extérieur, vénérable
dans son maintien, redoutable par sa sévérité, aimable
par sa douceur, il savait tempérer l'amertume des reproches par un mélange d'aménité. S'il y avait quelque

(1) Le décret du pape Fabien et le onzième canon du concile de
Néocésarée défendent de donner la prêtrise avant l'âge de 30 ans.

chose de menaçant dans l'austérité de son front, il y avait
je ne sais quoi d'attrayant dans la sérénité de son cœur.
Les justes reconnaissaient en lui les traits bienveillants
de saint Pierre, et les pécheurs, l'esprit de saint Paul.
Ainsi, par la réunion des grâces diverses, saint Remi re-
produisait la charité de l'un et l'autorité de l'autre; il
dédaignait le repos, fuyait le plaisir, recherchait le travail,
souffrait l'abjection, méprisait les honneurs, et se montrait pauvre dans l'opulence, riche en mérites, humble
devant la vertu et intraitable contre le vice. Pour me
servir d'une expression employée avant nous (1), il prati-
quait toutes les vertus de telle manière que peu d'hommes
en possédaient une seule avec autant de perfection qu'il
les embrassait toutes ensemble. Appliqué sans cesse à
l'exercice des bonnes œuvres et abîmé dans les senti-
ments de componction, il mettait tout son bonheur soit à
s'occuper de Dieu dans la lecture et la conversation, soit à
s'entretenir avec lui dans la prière. Le corps épuisé par
des jeûnes non interrompus, il s'efforçait, par un perpé-
tuel martyre, de triompher des persécutions de l'ennemi
du salut. Malgré tant de qualités, le saint homme mettait
tous ses soins à éviter l'ostentation de la vertu; mais
la sublimité de la grâce ne pouvait en lui rester ignorée.
Il attirait sur lui l'admiration de tous les hommes, comme
la cité bâtie sur le sommet d'une montagne; le Seigneur
ne voulait pas cacher sous le boisseau cette lumière qui,
par lui placée sur le chandelier (2), devait brûler du feu
de la charité divine et répandre sur son Église le vif
éclat des vertus chrétiennes....

(1) Hincmar, *Vie de Saint Remi.* Elle est pleine d'erreurs et de fausses
légendes. V. les *Bollandistes.* Vol. d'Octobre.

(2) Saint Matthieu, chap. v, vers. 14 et 15.

SA SCIENCE ET SA SAINTETÉ.

La science, la sainteté et la sagesse qui éclatèrent dans notre saint prélat, sont attestées par ses actions ; car la vraie sagesse se reconnaît aux œuvres, comme l'arbre à ses fruits. Elles ont pour témoin la nation des Francs, qu'il a convertie à la foi chrétienne et qu'il a consacrée non-seulement par la sanctification du baptème, mais encore par ses vertus et par ses discours remplis de sagesse. Plusieurs célébrités contemporaines ont proclamé sa science, entre autres le docte Sidoine, évêque de Clermont (1), homme aussi illustre par ses ancêtres que par son éloquence et sa piété. Il me semble bon d'insérer ici une lettre qu'il adresse à notre saint évêque.

« *Sidoine au seigneur pape Remi, salut* (2). — Un
» habitant du pays des Arvernes est allé en Belgique.
» C'est un personnage de ma connaissance, mais le motif
» de son voyage m'est inconnu, et il importe peu. Arrivé
» à Reims, il a gagné, soit par des services, soit à prix
» d'argent, votre secrétaire ou bibliothécaire, et en a
» soustrait, avec ou sans votre consentement, un manu-
» scrit très volumineux de vos discours. Revenu dans notre
» pays, il était tout fier de ses richesses ; mais quoique
» je fusse disposé à lui acheter vos dépouilles, cependant
» en qualité de compatriote (ce qui était assez juste), il

_____

(1) Sidoine Apollinaire, né en 430, fut évêque de Clermont en 472 ; il mourut en 480.

(2) Ce nom fut donné indistinctement à tous les évêques jusqu'au commencement du xie siècle. Déjà cependant, au vi^e, Ennodius et Cassiodore le réservaient exclusivement à l'évêque de Rome.

» offrit de m'en faire présent. Tous les hommes studieux,
» avides de lire ces ouvrages, se sont empressés comme
» moi à en apprendre le plus grand nombre de mémoire
» et à les transcrire tous. D'un consentement unanime,
» il a été déclaré qu'il y a maintenant peu de personnes
» capables d'écrire aussi bien. Il y a en effet peu d'auteurs,
» ou pour mieux dire, il n'y en a point qui sachent
» même, à force de travail, ainsi disposer un sujet, et
» mettre autant de symétrie dans l'arrangement des mots
» et des phrases; ajoutez à cela le choix des exemples,
» l'authenticité des témoignages, la propriété des épi-
» thètes, la grâce des figures, la force des arguments, le
» mouvement des passions, l'abondance du style et la
» vigueur entraînante des conclusions. La phrase est
» forte et nerveuse; les propositions sont enchaînées entre
» elles par d'élégantes transitions. Le style coulant, doux,
» toujours périodique, glisse sur les lèvres du lecteur,
» sans jamais l'embarrasser, et n'admet pas ces âpres
» constructions qui forcent la langue à balbutier sous
» la voûte du palais. Il est toujours limpide et facile :
» ainsi l'ongle passe légèrement sur le cristal ou l'agathe,
» sans rencontrer aucune aspérité, ni aucune gerçure qui
» puisse l'arrêter. En un mot, il n'existe pas de nos
» jours un orateur que votre habileté ne surpasse sans
» peine et ne laisse bien loin derrière vous. Aussi, seigneur
» pape, je suis disposé à soupçonner que vous êtes fier
» (pardonnez-moi le mot) de cette admirable et riche
» élocution ; mais quoique l'éclat de votre talent égale
» celui de vos vertus, il ne faut pas nous dédaigner ; car
» si nous ne composons pas des ouvrages dignes d'éloges,
» nous donnons du moins de justes éloges aux bons écrits.
» Cessez donc désormais de décliner notre jugement,

2

» dont vous n'avez à redouter ni critiques mordantes ni
» reproches blessants. Du reste, si vous refusez de fé-
» conder notre stérilité par l'éloquence de vos discours,
» nous épierons le moment favorable pour les acheter aux
» passants ; nous nous entendrons avec d'adroits voleurs,
» nous les subornerons même pour dévaliser votre porte-
» feuille ; et si, aujourd'hui, vous êtes insensible à nos
» prières et à notre déférence, alors, mais vainement,
» vous serez forcé d'être sensible à notre larcin (1). »

CONVERSION DES FRANCS.

Ce qui prouve la sagesse et le saint zèle de ce bon
père et de ce bon pasteur, ce qui montre sa fidélité et sa
prudence à distribuer les trésors divins, c'est la conversion des Francs, qu'il ramena, comme nous l'avons dit,
du culte des idoles à celui du vrai Dieu. A cette époque,
les Francs, ayant passé le Rhin, ravageaient les provinces
de la Gaule, et s'étaient emparés de Cologne et de plusieurs autres cités ; mais ayant vaincu et tué Siagrius,
gouverneur de la Gaule et chef des Romains, leur roi
Clovis étendit bientôt sa domination sur presque tout le
pays. Déjà la renommée des belles actions de saint Remi
était parvenue jusqu'à lui ; déjà il avait appris que le
pieux évêque, devenu fameux par sa sainteté et par sa
sagesse, avait opéré des miracles éclatants; aussi avait-il
conçu du respect pour lui, et, quoique païen, il l'avait pris
en affection.

(1) Livre IX, lettre 7.

Un jour que Clovis passait près de la ville de Reims, quelques soldats de son armée rapportèrent des vases qu'ils avaient enlevés à l'église de cette ville. Parmi ces vases était une grande urne d'argent d'un travail remarquable. Saint Remi députa quelqu'un au roi pour en demander la restitution. Quand on fut arrivé à l'endroit où se partageait le butin (1), Clovis fit demander à ses soldats de ne point lui refuser le vase d'argent. La plupart y consentirent, lorsqu'un soldat, frappant l'urne de sa francisque, s'écria que le roi n'emporterait que ce qui lui serait assigné par le sort. Tant d'audace jetait tous les assistants dans la stupeur. Le roi supporta pour le moment cette injure avec patience, prit le vase du consentement de ses soldats et le rendit à l'envoyé de l'Eglise, tout en conservant néanmoins au fond du cœur un profond ressentiment. Un an après, il ordonne à son armée de se rassembler dans une plaine, selon l'usage, afin de s'assurer du bon état des armes. C'était l'assemblée de Mars, qui devait son nom au mois de l'année. Le roi donc, en passant devant les phalanges rangées en bataille, parvenu auprès du soldat qui avait frappé le vase de Reims, se plaignit de ses armes et renversa sa francisque; tandis que celui-ci se baissait pour la relever, le roi, lui reprochant son audace avec amertume, lui décharge sur la tête un coup de sa hache. La vengeance royale inspira par cette mort la terreur à tous les Francs.

Clovis, ayant subjugué la Thuringe et étendu sa domination et son empire, épousa Clotilde, fille de Chilpéric, dont le frère Gondebaud était roi des Bourguignons. Cette princesse, qui était chrétienne, avait, malgré le roi, son

(1) Soissons.

mari, fait baptiser les enfants qu'elle en avait eus ; elle employait tous ses efforts pour attirer ce prince à la foi chrétienne ; mais que pouvait une femme pour fléchir le cœur d'un barbare? Dans cet intervalle survint une guerre contre les Allemands ; déjà les Français succombaient sous un affreux carnage, lorsque Aurélien, conseiller du roi, l'engage à croire en Jésus-Christ, à le proclamer le roi des rois, Dieu du ciel et de la terre, à l'invoquer comme tout puissant, s'il lui plaisait de lui accorder la victoire. Le roi suivit ce conseil, implora avec ferveur la protection de Jésus-Christ et promit de se faire chrétien, si, par sa puissance, il obtenait la victoire. A peine eut-il prononcé ce vœu, que les Allemands sont mis en fuite, et, en apprenant la mort de leur chef, se soumettent à Clovis. Le roi leur ayant imposé tribut, rentra victorieux dans ses états. Ce fut une grande joie pour la reine d'apprendre que, par l'invocation du nom de Jésus-Christ, Clovis était revenu triomphant.

Elle fait venir saint Remi et le supplie d'enseigner au roi la voie du salut. Le saint prêtre l'instruit dans la doctrine de la vie éternelle, et l'exhorte à se présenter au sacrement de baptême. Clovis répondit qu'il voulait en informer son peuple ; il s'efforça donc de persuader à ses soldats d'abandonner les dieux qui n'avaient pu les secourir, et d'embrasser le culte de celui qui leur avait accordé une victoire si éclatante. A l'instant, inspiré par la grâce de Dieu, le peuple en foule s'écrie qu'il renonce à ses dieux mortels, qu'il croit en Jésus-Christ dont on avait obtenu un si puissant secours. Cette nouvelle fut annoncée à saint Remi, qui, rempli de joie, s'empressa d'enseigner au prince et à la nation comment ils devaient renoncer à Satan, à ses œuvres et à ses pompes, et croire au vrai Dieu ; puis, comme la solennité de Pâques approchait, il leur ordonna le jeûne, suivant l'usage des fidèles.

Or le jour de la passion de Notre-Seigneur (1), la veille de celui où ils devaient recevoir la grâce du baptême , après les hymnes et les offices de la nuit, l'évêque se rendit à l'appartement royal, afin de pouvoir, à l'heure où le prince n'était plus occupé des affaires de ce monde, lui faire entendre avec plus de liberté les mystères de la sainte parole. Saint Remi fut reçu avec respect par les officiers du roi, qui se leva et courut avec empressement à la rencontre du saint évêque. De là ils se rendirent ensemble dans l'oratoire de saint Pierre , prince des Apôtres, attenant à la chambre à coucher du roi. Le pré- lat, le roi et la reine se placèrent sur les siéges qui leur avaient été préparés, et l'on fit entrer quelques clercs, des serviteurs et des officiers de la maison. Tandis que le vénérable pontife adressait au prince ses salutaires instruc- tions, Dieu, pour fortifier la parole sainte de son fidèle serviteur, daigna montrer ostensiblement que, suivant sa promesse, il est toujours au milieu des fidèles réunis en son nom (2). En effet, toute la chapelle fut tout-à-coup remplie d'une lumière si vive qu'elle semblait effacer

---

(1) Flodoard, d'après Hincmar et Frédégaire, place le baptême de Clovis à la fête de Pâques. Mais la lettre de saint Avit, archevêque de Vienne, adressée à Clovis quelque temps après son baptême, prouve qu'il eut lieu à Noël. Voici ses expressions : « Siquidem et occiduis partibus » in rege non novo novi jubaris lumen effulgerat. Cujus splendorem » congrue *Redemptoris nostri nativitas* inchoavit ; ut consequenter eo » die ad salutem regenerari ex unda vos pareat, quo natum redemptioni » suæ cœli Dominum mundus accepit. Igitur, qui celebris est natalis » Domini, sit et vestri ; quo vos scilicet Christo, quo Christus ortus est » mundo, etc. »

(2) SAINT MATTHIEU, ch. XVIII, v. 20.

l'éclat du soleil. Puis, au milieu de cette lumière, une voix se fit entendre : « La paix soit avec vous ; c'est moi, » ne craignez point (1), demeurez dans mon amour (2).» Après ces paroles, la lumière disparut, mais la chapelle conserva un parfum d'une ineffable suavité ; en sorte qu'on reconnaissait la présence en ce lieu de l'auteur même de la lumière, de la paix et de la douce et pieuse mansuétude. La même lumière répandit aussi sur le visage du saint prélat un éclat surnaturel. Le roi et la reine, prosternés aux pieds du bon prêtre et saisis de frayeur, le prièrent de leur adresser des paroles consolantes, disposés à mettre en pratique tout ce que leur prescrirait leur saint patron. Aussi étaient-ils charmés des discours qu'ils avaient entendus et encore tout intérieurement éclairés de la lumière qu'ils avaient vue, quoique cet éclat extérieur les eût effrayés. Or, le saint évêque, rempli de la sagesse divine, leur fit connaître l'effet ordinaire des visions célestes, qui d'abord remplissent d'effroi les cœurs des mortels, puis tempèrent la crainte en la faisant suivre de consolations. Il leur apprit que les patriarches qui avaient eu des visions, en avaient d'abord été effrayés, et que, grâce à la bonté divine, ils avaient été ensuite pénétrés de la joie la plus douce. Saint Remi lui-même, tout resplendissant au dehors de cet éclat qui illuminait le visage de l'ancien législateur (3), mais plus brillant encore à l'intérieur de la lumière divine, saisi tout-à-coup de l'esprit prophétique, leur annonça, dit-on, ce qui devait arriver à eux et à leurs descendants. Il leur prédit comment leur postérité étendrait glorieuse-

(1) Saint Luc, ch. xxiv, v. 36.
(2) Saint Jean, ch. xv, v. 9.
(3) Exode, ch. xxxiv, v. 29.

ment les limites du royaume, éleverait l'Église de Jésus-Christ, posséderait le sceptre et l'empire romain, et triompherait des attaques des nations étrangères. Il y avait une condition, c'est qu'elle ne dégénérerait point de la vertu chrétienne, qu'elle n'abandonnerait jamais la voie du salut, ne s'adonnerait point aux crimes qui offensent Dieu, et ne se laisserait point entraîner dans les piéges de ces vices déplorables, qui renversent les empires et font passer le sceptre d'une nation à l'autre (1).

Enfin on prépare la voie depuis le palais du prince jusqu'au baptistère. On suspend des voiles, des tentures ; les places sont couvertes de tapis, l'église revêt sa plus belle parure, le baptistère est inondé de mille parfums, et le Seigneur répand sa grâce sur le peuple avec une telle abondance qu'on croyait respirer le baume céleste du paradis. Précédé des évangiles et des croix, au milieu du chant des litanies, des hymnes et des cantiques spiri-tuels, le saint pontife s'avance du palais au baptistère, conduisant le roi par la main, suivi de la reine et du peuple. En chemin, le roi s'adressant à l'évêque : « Est-ce » donc-là, dit-il, le royaume de Dieu que vous m'avez » promis ? » — « Non, répondit le prélat, c'est l'entrée » seulement de la voie qui y conduit. » Quand on fut arrivé au baptistère, le clerc qui portait le saint-chrême, arrêté par la foule, ne put arriver jusqu'aux fonts baptis-maux. Après la bénédiction de l'eau baptismale, par une permission divine, le saint-chrême vint à manquer. Alors le saint prélat, levant au ciel ses yeux baignés de larmes, adresse secrètement une prière à Dieu. Voici qu'une colombe, blanche comme la neige, descend tout-à-coup

(1) *Ecclésiastique*, ch. x, v. 9.

portant dans son bec une fiole envoyée du ciel et remplie de saint-chrême. Il s'en exhale un parfum si suave que tous les assistants en éprouvent un plaisir ineffable qui surpasse les plus douces sensations. Le saint prélat saisit le vase, et, à peine eut-il versé le saint-chrême sur l'eau baptismale, que la colombe disparut (1). A la vue d'une faveur si miraculeuse, le roi, transporté de joie, renonce aussitôt aux pompes et aux œuvres du démon, et demande au saint évêque la grâce du baptême. Lorsqu'il entrait dans la source de l'éternelle vie, le saint prélat lui adressa ces admirables paroles : « Sicambre, baisse hum-
» blement la tête ; adore ce que tu as brûlé, brûle ce que
» tu as adoré. » Puis, après avoir confessé la foi ortho-
doxe, le roi fut plongé trois fois dans l'eau sainte, au nom de la très haute et indivisible Trinité, du Père, du Fils et du Saint-Esprit ; enfin il fut relevé par saint Remi et consacré par l'onction divine. Avec le roi furent bap-
tisés ses deux sœurs, Albofède et Landéhilde, et trois mille hommes de l'armée des Francs, sans compter les femmes et les enfants. Nul doute que les saints anges, en ce jour, n'aient éprouvé une bien grande joie dans le ciel ; de même que les hommes pieux durent se livrer sur

(1) Cette antique tradition de l'Église de Reims, invoquée déjà par Hincmar au IXᵉ siècle, vigoureusement attaquée depuis par Chifflet, et défendue par le P. Daniel, par D. Marlot et par un grand nombre d'au-teurs vénérables, est un peu abandonnée par la critique moderne qui l'explique d'une manière assez plausible (V. l'abbé BLANC, *Histoire ecclé-siastique*, les éditeurs de DOM MARLOT, dans les *notes*. V. aussi le P. LONGUEVAL, *Histoire de l'Église gallicane*). — La sainte Ampoule, n'eut-elle renfermé que l'huile consacrée par saint Remi, méritait bien d'être vénérée par les fidèles. La colombe qui l'apporta n'était-elle qu'une colombe d'or ou d'argent suspendue au dessus des fonts, mais embellie par la légende ? — C'est bien possible. Cet usage, très-ancien et antérieur à l'époque byzantine, existait aussi pour l'eucharistie : la colombe qui ren-fermait les saintes espèces s'appelait *columba ad repositorium*.

la terre à une vive allégresse. Une grande partie de l'armée, qui n'avait pas encore embrassé la foi chrétienne, demeura quelque temps dans l'infidélité sous un chef nommé Raganaire (1), au delà de la Somme. Lorsque, par la grâce de Dieu, Clovis eut remporté de glorieuses victoires, Raganaire, coupable d'excès et de débauches honteuses, fut livré pieds et poings liés par les Francs et mis à mort. Tout le peuple Franc fut alors converti à la foi chrétienne et baptisé par saint Remi.

DONATIONS FAITES A SAINT REMI.

Le roi et les seigneurs Francs donnèrent à saint Remi un grand nombre de possessions situées en diverses provinces ; il en dota l'Église de Reims et plusieurs autres églises de France. Une grande partie fut aussi concédée à l'église de Notre-Dame de Laon (2), ville du diocèse de Reims, où il avait été élevé. Ce fut dans cette église qu'il ordonna évêque Génebaud, homme de noble naissance, versé dans les études sacrées et dans les sciences profanes, et aussi célèbre par ses fautes que par son repentir.

Le roi Clovis, qui avait fixé son séjour dans la ville de Soissons, se plaisait dans la société et la conversation de saint Remi. Or le saint homme n'avait dans le voisinage d'autre propriété qu'une petite métairie donnée à saint Nicaise ; d'après les conseils de la reine et sur la demande des habitants, qui, écrasés d'impôts, aimaient mieux payer à l'Église de Reims ce qu'ils devaient au roi, Clovis offrit à saint Remi de lui donner tout le terrain qu'il parcour-

(1) D'autres historiens donnent à ce chef le nom de Ragnacaire.
(2) On lit également Laudunum ou Lugdunum Clavatum.

rait, tandis que lui-même ferait la méridienne. Saint Remi partit donc, et, en suivant les limites que l'on voit encore de nos jours, laissa partout des marques de son passage (1).

Après avoir fait sa méridienne, le roi se leva et, par une charte royale, fit don à saint Remi de tout ce qu'il avait enfermé dans la ligne d'enceinte. Les principaux territoires concédés sont Jouy (2) et Coucy (3), que possède encore sans contestation l'Église de Reims.

Un homme très-puissant, nommé Euloge, convaincu du crime de lèse-majesté contre le roi Clovis, eut recours à l'intercession de saint Remi. Le saint lui obtint du roi non-seulement la vie, mais encore la conservation de tous ses biens. En reconnaissance de ce bienfait, Euloge offrit à son généreux protecteur, en toute propriété, le village d'Epernay qui lui appartenait (4). Le saint prélat ne voulut point recevoir un salaire temporel pour prix de son intercession ; mais voyant cet homme confus d'avoir, malgré sa naissance, reçu la vie du prince, et décidé à ne plus rester dans le monde, il lui donna ce sage conseil : « Si » vous voulez être parfait, vendez tous vos biens, donnez-» les aux pauvres et suivez Jésus-Christ (5). » C'est ainsi, dit-on, que saint Remi, après en avoir fixé le prix, tira du trésor de l'Église cinq mille livres pour Euloge et acquit à l'Église la propriété de ce village. Par ce bon exemple laissé aux évêques et aux prêtres, le saint leur apprenait

(1) Ici se rapporte la légende du meunier dont il est question sur les tapisseries de Saint-Remi.

(2) Peut être Jouy, canton de Vailly, arrondissement de Soissons (Aisne). On croit, du reste, que Flodoard a écrit Juliacus pour Luliacus, et Colvener traduit par Leuilly, canton de Coucy, arrondissement de Laon.

(3) Coucy, arrondissement de Laon (Aisne).

(4) Epernay, chef-lieu d'arrondissement (Marne).

(5) Saint Matthieu, ch. XIX, v. 21.

que, lorsqu'ils intercèdent pour ceux qui se réfugient dans le sein de l'Eglise, auprès des serviteurs de Dieu, ils ne doivent pas rendre ces services en vue d'une récompense temporelle, ni recevoir des biens périssables ; mais qu'au contraire, selon le commandement de Dieu (1), ils doivent s'attacher à donner gratuitement ce qu'ils ont gratuitement reçu.

VICTOIRES DE CLOVIS.

Le roi Clovis (2) se mit en marche contre Gondebaud et son frère Godegisèle. Il reçut la bénédiction de saint Remi, qui lui prédit la victoire; parmi les instructions que lui donna l'évêque, il lui recommanda de combattre les ennemis tant que le vin bénit qu'il lui avait donné suffirait à son usage journalier. Les Bourguignons s'avancèrent, dans l'intention de combattre, jusque sur les bords de l'Ouche (3), près de la ville de Dijon. Après une lutte opiniâtre, les ennemis furent mis en fuite ; Gondebaud, se renfermant dans la ville d'Avignon, obtint de Clovis, à force d'argent, la paix négociée par son conseiller Arédius. Clovis avec l'armée des Francs revint chargé d'un riche butin. Il fonda à Paris une église en l'honneur des apôtres saint Pierre et saint Paul (4), tint un concile dans la ville d'Orléans ; puis, sur le conseil de saint Remi, son patron, il marcha contre le roi Alaric qui était arien.

(1) Saint Matthieu, ch. x, v. 8.

(2) Clovis, avant son baptème, est appelé Clodoveus ; plus tard, Flodoard le nomme Ludovicus.

(3) Ouche, petite rivière qui passe à Dijon et se jette dans la Saône.

(4) C'est aujourd'hui l'église de Saint-Etienne-du-Mont.

Il en vint aux mains avec les Goths, les mit en fuite, et, par l'intercession de saint Remi, obtint la victoire. Dans ce combat, deux Goths le frappèrent de leurs lances; mais protégé par les mérites de son patron, il ne put être blessé. Après avoir soumis plusieurs villes à sa domination, il s'avança jusqu'à Toulouse et s'empara des trésors d'Alaric. Il revint par Angoulème dont les murs cédèrent à sa présence, massacra tous les Goths qui s'y trouvaient, et rentra dans ses états, victorieux et plein de gloire.

Enfin le roi Clovis, sur les conseils de saint Remi, envoya en offrande à l'apôtre saint Pierre une couronne d'or enrichie de pierres précieuses. Il reçut de l'empereur Anastase (1) un diplôme qui lui conférait le titre de consul. A ce diplôme étaient jointes une couronne d'or et une robe de pourpre. Dès ce moment, il se fit appeler consul. Hormisdas, pontife de Rome, par une lettre adressée à saint Remi, le nomma son vicaire dans les états de Clovis. Quelque temps après mourut en paix le roi Clovis; il fut enterré à Paris dans l'église de Saint-Pierre et Saint-Paul qu'il avait fait bâtir. Au moment où il rendait le dernier soupir, saint Remi, par une révélation du Saint-Esprit, en fut instruit à Reims et l'annonça à ceux qui se trouvaient avec lui.

CONVERSION D'UN ARIEN PAR SAINT REMI.

Les évêques de la Gaule, assemblés en concile dans l'intérêt de la foi, appelèrent au milieu d'eux saint Remi, comme le plus versé dans la parole divine et dans la doctrine de l'Eglise. A cette réunion assistait un évêque

(1) Anastase I, 491-518.

arien, homme très-ardent à la dispute et plein de confiance
dans les raisonnements de la dialectique, dont il tirait une
vanité excessive. Saint Remi, à son entrée au synode, fut
accueilli avec respect par tous les évêques ; seul, l'orgueilleux hérétique ne daigna pas se lever. Mais au
moment où saint Remi passa devant lui, il perdit l'usage
de la parole. Tout le monde pensait qu'après le discours
du saint cet homme allait se défendre : il ne put même
prononcer un mot. Aussitôt il se prosterne aux pieds
du saint pontife, et par signes lui demande grâce. Alors
saint Remi s'adressant à lui : « Au nom de Jésus-Christ
» Notre-Seigneur, vrai Fils du Dieu vivant, si tu as de lui
» une opinion orthodoxe, parle, crois et confesse ce que
» croit et confesse l'Eglise catholique. » A ces mots, l'hérétique, si superbe auparavant, devenu humble et catholique, confesse la foi orthodoxe sur la divine et indivisible
Trinité et sur l'Incarnation de Jésus-Christ, promettant
de persévérer dans la confession de sa foi. Ainsi cet arien,
qui avait perdu son âme par l'infidélité, et qui justement
condamné pour son orgueil, avait été privé de la parole,
recouvra par les divins mérites du vénérable pontife la
santé de l'âme et celle du corps. Par sa conduite envers
un ennemi de Jésus-Christ, qui, par amour pour les
hommes, a daigné se faire notre prochain et notre frère,
saint Remi montrait clairement et aux prêtres réunis en
synode, et à ceux qui dans la suite auraient connaissance de ce miracle, comment ils doivent traiter les
hommes opiniâtres envers Dieu et envers l'Eglise, et
ceux qui, reconnaissant leurs erreurs, en font pénitence.

MORT DE SAINT REMI.

Déjà saint Remi arrivait à la vieillesse. Le Saint-Esprit lui révéla que l'abondance actuelle allait être suivie de la famine. Il ordonna donc de faire des provisions de grains avec les récoltes entassées dans les métairies de l'évêché, et de soulager le peuple contre les angoisses de la faim.

Après ces miracles de charité et tant d'autres que le Seigneur daigna opérer par le ministère de son fidèle serviteur, Dieu prêta l'oreille à ses gémissements et à ses soupirs. Il ne cessait de s'écrier : « Quand viendrai-je, » quand paraîtrai-je devant la face de mon Dieu (1) ? Je » serai rassasié, quand sa gloire se manifestera. » Le Seigneur, par une douce consolation, lui révéla que le jour de sa mort approchait. Plein de confiance dans cette révélation, saint Remi fit son testament, empressé d'arriver à cet héritage dont le Prophète a dit : « Quand Dieu » aura accordé le sommeil à ses bien-aimés, voilà l'héri- » tage du Seigneur (2). » C'est ainsi que l'homme de Dieu, renonçant à l'héritage terrestre, obtint l'héritage éternel. Quand il eut fait son testament, il mit en règle toutes ses affaires, comme le vrai vigneron qui émonde chaque cep d'une vigne fertile (3), afin qu'elle en rapporte davantage ;

(1) *Psaume 16*, v. 17.

(2) *Psaume 126*, v. 1.

(3) Saint Jean, chap. xv, v. 1 et 2. Le testament de saint Remi, rapporté dans Flodoard, a au moins le mérite d'une haute antiquité. Certains auteurs contestent son authenticité, d'autres la défendent... *Adhuc sub judice lis est.*

Dieu lui retira pendant quelque temps l'usage des yeux du corps, afin qu'il contemplât plus attentivement des yeux de l'âme les biens célestes, objet de tous ses désirs. Pour lui, au milieu de l'épreuve, il s'empressait de remercier Dieu, de chanter jour et nuit des hymnes à sa louange. Il se représentait sans cesse que ceux qui souffrent les afflictions avec humilité, sont, après ces tribulations, admis au repos des bienheureux ; Dieu voulant donner un gage de la vie éternelle qu'il lui destinait, lui rendit la vue avant sa mort ; il en bénit le nom du Seigneur, comme il l'avait béni lorsqu'il l'avait perdue. Peu de temps après, sachant que le jour de sa fin était arrivé, il fit ses adieux à ses enfants, en célébrant la messe et en les faisant participer à la sainte communion. Après avoir religieusement servi Dieu en fidèle et prudent serviteur pendant soixante-quatorze ans d'épiscopat, il mourut dans la quatre-vingt-seizième année de son âge, le jour des ides de Janvier (1).« Il avait saintement fourni sa carrière, toujours fidèle à la foi, riche de ses bonnes œuvres et du salut des âmes ; comme il l'avait désiré, son âme, laissant son corps sur la terre, pénétra dans les cieux (2). »

SÉPULTURE ET TOMBEAU DE SAINT REMI.

« Pendant qu'on portait son corps vénérable à la sépulture qui lui avait été préparée dans l'église des Saints-Martyrs Timothée et Apollinaire, au milieu du chemin, le cercueil devint si lourd que les porteurs, malgré tous leurs efforts, ne

(1) Le 13 Janvier.
(2) FLODOARD, *Hist. de l'Eglise de Reims*. t. 1, p. 105.

purent aller plus loin. Tout le monde s'étonne, on invoque
la miséricorde de Dieu, pour qu'il daigne indiquer en quel
lieu il veut que l'on dépose le corps de son pieux serviteur.
On désigne l'église des Saints-Martys déjà nommés : le cercueil ne peut être soulevé. On propose l'église de Saint-
Nicaise, sans plus de succès. On prend la résolution de le
porter à l'église de Saint-Sixte et Saint-Sinice : les efforts
sont inutiles. Enfin ils sont à bout, car il ne restait plus
qu'une petite église, bâtie en l'honneur de saint Christophe (1), martyr; elle ne renfermait les reliques d'aucun
saint, quoique dans les terrains environnants eût existé
jadis le cimetière de l'église de Reims. Ils demandèrent
donc à Dieu de déclarer s'il voulait que les précieuses reliques fussent déposées dans cette petite église. A peine
cette demande eut-elle été formulée, que les porteurs sou-
levèrent le cercueil avec assez de facilité pour ne plus s'a-
percevoir du fardeau. Les restes du vénérable prélat
furent donc, par une disposition de la volonté divine,
ensevelis dans cette petite église, à l'endroit où est aujour-
d'hui l'autel de Sainte-Geneviève. A la place où le cercueil devint plus pesant, on rapporte que plus tard s'o-
pérèrent plusieurs miracles. Là est encore une croix qui
porte cette inscription (2):

» Lorsque le grand évêque saint Remi passa de ce
monde dans la céleste patrie, la foule des fidèles porta
avec respect son corps jusqu'ici, dans l'intention de l'en-

(1) L'emplacement de cette petite église, compris dans l'étendue actuelle
de l'église de Saint-Remi, était situé vers l'entrée du chœur, au midi. On
croit que ce fut Bétause, archevêque de Reims, qui fit bâtir cet oratoire de
Saint-Christophe, en 315. C'était une petite chapelle si négligée qu'elle
n'était pas même fermée. (*Collect. de Champ.* Bibl. Imp. t. **xxvii**, p. 204.)

2) Cette croix était située sur la place Saint-Remi, à l'endroit où
aboutit la rue du Cerf. Elle a subsisté jusqu'à la révolution.

sevelir dans l'église de Saint-Timothée, martyr. Il s'arrêta en ce lieu et ne put en bouger jusqu'à ce que le Seigneur eût révélé où il fallait le déposer. C'est là que maintenant, par la grâce de Jésus-Christ, il manifeste la puissance de sa vertu par les bienfaits dont il comble les fidèles, en rendant aux aveugles la vue, aux boiteux la faculté de marcher, aux malades la santé. Adressons donc à Dieu de ferventes prières, pour que, par sa pieuse intercession, nous méritions d'obtenir le pardon de nos péchés et les joies du ciel. Saint Remi, glorieux confesseur de Jésus-Christ, prends aussi en pitié ton serviteur Adelold (1). »

C'est sur ce tombeau, autour de ces cendres du glorieux Apôtre de la France, que devaient plus tard s'élever l'abbaye et l'église dont nous allons redire succinctement l'histoire.

(1) Quum transisset ex hoc mundo ad cœlestem patriam
Præsul magnus, beatus Remigius,
Huc a plebe sancta digne delatus est corpore.
In ecclesia condendus Timothei martyris,
Tunc hoc loco moram fecit nec moveri potuit,
Donec quo locandus esset revelavit Dominus :
Ubi nunc favente Christo, præpollet virtutibus.
Præstans hic Deo devotis apta beneficia,
Cæcis visum claudis, gressum et ægris remedium.
Igitur, profusis votis, exoremus Dominum,
Veniam ut delictorum, piis ejus precibus,
Mereamur adipisci et cœlorum gaudia.
Sancti Remigi, confessor pretiose Domini,
Adeloldi quoque tui miserere famuli.

CHAPITRE II.

Origines et développement de la vie monastique dans l'Eglise de Reims. — La vie religieuse, qui n'est que la réalisation des conseils évangéliques, est aussi ancienne que le christianisme, nous dirions presque, aussi ancienne que le monde. Car Elie, Elisée, les Prophètes, et avec eux, dans de certaines limites, les Nazaréens, les Réchabites et les Thérapeutes, étaient des espèces de religieux. C'est à ses abbayes et à ses écoles monastiques que la France doit une partie de sa gloire, par suite de l'immense action qu'elles exerçaient contre la barbarie au profit de la civilisation naissante. Reims ne pouvait être en retard dans ce grand mouvement de réforme morale, tentée par les congrégations monastiques. Toutes les traditions du pays, les monuments particuliers, mais surtout Flodoard nous apprennent qu'il y avait, sous les premiers évêques de Reims, des congrégations de clercs, de moines et de religieuses, sans compter une multitude d'ermites et de pieux reclus, dont la vie sainte ou active rayonnait sur tout le pays d'alentour. Ainsi Flodoard nous apprend que Bennage, qui vivait en 450, laissa tous ses biens aux religieuses demeurant dans la matricule et aux églises collégiales de Reims : *Diversis clericorum scholis* (1). — Selon le même auteur, saint Remi avait affecté plusieurs seigneuries, situées dans les Vosges, à l'entretien des maisons régulières instituées par lui et par ses prédécesseurs ; saint Oricle vivait retiré au bourg de Senuc ; Montan, dans les Ardennes ; saint Gibrien, à Cosle, sur les confins du diocèse de Châlons ; enfin il y avait à Reims même, au temps du saint évêque, une communauté de religieuses, dont une sainte fille, nommée Suzanne, était abbesse.

Le testament de Bennage suppose les congrégations religieuses depuis longtemps établies et en grand nombre.— Les clercs ont-ils devancé les moines ? Peu importe ; il suffit de savoir que le clergé de Reims était partagé en communautés de clercs et de moines, au temps de saint Remi, qu'il y avait des reclus dans le diocèse, et que lui-même, avant son élection, fut un véritable anachorète.

Saint Remi, en devenant évêque, perfectionna encore la vie religieuse par son exemple et par celui de ses vertueux disciples.

« Et pour ne rien dire du clergé de la cathédrale, écrit naïvement dom Marlot, ni des collèges de clercs éta-

---

(1) Saint Ignace, martyr, s'est servi des mêmes expressions dans une lettre aux Philippiens. Ainsi les assemblées et les écoles de clercs remontent aux premiers âges de l'Église.

blis en plusieurs églises de notre ville, où la vie apostolique s'observait sous les prédécesseurs du glorieux saint
Remi, il se lit en plusieurs mémoires que cet incomparable prélat ordonna quatre retraites de réguliers, corres-
pondantes aux quatre parties du monde, pour demeurer
comme en sentinelle autour de Reims, et détourner par.
leurs prières les surprises de l'ennemi. Il plaça à l'Orient
un très-digne solitaire, nommé Berthaut, qu'on dit avoir
été guidé par un lion dans tous ses voyages, et qui finit
heureusement ses jours en la solitude de Chaumont, au
pays de Portian ; au midi, il bâtit des cellules au vénérable Gibrien et à ses frères, venus d'Hibernie en France,
pour faire revivre en notre Champagne les austérités des
anachorètes de la Thébaïde ; à l'Occident était le monastère de Verzy, que saint Basle sanctifia depuis par une
pénitence de quarante ans ; et l'abbaye du Mont-d'Or envi-
sageait le septentrion, pour s'opposer aux carreaux de l'ire
de Dieu, qui viennent de ce côté-là, pour foudroyer les
pécheurs impénitents ; l'histoire étant remplie de désordres
commis par les peuples barbares qui se sont égorgés dans
les Gaules au commencement du IVe siècle. »

« Mais quelle règle s'observait dans ces vénérables retraites ? Un célèbre auteur, traitant des monastères qui
florissaient sous Clovis Ier, marque trois sortes de vie
communément reçues en France : la première fut de certains anachorètes qui choisissaient des statuts à leur gré,
que le concile de Vienne régla depuis par une judicieuse
ordonnance ; l'autre comprenait les cénobites obligés par
vœux à une règle écrite et perpétuelle ; et la troisième
était de ceux qui, n'étant guidés d'aucune règle particulière,
s'abandonnaient à la sage conduite des abbés, qui les
gouvernaient suivant les constitutions reçues par tradition.

J'estime que nos monastères s'attachèrent à cette dernière sorte, et que saint Remi fut sans doute la loi vive des religieux de son temps, vu qu'il ne se lit en aucun auteur que les règles des saints Pachorne, Basile et Macaire aient été gardées en notre diocèse, ni même dans la province, sous son pontificat. Certes, ses fréquentes visites dans ces lieux de dévotion nous confirment en cette créance, et les soins qu'il prenait d'une célèbre abbaye de filles, établie à Reims, dont nous avons le seul témoignage dans Flodoard (1), me fait dire qu'il était le père, la règle vivante et le véritable directeur des religieux. »

« Les disciples de saint Benoist étant passés en France, et sa règle se divulguant dans les provinces belgiques, par les travaux du glorieux saint Colomban, qui les parcourut sous les rois Théodoric et Théodebert, tant les monastères qui vivaient sous la seule direction des abbés, que ceux qu'on bâtit de nouveau, embrassèrent cette sainte règle, pour la pureté de son style et le tempérament qui se remarque dans l'observance de ses préceptes. Les premiers qui virent le jour dans notre diocèse, furent ceux de Saint-Pierre, de Reims, et de Montfaucon, fondés par les illustres Baudry et Bove, frère et sœur, enfants de Sigebert Ier. Montfaucon fut pour les hommes, et saint Pierre reçut une congrégation de filles, sous la conduite de la bienheureuse Bove. Le monastère d'Hautvillers survint après, que le très-digne archevêque Nivard bâtit sous le nom du prince des Apôtres ; et comme il avait été instruit par les disciples de saint Colomban, célèbre propagateur de l'ordre Saint-Benoist en ce royaume, aussi obligea-t-il ses religieux d'observer les constitutions de ce grand personnage,

---

(1) FLODOARD, lib. I, c. 24.

conjointement avec la règle de saint Benoît, suivant la remarque de notre Flodoard (1). Enfin, saint Gombert et Berthe, sa sœur (2), imitant l'exemple de saint Baudry et de Bove, fondèrent pareillement deux monastères, l'un aux champs, l'autre en la ville ; en quoi ils furent secondés par saint Réol, fondateur d'Orbais, lequel, bien que situé dans le diocèse de Soissons, fut autrefois sous l'immédiate dépendance de nos archevêques (3). »

Ainsi donc le diocèse de Reims était anciennement partagé en communautés de clercs et de moines ; les premiers, vivant canoniquement, c'est-à-dire dans l'observance des saints canons, occupaient les églises de Saint-Remi, de Saint-Nicaise, de Saint-Timothée, de Saint-Sixte et de Saint-Denys ; les autres, celles de Verzy, du Mont-d'Or, de Montfaucon, d'Hautvillers, d'Orbais, etc. Les guerres suscitées en France par les maires du palais, désolèrent bientôt les asiles destinés à la retraite des religieux. La décadence envahit le cloître en proie à l'influence des séculiers. Aussi les conciles durent-ils intervenir, sous Pépin et Charlemagne, pour les soumettre à la règle de saint Benoît. C'est ainsi que Tilpin, archevêque de Reims en 770, introduisit les bénédictins dans l'abbaye de Saint-Remi ; on présume qu'ils vinrent des monastères d'Hautvillers ou d'Orbais, seuls restés fidèles à la règle pendant le désordre des guerres intestines. Artauld établit pareillement les bénédictins à Saint-Basle, d'où ils avaient été expulsés ; Adalbéron fit de même au Mont-d'Or et à Mouzon, et Gervais à Saint-Nicaise : la France n'ayant connu aucune autre règle que celle de saint Benoît, depuis Clotaire Ier

(1) Flod., p. 612, t. II.
(2) Sa femme, selon Flodoard, ibid.
(3) D. Marlot, Hist. de la Cité de Reims. t. II, p. 496.

jusqu'au pontifical de ce dernier archevêque. Plus tard,
de nouvelles réformes introduisirent à Reims les chanoines
réguliers, qui se fixèrent à l'abbaye de Saint-Denys.

Comme une terre bien cultivée, recevant la pluie dans
la saison et les bénignes influences du ciel, devient riche
et fertile, ainsi la régularité s'observant avec perfection
dans les monastères, et la grâce les faisant fructifier en
toute espèce de vertus, ils devinrent des paradis terrestres
de délices, des sanctuaires de piété. De toutes parts s'é-
levèrent une multitude de prieurés, dont le diocèse était
comme parsemé.

Ces lieux, destinés à la retraite des plus parfaits, durent
leur établissement à diverses causes, mais surtout à la
piété des évêques, qui en fondèrent un très-grand nombre.
Les uns, tirés du cloître, pour témoigner leur reconnaissance envers l'ordre dont ils portaient l'habit, s'efforçaient
de le provigner au moyen de ces prieurés sur lesquels ils
avaient juridiction ; d'autres le faisaient pour relever la
gloire des anges tutélaires de leur évêché, dont le culte
restait comme anéanti par le peu de dévotion qu'on rendait à leurs tombeaux. La restitution des dîmes usurpées
par la noblesse, faite en faveur des abbayes, du consentement des évêques, a encore produit les plus riches
prieurés de la campagne ; quelques autres naquirent de
l'abondance même des communautés qui, volontairement,
se privaient d'une partie de leurs biens, pour être mères
de plusieurs maisons placées sous leur dépendance.
Dans la ferveur de cette propagation, et alors que l'Eglise
de Reims resplendissait de l'auréole des plus saints personnages, on vit naître et se développer, assez près de
la ville, les sacrés instituts de Citeaux et de Prémontré.
Enfin le désir qu'eurent les archevêques de Reims de

fonder leurs anniversaires, et d'être inhumés dans les églises conventuelles, n'a pas peu servi à les accroître et à les enrichir; les revenus détachés de leur mense, profitant dans ce cas aux monastères qu'ils affectionnaient.

Berceau de l'abbaye de Saint-Remi. — Une humble chapelle abandonnée au milieu d'un cimetière, deux ou trois prêtres pour accueillir les pèlerins, pour soigner les malades et les infirmes, et prier sur une tombe; tel fut l'humble berceau de la basilique et de l'abbaye royale de Saint-Remi. C'est que la cendre des saints, comme le sang des martyrs, est une semence qui produit au centuple et enfante des prodiges. C'est le grain de senevé qui, imperceptible d'abord, devient un grand arbre, dont les branches abritent les oiseaux du ciel. Bientôt le respect des fidèles et la piété de nos rois rivalisèrent de zèle pour enrichir le pauvre sanctuaire. Quelques prêtres ne suffirent plus pour recevoir les nombreux pèlerins qui se pressaient autour du tombeau glorifié de saint Remi. Une congrégation se forma. Grégoire de Tours, qui était venu à Reims et y avait été sacré par l'évêque Gilles, quarante ans environ après la mort du saint Apôtre, fait mention d'un certain Epiphane, abbé de Saint-Remi. C'était au xᵉ siècle une tradition générale dans le pays, qu'il y avait eu autrefois des religieux, dont Gibehart aurait été le premier abbé. Ce Gibehart, qui pourrait bien avoir vécu sous le pontificat de Mappin, a dû précéder Epiphane, qui vivait sous l'évêque Gilles (1).

Même avant Tilpin, les archevêques de Reims avaient

(1) On sait que le titre d'*abbé* n'a été donné aux supérieurs des clercs séculiers que sur la fin du viiiᵉ siècle. Mais les auteurs appliquent souvent à d'autres âges les termes consacrés de leurs temps.

déjà une étroite juridiction sur la communauté de Saint-Remi. Cette maison leur était chère à plus d'un titre ; aussi la comblèrent-ils de bienfaits pendant leur vie, et presque tous y choisirent leur sépulture, jusqu'à Odalric, qui s'est fait enterrer dans la cathédrale ; son exemple fut suivi par tous ses successeurs. Romulphe augmenta l'église d'une chapelle dédiée à saint Germain, et la constitua son héritière ; cet exemple fut suivi par Landon, Nivard et Sonnace, qui lui léguèrent la plus grande partie de leurs biens. La réputation de saint Remi s'était répandue jusqu'aux extrémités de la France. Sous le règne de Chilpéric, roi de France, et de Luitprand, roi de Lombardie, Modérane, évêque de Rennes, vint à Reims et reçut des reliques du saint Evêque. Pendant son voyage à Rome, Luitprand lui ayant donné le monastère de Bercet, Modérane le dédia à saint Remi et s'y retira, après s'être démis de son évêché, puis revint à Reims, et plaça son abbaye sous la protection de l'Apôtre de la France.

Une grande question a été soulevée entre les bénédictins, celle de savoir si les premiers religieux de Saint-Remi étaient des moines ou des chanoines. D'après le témoignage de Flodoard, l'église de Saint-Remi aurait eu des chanoines placés, dès le commencement, sous la juridiction des archevêques de Reims. Mais du moment que les chanoines des cathédrales ne sont eux-mêmes que de l'institution de saint Chrodegand, il est visible que du temps de l'archevêque Gilles, sous lequel vivait Epiphane, des *chanoines* n'ont point formé la communauté de Saint-Remi. Si donc Flodoard ne s'est point trompé, saint Rigobert aurait simplement rétabli dans son clergé les instituts, ou la manière de vivre des anciens matriculaires, laquelle était conforme aux règles ou *canons* qui leur avaient été prescrits : *canonicam clericis religionem restituit*. Ils vivaient en commun et avaient une table commune, selon l'expression de Grégoire de Tours, *mensam canonicam*, etc. Sans doute que les nouveaux règlements de saint Rigobert furent accueillis par d'autres évêques. Peut-être même Chrodegand n'a-t-il que perfectionné ces constitutions. Pour concilier Flodoard avec d'autres écrivains, il est encore possible que ces statuts aient pris la place de ceux qui étaient d'abord observés à Saint-Remi; les moines, appelés si souvent *clercs* dans ces temps reculés, auront adopté cette nouvelle réforme proposée par leur évêque, de sorte qu'au temps même de Gibehart, le nom de chanoine *(clericus canonicus)* aura pu passer aux religieux qui occupaient l'abbaye de Saint-Remi.

Introduction des Bénédictins. — L'abbaye de Saint-Remi possédait déjà de grands biens sous les rois de la première race et se soutint avec réputation jusqu'au règne de Pépin. Carloman, frère de Charlemagne, y choisit sa sépulture et lui donna la terre de Neuilly (1). Les religieux se relâchèrent pendant la confusion des guerres civiles ; c'est ce qui inspira à Tilpin, qui avait été moine de Saint-Denys, l'idée de leur substituer des bénédictins. Milon avait tenu le siége pendant longtemps, et l'église de Reims, restée sans évêque depuis sa mort, était tombée en décadence. Pour réprimer la licence introduite dans les mœurs, et en même temps pour favoriser l'ordre auquel il avait appartenu, Tilpin introduisit donc les enfants de Saint-Benoît dans l'église de Saint-Remi. Flodoard, qui nous l'apprend, ajoute : que

(1) Peut-être *Norion* ou *Neuvisy*. Ms. autog. de D. MARLOT, t. XXVII, *Collect. de Champ.* (Bibl. Imp).

ce fut l'archevêque de Reims qui leur traça les devoirs de la vie monastique, dont il était parfaitement instruit. — En quelle année s'opéra ce changement? D'où vinrent ces religieux? C'est ce que l'on ignore (1). — Charlemagne s'étant appliqué à réformer l'ordre de Saint-Benoît, en députant Adalgaire au Mont-Cassin, Tilpin n'avait qu'à suivre les intentions de ce prince pour réussir dans ces projets de réformes. Sans les emprunter à l'abbaye de Saint-Denys, qui avait elle-même besoin d'être réformée (2), Tilpin a pu former lui-même les religieux de Saint-Remi, selon l'esprit véritable de la règle; d'ailleurs les termes de Flodoard donnent lieu de le penser (3).

Les archevêques de Reims, abbés de Saint-Remi. — Tilpin se réserva le nom d'abbé, conformément au testament de saint Remi, qui, vrai ou faux, passait dès lors pour être de lui; ses successeurs ont conservé ce titre jusqu'à Hugues de Vermandois. Tilpin peut avoir gouverné d'abord l'abbaye par lui-même, et c'est sans doute dans la suite seulement qu'il nomma un prévôt, chargé de la conduite spirituelle des religieux, selon la prescription des capitulaires de 805. Les abbés depuis Tilpin, furent, comme nous le verrons bientôt: Vulfaire qui obtint de Louis-le-Débonnaire une charte en faveur du monastère de Saint-Remi; les deux Ebbon, l'un neveu de l'archevêque du même nom; Deidonus, abbé en 834, après la disgrâce de l'archevêque de Reims; Foulques, chorévêque

---

(1) Peut-être d'Hautvillers et d'Orbais, selon D. Marlot. V. plus haut.

(2) Voir la Charte de Louis-le-Débonnaire de l'an 832, les Conciles de l'époque, les œuvres d'Hincmar.

(3) *Monastica vita eos traditur instituisse.* (FLODOARD. *Histoire de l'Église de Reims.*)

et administrateur de l'Eglise de Reims ; Nothon, Hincmar, Foulques, d'abord moine de Saint-Bertin , tous trois archevêques de Reims ; Hérivée ou Hervé , archevêque aussi, le même qui fit orner d'or le devant d'autel de Saint-Remi ; Seulphe qui fit bâtir le château et enceindre de murs le monastère. L'abbaye vaqua quelque temps après sa mort. Hugues et Artauld se disputaient l'archevêché de Reims ; Hugues l'emporta en 941 ; il était fils d'Héribert, comte de Vermandois, et réforma les moines par les soins d'Archambauld, abbé de Fleury. Dès cette époque, les archevêques de Reims ne furent plus que les protecteurs de l'abbaye de Saint-Remi , dont ils conservèrent la garde jusqu'en 1204. Il ne resta de cette ancienne union que quelques cérémonies insignifiantes à l'entrée ducale et aux funérailles de l'archevêque.

Réforme des Bénédictins par Archambauld de Fleury, sous l'archevêque Hugues de Vermandois. — La régularité que Tilpin avait introduite à Saint-Remi finit par déchoir sensiblement pendant les cent-cinquante années qui s'écoulèrent depuis son pontificat jusqu'à celui de Hugues de Vermandois. Les révolutions arrivées sous Ebbon, les guerres civiles et les contestations particulières entre Hugues et Artauld, dans lesquelles les seigneurs s'intéressaient , tout cela avait favorisé et fortifié le relâchement. Archambauld, abbé de Fleury, avait toutes les qualités nécessaires pour exécuter les bonnes intentions d'Hugues de Vermandois. Le monastère de Cluny était alors dans une haute réputation. Saint Odon l'avait rétabli dans la pureté de son institut; l'ordre qu'il y avait apporté fit embrasser la réforme à plusieurs autres monastères ; le comte Eléazar, qui avait l'abbaye de Fleury

en commende , eut recours à ce saint abbé , lorsqu'il
voulut déraciner les abus qui avaient cours dans cette
maison. Les constitutions de Cluny furent trouvées si
conformes à l'esprit de saint Benoît que presque tous les
monastères s'empressèrent de les suivre. Comme la nou-
veauté de ces statuts était accompagnée de beaucoup de
ferveur, après la mort de saint Odon , arrivée en 942,
selon Flodoard , Hugues crut retrouver dans le disciple
le zèle et les vertus du maître. Il le pria donc de venir
à Reims. Archambauld se rendit à ces pieuses sollicita_
tions et donna à l'abbaye de Saint-Remi les statuts du
monastère de Fleury. On croit que ce fut à sa prière que
l'abbaye de Saint-Remi , qui avait été jusqu'alors étroite-
ment unie à l'église de Reims , en fut séparée.

Les archevêques cessent d'être abbés de Saint-Remi. —
Abbés réguliers. — Hugues quitta la dignité d'abbé que
ses prédécesseurs avaient portée depuis Tilpin. et donna
à cette maison un abbé régulier, soit qu'Archambauld l'ait
tiré du monastère de Saint-Remi, soit qu'il l'ait pris de
celui même de Fleury. Son choix seul fait l'éloge d'Hincmar
IIe, depuis lequel seulement la communauté a joui de
la liberté des élections. Les biens de l'abbaye furent dès
lors entièrement séparés de ceux des archevêques ; les
moines et leur abbé eurent leur mense particulière.
L'abbaye possédait indépendamment des richesses laissées
en commun aux deux églises, beaucoup d'autres biens qui
lui appartenaient en propre ; par exemple, les terres que
Charles-le-Simple avait accordées pour la fondation du
prieuré de Corbeny. Les abbés réguliers s'appliquèrent à
l'enrichir encore davantage ; aussi ses biens se sont-ils rapidement augmentés, et la gloire de cette maison a été portée

si loin, grâce à l'économie de ses chefs, qu'elle devint en peu de temps l'une des plus célèbres du royaume, par le nombre de ses religieux et par les revenus qu'elle possédait.

Constitutions monastiques de l'abbaye de Saint-Remi.— Nous avons déjà dit que l'on ignorait quels étaient les premiers statuts de l'abbaye de Saint-Remi et si elle en avait d'autres que la règle de saint Benoît, lorsque Tilpin y mit des religieux de son ordre ; les anciennes coutumes, conservées dans les manuscrits du monastère, font juger qu'Archambauld du moins y apporta les constitutions de Cluny. Il y a peu de différence entre les unes et les autres et elles étaient encore en vigueur, lorsque le monastère fut plus tard incorporé à la congrégation de Saint-Maur. Le noviciat était séparé du dortoir, comme à Cluny: le nouveau profès demeurait quelques jours dans le silence, la tête couverte de son chaperon (1). Les novices ne communiquaient point avec les profès, même dans les conversations. Au réfectoire et dans l'église, on se faisait entendre par des signes qu'on apprenait aux novices. Les religieux portaient des aumusses ou chaperons fourrés, et n'avaient que des chemises de serge. Les *minutions*, c'est-à-dire les saignées, s'y faisaient à des temps réglés. Il y avait enfin le même nombre d'officiers qu'à Cluny, c'est-à-dire un grand-prieur, un chambrier, un infirmier et un sous-infirmier. On écrivait sur une tablette les noms des officiers de la semaine, soit pour le chœur, soit pour le couvent, et l'on en faisait la lecture au chapitre, à la fin du *Preliosa*.

L'office y était très long, comme à Cluny; on y faisait plusieurs prostrations, on récitait tous les jours trois orai-

(1) V. le *Concile d'Aix*, c. 35.

sons devant le grand autel, en l'honneur de la Sainte
Trinité, et en trois différents temps, savoir, avant Matines,
avant Prime et après Complies : cet usage vient certainement des disciples de saint Odon. A leur exemple, on
chantait tous les jours au chœur les quinze Psaumes avant
Matines, avec les versets et les collectes, le petit office de
la Vierge, les Laudes et les Vêpres de tous les Saints, et les
Vigiles à neuf leçons, quand il n'y avait point de fête
semi-double ; les suffrages des Saints à Laudes et à Vêpres.
Les leçons de Matines étaient fort longues ; on les tirait
des légendes et des homiliaires. Il y avait tous les jours
deux grand'messes, etc. Les Religieux étaient tous
ensemble dans un des côtés du cloître, qu'on appelait
Auditorium; tous ces usages de Cluny se sont répandus
insensiblement dans tous les monastères du diocèse.

On remarque encore que, lorsque l'ordre de Cluny s'est
relâché sur l'usage de la viande, les autres monastères,
attachés à ses constitutions, se relâchèrent de l'abstinence;
ce qui arriva à Cluny, sous l'abbé Hugues V, l'an 1199,
et environ trente-sept ans après dans les monastères du
pays Rémois. Grégoire IX n'avait permis la viande qu'aux
infirmes ; Alexandre IV porta la dispense plus loin, dans
une lettre adressée à l'abbé de Saint-Remi (1).

(1) *Alexander,* etc., ex parte tua fuit nobis humiliter supplicatum ut
cum observantia tui ordinis ab ipsa sua institutione multum sit rigida,
difficilis atque gravis, fueruntque post modum per felicis recordationis
Gregorium Papam prædecessorem nostrum et quosdam alios, tam auctoritate sanctæ sedis apostolicæ quam Legatorum ipsius, super addita sta-
tuta gravia, diversarum pœnarum adjectione vallata, ne contingat sub
tantis oneribus deficere oneratos, proinde super hoc paterna sollicitu-
dine curavimus : attendentes igitur quod expedit calamum quassatum
non frangi, devotionis tuæ precibus inclinati, præsentium tibi auctoritate
concedimus, ut super observatione statutorum ipsorum quæ de tua sub-
stantia regulæ non existunt, tu ac successores tui, cum Monasterii tui

Quoique cette bulle ne déroge point en termes exprès à la constitution de Grégoire IX, qui ne permettait l'usage de la viande qu'aux infirmes, il n'y a point de doute qu'elle n'ait servi de prétexte aux abus qui s'étaient glissés dès l'année 1130 (1). Les abbés du chapitre général des provinces de Reims et de Sens renouvelèrent la défense qu'en avait déjà faite Benoît XII (2).

Anciens usages pour la réception des Religieux. — La réception des religieux se faisait avec une certaine solennité. On peut en voir un exemple dans la profession de Rotfroy, sous l'archevêque Hincmar (3). On offrait aussi à l'abbaye de jeunes enfants qui promettaient de se fixer dans le monastère, sans être forcés néanmoins d'embrasser la vie religieuse (4).

ejusque membrorum Monachis præsentibus et futuris, libere dispensare possitis, iis casibus duntaxat exceptis super quibus in eadem regula est dispensatio interdicta, etc. Datum Neapoli, Pontificatus nostri anno primo.

(1) V. les reproches que fait saint Bernard à l'ordre de Cluny, etc.

(2) Ce chapitre fut tenu à Compiègne l'an 1379. On y fit ce statut : Cum omnes et singuli Monachi, exceptis debilibus et ægrotis, juxta Monasticam regulam debeant abstinere, statuimus et ordinamus ab esu carnium abstineri, secundum constitutionem felicis recordationis Papæ Benedicti 12i. Le P. Mabill. dans les *Analectes* a donné un bref d'un pape Eugène, qui leur permet d'user *de adipe* en certain temps de l'année.

(3) Dom Marlot, t. II, p. 510.

(4) Flotharius filium suum, nomine Gozmundum, cum oblatione in manu atque petitione, altaris palla in manu sua involuta, ad nomen sancti Remigii et sanctorum ibi quiescentium, Abbate Heriveo præsente, tradidit Deo coram testibus permansurum in Monasterio Sancti Remigii. Hic signum Flotharii qui hanc carthulam fieri jussit. A Heribranni. Fulberti, Alarici.

Wichardus a patre suo Wichardo oblatus est; Mauvingus a matre sua Danna traditus est Beato Remigio ; Heribrannus ab Avunculo Reo Dodone. Stephanus, etc. *De pueris.* V. Martène, *De antiquis Monachorum ritibus*, p. 703. V. *Hist. Franc.* de Marlot.

*Souvenirs historiques. — Priviléges des Papes. — Dona-
tions des rois, etc.* — Les plus beaux souvenirs historiques
se rattachent à l'abbaye de Saint-Remi. Des rois, des
reines veulent y recevoir le sceptre ou l'onction royale.
En 900, Frédéronne, femme de Charles-le-Simple, y est
couronnée par Foulques, archevêque de Reims. Le roi
Robert, en 922, y reçoit l'onction sainte des mains
d'Hérivée ; l'archevêque Artauld, en 960, y place sur la
tête de Lothaire le diadème de France. Le pape Léon
vient consacrer l'église actuelle en 1049. Les souverains
pontifes, les rois, les archevêques, les comtes et les
barons comblent l'église et l'abbaye de largesses, et l'en-
richissent des plus glorieux priviléges. Innocent IV donne
aux abbés de Saint-Remi le droit d'y porter la mître.
Léon IX réserve à sept religieux de Saint-Remi, appelés
depuis prêtres cardinaux, le droit de dire la messe sur
l'autel par lui consacré. Les bulles de Jean XIII, d'Innocent IV, de Jules II, de Jules III et de Paul V accordent à
l'abbaye le titre glorieux d'archimonastère. Celles de
Paschal II, de Callixte II, d'Honoré II, de Célestin II,
d'Eugène III, de Léon IX, protègent contre l'envahisse-
ment des seigneurs toutes les propriétés, présentes et à
venir, attribuées à l'église Saint-Remi. Alexandre IV permet aux moines d'élire un abbé contre les prétentions de
l'archevêque de Reims. Paschal II confirme aux abbés le
droit d'exercer toute justice sur le bourg Saint-Remi,
d'y tenir les plaids trois fois par an, droits accordés et
souvent renouvelés par les diverses chartes des rois de
France. Le chapitre de Saint-Timothée est attribué à
l'église Saint-Remi par Adalbéron (bulle de Jean XIII).

Sous le pontificat de Tilpin, Carloman, par une charte
authentique, donne le village de Neuilly. Charlemagne

confirme cette donation et y ajoute, avec d'autres biens, une charte d'immunité, à l'exemple de ses prédécesseurs. Les mêmes chartes d'exemptions sont accordées par l'empereur et par le roi Louis ; et d'autres biens par Charles-le-Chauve, par Othon d'Allemagne, etc. (1); Frédéronne, première femme de Charles-le-Simple, donne aux religieux le prieuré de Corbeny; le comte Hugues remet entre les mains de Raoul-le-Vert l'église de Notre-Dame, de Rethel, que ses prédécesseurs avaient usurpée, mais à condition qu'elle serait unie à l'abbaye de Saint-Remi; Gervais lui octroie le prieuré de Saint-Oricle, de Senuc; le duc Conrad restitue à Artauld, qui le cède à l'abbé Hincmar, le prieuré de Cosle ou du Mont-Saint-Remi, en Allemagne, au diocèse de Mayence; Gerberge, en 968, donne à l'abbaye de Saint-Remi le prieuré de Mayenne, au diocèse de Liége; Arbert, évêque d'Avignon, le prieuré de Saint-Remi en Provence, à l'abbé Asenaire, en l'année 1100. Le prieuré de Lapelei, en Angleterre, fondé par Algare, seigneur anglais, père de Burchard, est confirmé à l'abbaye par plusieurs chartes des rois d'Angleterre, Henri I, Edouard I, Edouard II, et par l'archevêque de Cantorbéry, en 1280. Les prieurés de Hesdin, diocèse d'Arras, de Saint-Thomas, près de Vienne-le-Château, de Condé, diocèse de Langres, de Saint-Cosme, ancienne église du faubourg de Reims, les prévôtés de la montagne de Reims, etc., étaient autant de bénéfices que la munificence des seigneurs avait accordés à l'église de Saint-Remi.

Les archevêques Romulfe, Sonnace constituent l'église de Saint-Remi leur légataire; saint Rieul, Tilpin, Hincmar

(1 Flod., t. i, p. 323, 324, 331 ; — t. ii, p. 17, 533, 536.

la comblent de présents ; Adalbéron sollicite pour elle du pape Jean XIII les priviléges les plus glorieux. Les plus grands seigneurs rivalisent de munificence avec les archevêques de Reims. Rimoald donne à l'église de Saint-Remi les villages de Vitry et de Chaumuzy ; Varat, personnage illustre, cède aux églises de Notre-Dame et de Saint-Remi de Reims le Mont de Crugny, Courville et Aougny en Tardenois. Arnoul, comte de Flandre, enrichit l'église et le monastère de ses largesses.

Des événements assez importants de notre histoire eurent l'abbaye ou l'église de Saint-Remi pour théâtre. On y élit roi Charles-le-Simple ; le duc Robert y est aussi proclamé roi par les seigneurs de toute la Celtique ; le roi Raoul, malade, s'y fait porter et y guérit ; Artauld, moine de l'abbaye, y est élu archevêque de Reims ; Hugues de Vermandois, Odalric, et sans doute beaucoup d'autres, reçurent à Saint-Remi la consécration épiscopale.

Les rois, les princes, les évêques, les seigneurs briguent l'honneur d'être enterrés aux pieds de saint Remi. Carloman, fils de Pepin et frère de Charlemagne ; Frédéronne, femme de Charles-le-Simple ; Louis IV et le roi Lothaire ; la reine Gerberge, femme de Louis d'Outre-Mer ; Renault, comte de Couci ; sa femme, la comtesse Albrade, fille de Gerberge ; Hugues, fils du comte Roger ; Burchard, comte d'Angleterre ; la noble dame Agnès ; le chevalier Gilbert ; Herbert, bienfaiteur de l'abbaye ; Walter, fils de Raoul, comte de Créspi ; un grand nombre d'abbés, plus de vingt archevêques et une multitude d'autres illustres personnages furent inhumés soit dans l'église, soit dans l'enceinte de l'abbaye de Saint-Remi.

Le monastère de Saint-Remi était-il de fondation royale?
— Une des grandes prétentions de l'abbaye de Saint-Remi
était de se considérer comme de fondation royale. Mais
c'est vraiment changer les notions ordinaires que de le
soutenir. Le monastère doit son origine à la dévotion des
peuples et à la libéralité des archevêques. Les rois n'en
furent que les bienfaiteurs. Louis XI s'est trompé en lui
attribuant cet honneur. Il n'y a point en effet de monastère qui ne fût de fondation royale, s'il suffisait d'avoir
reçu des rois quelques bienfaits ou quelques priviléges. Les
habitants ont commencé l'œuvre (1), les archevêques ont
fait bâtir l'église ; les aumônes des fidèles ont fourni à l'entretien des religieux qui la desservaient du temps de Gibehart; Tilpin est le véritable créateur de l'abbaye bénédictine ;
Charles-le-Chauve ne fit que coopérer à l'achèvement de
l'église sous Hincmar. Saint-Denys de Paris, Saint-Médard
de Soissons, Saint-Maur des Fossés, Saint-Pierre de Corbie,
sont véritablement de fondation royale, parce que ces
monastères ont été bâtis et fondés par les rois.

*Du titre d'archimonastère et de quelques autres préroga-
tives.* — L'abbaye de Saint-Remi jouissait, avons-nous dit,
de plusieurs titres d'honneur et d'une multitude de priviléges. Hincmar, dans une lettre à Charles-le-Chauve,
l'appelle *Monasterium Remense*, soit parce que les archevêques en étaient abbés, soit parce qu'il était le premier
monastère que l'ordre de Saint-Benoît eut obtenu dans la
ville. Comme il était uni à l'archevêché dès sa fondation,
il a bien pu porter le nom de *Monastère de Reims*. Le pape
Pascal le nomme *venerabile Monasterium ;* Eugène III et
Callixte II, *Remensis Ecclesiæ Monasterium.*

(1) V. les vers d'Hincmar.

Les auteurs plus modernes lui donnent encore le titre d'archimonastère. On commence à apercevoir ce titre d'honneur dans une bulle de Jean XIII à Adalbéron en 972 ; Innocent IV le confirme par une autre bulle (1). Cette bulle est incontestable ; cependant on ne voit point que les abbés et les religieux se soient servis du nom d'archimonastère dans les actes publics, avant le xvie siècle : peut-être en usaient-ils comme les archevêques, qui, quoique pairs de France, ne prirent point d'abord cette qualité dans les expéditions publiques. Plus tard ce nom est devenu plus commun, et ceux qui ont parlé de l'abbaye de Saint-Remi, n'oublient point la qualité d'archimonastère (2).

Ce titre lui a été souvent contesté par des congrégations rivales. Si ce nom, disent ses détracteurs, a été donné parce que l'abbaye de Saint-Remi est la métropole des autres monastères qui en dépendent, ou parce qu'on en a tiré des religieux pour établir ailleurs la même régularité, il y a peu de monastères qui ne puissent aspirer au même honneur. Il est donc probable que Saint-Remi est appelé archimonastère, ou seulement parce qu'il est la première abbaye de Reims, sans l'être cependant du diocèse ; ou parce qu'étant uni à l'archevêché, on a voulu relever ainsi la dignité des abbés ; les archevêques étant archi-abbés, ce nom aura passé au monastère.

(1) On y lit, en effet, ces mots : *Convenit apostolatui nostro etc.*, *quapropter per interventum tuæ dilectionis Archimonasterio, quod in Francia situm non longe a civitate Remensi, cui præesse viderit confirmamus eas possessiones*, etc. Elle est datée du 8 des calendes de Mai, indict. 15, l'an viii du pontificat de Jean, l'an xie de l'empire d'Othon et de son fils, l'an v après son couronnement.

(2) V. Depense, Choppin, l. ii, *Monast.*, tit. ii, n. 4., *Sacra politia, frison*, etc.

Plusieurs pensent que ce titre d'honneur lui vient de ce que les lettres y étaient florissantes, comme à Saint-Denys, de Paris, à Saint-Martin de Tours, et à Saint-Germain que certains auteurs appellent de même archimonastères. Yepes dit, en effet, que notre abbaye s'attira une grande réputation par les sciences qu'on y cultivait : il y avait à Saint-Remi, comme nous le verrons bientôt, des écoles célèbres au rapport de Trithème, dans la chronique d'Hirsaige, et de Papire Masson, dans la vie du roi Robert. On a trouvé une inscription qui montre que l'abbaye avait des écoles fameuses sous Sicfarius, prévôt de l'abbaye (1). Enfin, si l'on ne veut point se contenter de ces raisons, on peut croire que cette abbaye fameuse fut appelée *archimo-nastère*, surtout parce que le corps de saint Remi y est conservé avec la sainte Ampoule ; et c'est ainsi que Gerberge lui donne le nom de capitale du royaume, *Caput Franciæ* (2).

Quoiqu'il en soit de ces titres de *monastère de Reims* et d'*archimonastère*, on regardait l'abbaye de Saint-Remi comme la première abbaye de France, soit par son dépôt sacré, soit par le nombre de ses dépendances et de ses prérogatives particulières.

Le monastère conserva toujours une étroite union avec le chapitre de l'église métropolitaine : lorsque l'archevêque prenait possession par une entrée solennelle, il partait d'un lieu peu éloigné de la Ville, était reçu à la porte Mars par les corps séculiers, et venait descendre

---

(1) Le concile d'Aix, ch. 45, avait ordonné le rétablissement des écoles dans les églises cathédrales et dans les monastères. Gerbert n'a point enseigné à Saint-Remi, comme l'écrit Yepes, mais dans les écoles de Notre-Dame.

(2) V. D. MARLOT, *Hist. de la Cité*, etc.

ensuite à Saint-Remi. Il y passait la nuit; l'abbé le recevait à la porte, à la tête de ses religieux, et l'accompagnait
jusqu'à l'autel, où il le priait de vouloir bien promettre
de conserver les priviléges de la maison (1).

On commençait ensuite l'entrée épiscopale: l'abbé et les
religieux conduisaient le nouveau prélat jusqu'à l'angle de
la chapelle de Sainte-Catherine, où, s'arrêtant à la vue des
chanoines de la grande église, l'abbé leur adressait la
parole et leur disait: *Ecce Pastor vester, successor Beati
Remigii; ipsum vobis præsentamus* (2).

Lorsque l'archevêque venait à mourir, même hors de
Reims, le corps devait être d'abord déposé dans le chœur
des religieux de Saint-Remi, pour être de là conduit par
le chapitre et les autres corps ecclésiastiques dans la cathédrale, où se faisait le service solennel. Ce droit n'était
pas cependant si bien établi, que le chapitre ne le contestât de temps en temps; c'est ainsi qu'on n'y porta point
le corps de Guillaume Giffort, quoiqu'on y eût présenté
celui des cardinaux de Lorraine, de Guise et de Pellevé.
Cet usage devait remonter à l'époque où les dignités d'archevêque et d'abbé étaient réunies. C'est de la même source

(1) Voici les paroles que l'abbé lui adressait : Reverendissime Pater,
vestra Archiepiscopalis dignitas super hæc sacro-sancta Christi Evangelia
jurabit et super hoc altare sancti Remigii, prædecessoris sui, promittet, se
perpetuo conservaturum jura, privilegia, libertates et immunitates hujusce Archimonasterii, et membrorum ab eodem dependentium ; nec
aliunde se iturum, aut a quoquam in contrarium iri permissurum ; sed
omnia et quæcumque bona, eidem Archimonasterio, ac membris ejus sunt
collata a prædecessoribus suis, Archiepiscopus firma, rata et grata habebit.
L'archevêque lui répondait en ces termes : Ego N. Archiepiscopus, dux
Remensis, super hoc altare sancti Remigii promitto per præsentes, me
conservaturum omnia jura, etc. Ce qu'il signait de sa main et faisait
contresigner par son secrétaire.

(2) Voici votre Pasteur, successeur de saint Remi, que nous vous
présentons.

sans doute que découle l'espèce de société entre les deux chapitres de Notre-Dame et de Saint-Remi, dont la bulle de Léon IX parle comme d'une chose déjà établie. Ils étaient obligés de visiter réciproquement leurs églises en certains jours de l'année ; les religieux de Saint-Remi, dans toutes les processions et les assemblées publiques du clergé, marchaient de pair avec les chanoines de la cathédrale ; ceux-ci leur cédaient le côté gauche de leur chœur, et permettaient que les chantres et sous-chantres prissent rang dans les marches, au milieu des deux rangs formés par les chantres et sous-chantres de la Métropole : quoique les religieux de Saint-Nicaise aient été admis dans la même société, on a réservé cependant ce dernier privilége aux religieux de Saint-Remi. Ils assistaient aux services des chanoines morts à Reims, et les chanoines réciproquement assistaient au convoi funèbre de tous les religieux profès, tandis que cette assistance ne s'observait qu'à l'égard des plus qualifiés du monastère de Saint-Nicaise ; ce qui montre l'estime particulière que l'Eglise de Reims a toujours eue pour le monastère de Saint-Remi.

Lorsque l'archevêque consacrait le saint-chrême le Jeudi Saint, les religieux de Saint-Remi envoyaient deux diacres et deux sous-diacres, avec quatre novices, revêtus d'aubes et de chappes, pour assister à la cérémonie ; les autres abbayes de la ville ne pouvaient envoyer que deux représentants et point de novices. Le jour des Rameaux, lorsqu'ils se rencontraient avec les religieux de Saint-Nicaise près de la croix de Saint-Maurice, non-seulement ils occupaient à la procession le côté gauche, en face des chanoines, mais ils chantaient seuls les antiennes, alternativement avec les chantres de la cathédrale.

Selon les anciennes rubriques, lorsque l'abbé ou le

prieur célébrait la grand'messe dans l'église de Saint-Remi, soit aux fêtes du Saint, soit au jour de la Dédicace, en présence des chanoines, il était assisté à l'autel d'un diacre religieux et d'un sous-diacre chanoine. Enfin les abbés de Saint-Remi délibéraient immédiatement après le chapitre de Reims dans les assemblées du clergé et de l'hôtel-de-ville, où ils avaient droit d'avoir un député. Dans les conciles, ils prenaient séance avant les autres abbés du diocèse et de la province ; leurs noms se remarquent toujours les premiers dans les anciennes chartes, si l'on en excepte quelques-unes, où saint Bernard a signé même avant l'Eglise de Reims.

Du bourg appelé Ban de Saint-Remi. — Justice administrée par un maire et six échevins, au chaix de l'abbé. — Indépendamment de ces priviléges religieux ou ecclésiastiques, l'abbaye de Saint-Remi jouissait encore de plusieurs prérogatives purement civiles.

Le bourg appelé Ban de Saint-Remi était le domaine le plus honorable de l'abbaye : elle y exerçait la justice en son propre nom et jouissait de plusieurs droits considérables, dont il est curieux de connaître l'origine et les progrès.

Le terrain sur lequel était bâtie l'église, et celui sur lequel s'étend la juridiction de l'abbaye, appartenaient autrefois aux archevêques et à l'Eglise de Reims. Lorsque saint Remi parle des églises de Saint-Martin, de Saint-Cosme, de Saint-Damien, de Saint-Christophe et de Saint-Germain, il dit qu'elles étaient toutes bâties sur le fonds de l'Eglise de Reims : *Ecclesiæ Sancti Martini, in solo sanctæ Remensis ecclesiæ positæ, SS. Martyrum Cosmæ et Damiani in eodem solo*, etc. Flodoard, parlant du lieu où le

saint Evêque fut inhumé, remarque que c'était un cimetière dépendant de l'Eglise de Reims.

Saint Remi, dans son testament, lègue certains revenus
pour la matricule qu'il fonda, en faveur de douze pauvres,
au lieu même où il serait inhumé; il mit cet établissement
sous la protection particulière des archevêques de Reims.
Cette dernière volonté de saint Remi fut religieusement exécutée. On apprend dans l'histoire que les archevêques prirent
pour l'église où était son tombeau, le même soin que pour
la cathédrale; lorsqu'ils obtenaient des confirmations par
bulles ou par chartes des rois de France, ils ne séparaient
point ces deux églises, et les mêmes biens sont appelés
tantôt biens de Saint-Remi, tantôt biens de Notre-Dame, et
quelquefois biens de Notre-Dame et de Saint-Remi : ces
deux églises n'en faisant donc pour ainsi dire qu'une seule,
sous la conduite des archevêques, qui en étaient les fondateurs et les abbés. Tilpin, en y plaçant les Bénédictins, continua aussi d'embellir l'église que ses prédécesseurs avaient
commencée. Seulphe fit entourer de murailles le monastère
et les maisons contiguës, et bâtit le château dont on voit
encore des vestiges : enfin toutes les églises, celles de
Saint-Timothée, de Saint-Julien, de Saint-Sixte et de Saint-
Cosme, relevaient des archevêques, peut-être à cause du
comté de Reims, qui s'étendait à la banlieue ; ce comté
ayant été donné aux archevêques par Louis d'Outre-Mer,
ceux-ci demeurèrent ainsi seigneurs fonciers des faubourgs
que les archevêques Arnould, Gui et Gervais attribuèrent
à plusieurs églises.

Il est nécessaire, pour bien comprendre, de distinguer
le bourg, du château de Saint-Remi. Dans l'enclos du monastère, qui était de l'ancien domaine du faubourg, les
religieux avaient droit de justice, avant que Louis d'Outre-

Mer eût donné le comté aux archevêques. Quoique la charte de ce prince ne soit que de l'an 954 , et la donation du comté de l'an 940 , il dit expressément qu'il ne fait que renouveler le privilége accordé par ses prédé-cesseurs (1). D'où il résulte que le monastère avait d'an-ciennes immunités, avant que Sculphe eût bâti le château ; qu'il les devait à la libéralité des rois, et non aux arche-vêques qui étaient encore abbés de Saint-Remi.

Lorsque le monastère obtint des abbés particuliers, sous Hugues de Vermandois, Hincmar II, qui était dans les bonnes grâces du roi, obtint la confirmation du pri-vilége de justice et de plusieurs autres droits, par une charte que Flodoard cite dans la *Chronique*, à la date de l'an 940 (2). Le roi y ordonne que le château de Saint-Remi soit exempt de tous subsides, et qu'aucun juge n'y exerce la justice contre la volonté des religieux, ainsi qu'il est contenu dans les priviléges de ses prédécesseurs. La charte de Momiane peut avoir servi de prétexte à celle de Louis IV. Lothaire ratifia la même exemption la première année de son règne ; et le terme de *Monachis*, dont ces rois se servent dans leurs chartes, peut porter à croire que la justice du château appartenait aux religieux. Ce droit n'est autre que la basse mairie, qu'ils ont toujours possédée ; droit qui ne pouvait dépendre de la manse abbatiale,

(1) Decernimus ut in primis castrum , in quo ipse beatissimus Pastor corpore quiescit, omnino sit immune.... nullusque intra castelli ambi-tum quamlibet judiciariam audeat exercere dominationem, contra voluntatem ipsorum (monachorum), sicut *praecedenter* Francorum Reges constituerunt. Charte du **19** Novembre **954**, donnée par Louis d'Outremer; elle a été contestée ; ce qui n'est pas douteux, c'est qu'elle a été confirmée par son fils Lothaire , par Hugues-Capet et ses successeurs.

(2) *Monachis quoque ejusdem loci praeceptum de eodem Castello dedit immunitatis.* v. l. IV, c. **27**.

puisqu'elle fut donnée aux moines avant qu'ils eussent un abbé régulier.

Dans toutes ces chartes, il n'est fait aucune mention du bourg ; il y a apparence qu'il resta toujours dans la possession des archevêques jusqu'au pontificat d'Arnould, puisque c'est à lui qu'on attribue la donation du bourg au monastère de Saint-Remi (1). Cette concession se trouve confirmée par une patente de Hugues-Capet, sans date il est vrai, mais authentique et scellée de son sceau. La bulle de Léon IX, de l'an 1049, porte que l'archevêque Gui renonça au droit du marché que ses prédécesseurs s'étaient réservé, quoiqu'il ne spécifie point le lieu où il se tenait (2).

Il y eut dans la suite, à propos de ce bourg, de grandes contestations entre les abbés de Saint-Remi et de Saint-Nicaise ; on alléguait pour prétexte la charte de Gervais, confirmée par Philippe I ; il y est dit que cet archevêque donne à l'abbaye de Saint-Nicaise qu'il avait fait rebâtir, le faubourg contigu appelé alors *Ban de Saint-Sixte* (claustrum *Sancti Nicasii et suburbia quæ circa monasterium sunt, ab omni exactione sint libera*). L'abbé de Saint-Nicaise, qui expliquait à son avantage cette donation, prétendait que le bourg lui appartenait entièrement, et il produisait des bulles de Rome pour confirmer cette possession. D'un autre côté, l'abbé de Saint-Remi, appuyé sur des chartes antérieures, se maintenait dans son droit,

---

(1) *Itaque suburbium quod Burgum vocant, quod etiam ejus Castello adjacet, nec non omnia ejus adjacentia, in jus potestatis sancti Remigii concedo.*

(2) *Hoc etiam confirmamus nostra authoritate, quod Wido Archiepiscopus Remensis partem quam in mercatu habebat, quod erat 12 kal. Novembris Beato Remigio nostro obtentu donavit ;* ce qui fut depuis ratifié par le pape Pascal, l'an viii de son pontificat.

et faisait voir la source de la donation du bourg par le récit même de ce qui s'était passé depuis la mort d'Artauld.

On sait en effet qu'un parent de l'archevêque Odalric étant venu de Lorraine à Reims, pour lui rendre visite, arriva assez tard au bourg de Saint-Remi ; il s'y arrêta, pour y passer la nuit. Des gens qui avaient passé la journée dans la débauche, lui firent une querelle : on en vint aux mains, et le parent de l'archevêque fut si durement frappé qu'il en mourut. Les gens d'Odalric, pour venger sa mort, firent mettre le feu aux maisons et raser le bourg. Adalbéron, son successeur, le répara depuis à ses dépens, et il en fit présent au monastère de Saint-Remi. Il y annexa en même temps le chapitre de Saint-Timothée, ordonnant que les revenus seraient employés à la réception des pauvres dans l'aumônerie ou l'hôpital de l'abbaye. Arnoul, fils naturel de Lothaire et successeur d'Adalbéron, confirma non-seulement cette donation du faubourg, mais encore les autres droits du château de l'abbaye, par une charte datée de l'an 989. Dans la suite, le comte Gislebert (de Roucy) donna à Saint-Remi la moitié de sa vicomté, ainsi que la justice, et garda l'autre : car en ce temps, dit le manuscrit que nous citons, un laïque possédait le comté de Reims, avec la vicomté du bourg. A quelques années de là, l'archevêque Gui ayant acheté le comté de Reims, avec cette autre partie de la vicomté du bourg, au prince Eudes, fils de Thibaut, comte de Champagne, le laissa en propre à l'Eglise de Reims : ce qui prouve que l'abbaye était en possession du bourg avant le pontificat de Gervais.

Pascal II, pour pacifier les deux abbayes, régla leurs limites, de l'avis de l'archevêque Rodolphe : l'abbé de

Saint-Remi devait avoir toute la justice du bourg, y tenir les plaids trois fois par an ; le droit de stellage lui appartenait ainsi qu'à l'archevêque, par égale portion. La paroisse de Saint-Sixte demeurait à l'abbé de Saint-Nicaise, avec les dîmes de Vrilly, et la paroisse du bourg à l'église de Saint-Timothée. Cet accord fut confirmé par une charte de Louis VI, où tous les droits du château et du bourg sont énoncés en détail. La justice resta donc aux abbés de Saint-Remi ; pour l'exercer, ils établirent des officiers de leur juridiction, un maire, six échevins pour la rendre aux habitants du Ban de Saint-Remi ; un bailli, un lieutenant et un procureur fiscal, pour connaître les causes civiles et criminelles dont les appels ressortissaient du Parlement.

Les priviléges accordés par les rois, pour la franchise du château, priviléges étendus sur le bourg depuis sa donation aux religieux, firent naître quelques différends pour la garde de l'abbaye entre les moines et les archevêques. On eut soin de renouveler ces prérogatives dans la vacance qui survint en 1251. Alors, dès qu'un abbé du diocèse venait à mourir, le roi envoyait des commissaires pour se saisir du temporel, si l'abbaye était immédiatement sous sa protection ; l'archevêque de Reims en faisait autant, s'il en était le fondateur, ou même si l'abbaye se trouvait simplement dans le ressort de sa seigneurie, telles que celles de Saint-Nicaise, de Saint-Pierre-les-Dames, de Saint-Denys, etc. Or, il y eut pendant la vacance une saisie faite de part et d'autre, avec une information, qui se trouve à la Chambre des Comptes à Paris. Il y était dit en faveur du roi que la justice de l'abbé est entièrement indépendante de celle de l'archevêque ; qu'un bourgeois de Saint-Remi n'allait jamais plaider devant ses officiers , sinon pour les faits ecclésiastiques ; qu'on avait fait élever et abattre des murailles autour du bourg par le seul commandement du roi en 1230 ; qu'au temps de la régale , qui arrive par la mort de l'archevêque , ceux qui étaient envoyés pour mettre sous garde les biens de l'archevêque, n'avaient aucun droit sur l'abbé de Saint-Remi ; que les bannis des terres de l'archevêque peuvent se réfugier sur le Ban de Saint-Remi, et qu'ils n'en peuvent être tirés sans permission ; qu'anciennement le roi avait tous les ans droit de gîte dans le bourg, pour lequel chaque bourgeois était obligé de payer quinze deniers par tête ; que dans toutes les occasions l'on avait recours au roi ou à ses baillis, excepté pour les causes spirituelles qui appartiennent à l'archevêque ; que lorsque celui-ci était dans la nécessité d'armer, il pouvait contraindre à le suivre les bourgeois de son ban, mais nullement ceux du bourg de Saint-Remi, sans la permission de l'abbé. L'arrêt du mois d'août 1281 adjugea au roi la garde du temporel du monastère.

Favin, dans son théâtre d'honneur, affirme que Clovis donna le bourg à saint Remi, à condition d'hommage aux rois, ses successeurs ; d'après lui, on trouve dans les registres du parlement l'hommage rendu à Philippe Auguste, entre les mains des commissaires députés de sa part pour la perception des régales de l'archevêché de Reims (1).

---

(1) Il est conçu en ces termes : *Homines de burgo Sancti Remigii fecerunt domino regi fidelitatem sub hac forma; ipsi conservabunt pro posse, bona fide, vitam, corpus et membra regis, honorem regni, et omnia jura regis ; præsente Petro de Nongento tunc abbate, Rodulpho Priore consanguine suo ; Monachi præsentes, Garnevus, Orillardus, Camerarius, etc. Hanc fidelitatem pro domino rege receperunt magister Boso, clericus ejus, et Robertus de Lesga. Actum Remis, anno Domini 1218, mense Martis.*

Cet acte semble détruire la prétention du roi, puisque le
serment de fidélité se fit par les habitants du bourg, quand
le siége archiépiscopal devint vacant par le décès d'Albéric, et
lorsque l'archevêché et ses dépendances étaient en régale ;
à moins cependant de supposer que le roi avait négligé
d'exiger cet hommage depuis l'élection de l'abbé. Quoiqu'il
en soit, la juridiction que l'abbé et les religieux ont dans
ce bourg est fort remarquable.

L'abbaye possédait encore d'autres seigneuries tant dans
la banlieue de Reims que dans la campagne ; la justice s'y
exerçait par un bailli, dans l'auditoire de la cour abbatiale;
sans compter plusieurs fiefs tenus à foi et hommage par
plus de trente seigneurs.

Quatre de ces seigneurs portaient le titre de chevaliers
de la sainte Ampoule ; c'étaient les seigneurs de Terrier,
de Bellestre ou Neuvisy, de Louvercy ou Sonnastre, et
d'Autry, tous vassaux de ce monastère. Au sacre des rois,
ils étaient obligés de venir à Reims pour tenir le dais
sous lequel marchait l'abbé ou le grand prieur, lorsqu'il
portait la sainte Ampoule à Notre-Dame.   •

Favin en fait remonter l'origine jusqu'à Clovis, et il
n'en donne d'autres preuves que les actes dressés au sacre
de Louis XIII. On voit que Dom Lépagnol, grand prieur,
reçut le service de ces gentilshommes devant le grand
autel de l'abbaye, et leur fit présent d'une croix d'argent,
chargée d'une colombe, avec l'ampoule, pour marque de
leur ordre.

Toujours, comme on l'a vu, les archevêques travail-
lèrent à faire rentrer le couvent sous leur suzeraineté :
seigneurs de tout le territoire de Reims, ils voulurent
réunir sous leur autorité tout ce qui en faisait partie ;
mais toujours l'abbaye contestait leur droit en se plaçant

sous la sauvegarde des rois de France. De longues discus-
sions s'engagèrent à cet égard ; le parlement dût intervenir, et en 1281, 1287 et 1302, il maintint l'abbaye
sous la main royale, protectrice de son indépendance.

Les rentes de la maison étaient considérables : sa manse
abbatiale tenta les hommes de cour, et sous Louis XI
l'abbaye passa de règle en commende.

Réforme de la Congrégation de Saint-Maur, en 1623.
— Le couvent, privé de ses abbés, fut gouverné par le
grand-prieur et les autres dignitaires. Ce fut au milieu du
XVIIe siècle que la congrégation de Saint-Maur vint y
apporter ses réformes, observées jusqu'à la révolution de
1793. — Depuis trop longtemps, les abbayes, livrées
à des commendataires, n'étaient devenues, sous cette
influence fatale, qu'une ombre d'elles-mêmes. « Comme
ce fâcheux assoupissement croissait à l'évidente perte
d'un si noble corps, écrit dom Marlot, qu'il devenait
contagieux à la jeunesse, qui s'engageait innocemment
à l'observance d'une règle qui n'était pas en pratique, le ciel inspira l'éminentissime cardinal de La
Rochefoucauld d'y travailler avec soin, comme il fit,
en obtenant un bref de sa Sainteté, pour la réformation
de tous les ordres réguliers de ce royaume, et qu'il
fit signifier aux supérieurs des monastères, en 1623,
avec défense de recevoir aucun novice en vesture ni profession, qu'il ne fût auparavant éprouvé dans les noviciats
qu'on devait établir à cet effet. Il semble que le dessein
de ce grand cardinal n'allait qu'à une mitigation, qui
peut-être eut trouvé de grands obstacles dans son progrès,
pour ce qu'il fallait réduire en une vie plus étroite quantité d'esprits de divers temps, et qui n'étaient aucunement

5

capables de discipline; mais Dieu s'en servit pour avancer ce grand ouvrage, qui n'a point eu son pareil dans tout l'ordre, depuis le siècle de saint Bernard. »

Des tentatives furent faites pour mettre l'abbaye de Saint-Remi en relation directe avec les monastères réformés de la Lorraine; mais ce projet ne put aboutir. On fit beaucoup de voyages et de grands frais, on balança quelque temps dans le choix de l'une ou de l'autre congrégation déjà établie; enfin la résolution fut en faveur de celle de France, que la cour ratifia par son arrêt de l'an 1627. Ainsi l'affaire étant conclue, suivant le désir des anciens religieux, les pères venus de la Lorraine, avec les nouveaux profés, se retirèrent pour faire place au R. P. Athanase, personnage de grand mérite et d'une rare condition. Accompagné de dix religieux tirés de divers monastères, il prit possession de Saint-Remi au nom de sa congrégation, en présence de l'illustrissime archevêque Gabriel de Sainte-Marie, de Monseigneur Henry de Lorraine, abbé commendataire, et du procureur du roi au siège royal et présidial de Reims. Cet exemple fut imité quelque temps après par les abbayes de Saint-Nicaise, de Saint-Thierry, de Saint-Basle, d'Hautvillers, de Mouzon et de Novy, bien que ces dernières, ayant suivi une autre route, se soient servies des pères de la congrégation de Lorraine.

Services rendus à la religion et à la société par l'abbaye de Saint-Remi. — Il serait trop long de narrer dans ce précis historique la vie assez peu connue des abbés de Saint-Remi, dont nous donnons la nomenclature. Qu'il nous suffise de rappeler, avec M. l'abbé Bandeville, les services et la gloire littéraire de la noble abbaye: « Nous laissons à d'autres, dit-il, le soin de montrer jusqu'à quel point ces maisons pouvaient contribuer à la prospérité publique par leurs immenses revenus, larges fleuves qui portaient si loin l'abondance. Ces revenus, qui ont tant de fois excité la convoitise de la cupidité, n'étaient ni stérilement encaissés, ni follement prodigués en dépenses vaines ; ils n'étaient employés ni à de hasardeuses spéculations, ni à de honteux trafics ; ils ne servaient pas à enrichir des hommes qui s'étaient voués à la pauvreté et qui vivaient de si peu : mais, dépensés sur les lieux mêmes, ils se répandaient, comme une source vivifiante (1), dans l'intérêt des pauvres, que l'industrie n'avait pas encore si étrangement multipliés ; des classes ouvrières, auxquelles on procurait un travail certain et toujours noblement payé ; du fermier, dont les charges étaient si légères ; des artistes, dont on recueillait à grands frais les chefs-d'œuvre ; des savants, dont on amassait les productions ; des populations entières, qui ne s'étaient groupées autour de ces pieuses retraites, et n'y avaient formé des villages, des villes mêmes, que pour profiter de leur abondance. »

« Dans ces cloîtres, sans doute, les religieux n'étaient pas tous des saints, mais tous étaient vertueux : le vice était une exception. Quelle influence morale devaient donc exercer autour d'eux ces hommes dont toutes les paroles étaient de pieux conseils, les actions des traits de charité, la vie un modèle de vertus !... »

« C'est aux lettres, aux sciences, que les bénédictins sont redevables de leur réputation. Au travail manuel des premiers solitaires, ils avaient substitué l'étude, et pour

(1) Benedictio illius quasi fluvius inundavit. *Eccli.* 39.

se délasser des travaux de l'esprit, ils s'amusaient à copier des livres. Ce noble délassement nous a valu les précieux manuscrits qui font aujourd'hui la richesse des bibliothèques ; les ouvrages des Pères grecs et latins, qui servirent depuis à faire les belles éditions, dites des Bénédictins ; la conservation des auteurs profanes. »

Là se formaient, aux frais des évêques ou des abbés, ces bibliothèques dont nos villes étalent aujourd'hui avec orgueil les splendides débris, et dans lesquelles les savants modernes sont heureux de puiser une grande partie de leurs lumières.

Celle de Saint-Remi, regardée comme la meilleure de Reims, et fondée par nos archevêques Wulfaire, Ebbon et· Hincmar, comptait près de six cents manuscrits selon dom Martène, et plus de huit cents selon Lacourt (1) : presque tous provenaient des libéralités d'Hincmar (2). C'est là que le P. Sirmond avait trouvé les matériaux de la plupart de ses savantes publications. Pourquoi faut-il dire que presque toutes ces richesses ont péri dans l'incendie de 1774 ? Toutes ces bibliothèques n'offriraient rien de bien attrayant aujourd'hui à certains lecteurs qui cherchent avant tout ce qui plaît et ce qui amuse : le fond de ces répertoires scientifiques était l'Écriture-Sainte, les saints Pères, la théologie, le droit-canon, la parénétique, l'histoire et les sciences, etc.

La littérature des moines était grave comme eux, sévère comme leur règle ; ils eussent brisé leur plume plutôt que d'écrire un seul mot qui ne pût servir à l'édification de la piété ou au progrès des sciences.

(1) M. Géruzez prétend qu'on perdit 900 manuscrits précieux dans l'incendie de 1774.

(2) Voyez le *Voyage littéraire*.

Dans l'histoire littéraire des abbayes de Champagne, on remarque trois époques brillantes: la première commence à la fin du IXe siècle, la seconde avec saint Bernard, la troisième avec la réforme introduite par les congrégations de Saint-Maur et de Saint-Vanne, au XVIIe siècle. Alors Hucbald de Saint-Amand et Remi d'Auxerre faisaient fleurir l'école de Reims; Flodoard, père de l'histoire de Reims, avait été religieux de Saint-Remi avant d'être abbé d'Hautvillers ; Berner, moine de Saint-Remi, écrivait la vie de sainte Cunégonde; Anselme, l'itinéraire de Léon IX ; Robert, l'histoire de la Terre-Sainte. Au XIIe siècle, Odon, le fondateur de la chartreuse du Mont-Dieu, publiait les miracles de saint Remi; Beaudoin, ceux de saint Gibrien; Pierre de Celles, dont les œuvres, recueillies dans la bibliothèque des Pères, sont un trésor d'érudition, faisait de son abbaye une noble retraite, où Jean de Salisbury et les Anglais persécutés venaient goûter les douceurs de l'étude dans les âges qui suivent.

C'est à Saint-Remi surtout que le travail et la science se sont donné rendez-vous. Qu'il suffise d'indiquer les recherches locales des Oudart Bourgeois (1), des Pichart, des Egée, recherches dont Marlot se servira pour son histoire ; les mémoires de D. Coquebert; les poésies de Bugnot (2), de Legrand (3); les ouvrages ascétiques de

(1) Voyez, touchant Oudart Bourgeois, Pichart, Egée, Coquebert, et les notes manuscrites de D. CHASTELAIN, sur l'Abbaye de Saint-Remi.

(2) D. Bugnot, né à Saint-Dizier, profès à Saint-Remi en 1636. Il mit en vers la vie et la règle de saint Benoît. Bibliothèque générale des écrivains, t. I.

(3) D. G. Legrand, né à Reims, profès à Saint-Remi en 1631, mort en 1671, auteur de plusieurs pièces imprimées à la fin du 1er volume de l'Histoire latine de MARLOT.

le Contat (1); l'histoire de l'hôpital de Corbie, par François Lefebvre (2); la vie de saint Benoît, par D. Planchette (3); le nécrologe de saint Denis, par D. Racine (4); les traductions de D. Thévart (5); celles de D. Hervin, l'élève de Mabillon (6); celles de D. Porcheron (7) qui, devenu bibliothécaire de Saint-Germain, travaillera au classement et au catalogue des manuscrits latins de la bibliothèque royale. Saint-Remi prend part à des travaux plus importants et reflète une noble partie des rayons du grand siècle. Là, sous la direction et l'enseignement du célèbre Sainte-Marthe (8), se formaient des hommes qui devaient concourir à l'érection des monuments littéraires, la gloire des Bénédictins : D. Coustant (9), après avoir recueilli les lettres des souverains pontifes, travaillait à l'édition de saint Augustin, et donnait celle de saint Hilaire ;

(1) D. J. Le Contat, né à Esclavon, profès à Saint-Remi en 1628, mort à Bourgueil en 1690. Voyez la *Bibliothèque générale des écrivains de Saint-Benoît*, t. I.

(2) D. F. Lefebvre, né à Laon, profès à Saint Remi en 1646, mort au Mont-Saint-Quentin en 1680, *Ibid.* t. I.

(3) D. B. Planchette, né à Aubigny en 1609, mort à Reims en 1680. Voyez D. Lelong, *Histoire de Laon*, p. 376. *Biographie ardennaise*, t. II.

(4) D. F. Racine, né à Chauny, profès à S. Remi en 1725. Voyez la *Biblioth. génér. des écriv. de Saint-Benoît*, t. II.

(5) D. Thévart, né à Paris, profès à Saint Remi en 1637, mort à Saint-Denis en 1685, *Ibid.*, t. III.

(6) D. Hervin, né à Namur, profès à Saint-Remi, en 1721, mort bibliothécaire à Saint-Germain-des-Prés, en 1764, *Ibid.*, t. I.

(7) D. Porcheron, né à Châteauroux, profès à Saint-Remi en 1671, mort aussi bibliothécaire à Saint-Germain en 1694, *Ibid.*, t. II.

(8) Denis de Sainte-Marthe a enseigné la philosophie et la théologie à Saint-Remi de Reims.

(9) D. P. Coustant, né à Compiègne en 1654, profès à Saint-Remi en 1672, mort à Saint-Germain-des-Prés en 1721. Voyez la *Biblioth. génér. des écriv. de Saint-Benoît*, t. I.

D. Henri (1) éditait Tertullien, et publiait les deux derniers volumes de la *Gallia christiana;* D. Gelé (2) préparait une édition d'Yves de Chartres, et donnait un dictionnaire de géographie et d'histoire. Là se formaient D. Martène (3), dont le nom signifie zèle, savoir et vertu; Mabillon (4), dont je me contente de prononcer le nom, pour ne rien affaiblir de la gloire qui lui revient. De là sont sortis encore les dignes collaborateurs de ce grand homme, D. Jessenet (5), qui annota les *Acta sanctorum;* et D. Germain (6), à qui nous devons en outre l'histoire de Notre-Dame de Soissons et celle de plusieurs autres abbayes; puis D. Baussonnet (7), qui travailla avec D. Tassin au Traité de diplomatique. Le nom de Reims est pour jamais attaché à celui de ces hommes illustres; Reims peut se parer de leur gloire; et l'honneur de les avoir ou produits ou formés lui donne le droit de dire plus justement encore que le poète latin :

Exegi monumentum ære perennius.

(1) D. P. Henri, né à Sermiers , profès à Saint-Remi en 1725. *Ibid.,* t. i.

(2) D. J. Gelé , né au Chêne en 1646 , profès à Saint-Remi en 1666, mort à Saint-Germain-des-Prés en 1725. *Ibid.* t. i , et *Biographie ardennaise* , t. i.

(3) D. E. Martène , né à Saint-Jean-de-Lône en 1654 , profès à Saint-Remi en 1672. Voyez la liste de ses ouvrages dans la *Biblioth. génér. des écriv. de Saint-Benoît* , t. ii.

(4) D. J. Mabillon , né à Saint-Pierremont en 1632, profès à Saint-Remi en 1654 , mort à Saint-Germain-des-Prés en 1707. *Ibid.,* t. ii.

(5) D. Jessenet , né à Reims en 1654 , profès à Saint-Remi en 1670 , mort à Saint-Germain-des-Prés en 1680. *Ibid.,* t. i.

(6) D. M. Germain , né à Péronne en 1645 , profès à Saint-Remi en 1663, mort à Saint-Germain-des-Prés en 1699. *Ibid.,* t. i.

(7) J.-B. Baussonnet , né à Reims , profès à S. Remi en 1722, recueillit des documents pour l'histoire de la Champagne. *Bibliot. gén. des écriv. de Saint-Benoît,* t. iii, p. 109, *not.*

Si nos monastères étaient de savantes académies où
tous les talents se donnaient la main, de vastes archives
où les productions du génie étaient mises en dépôt, c'é-
taient aussi de véritables conservatoires où tous les arts
étaient noblement accueillis. Je dis tous les arts : je n'en
excepte aucun. Transportons-nous par la pensée au xe
siècle et au delà : nous verrons à Saint-Remi de Reims
Hucbald (1) de Saint-Amand faire marcher de pair l'étude
de la musique et celle de la philosophie et des lettres.
Cet artiste ne se contente pas de composer pour les abbayes de Saint-Thierry et de Saint-Nicaise les offices de
leurs saints patrons ; mais, dans de savants traités, il
développe les règles de son art, il donne les diverses dimensions des tuyaux d'orgue, le poids des cymbales, les
règles des consonnances ou du chant à plusieurs voix ; il
perfectionne le système de notation au moyen des lettres
de l'alphabet ; et, si nous en croyons Sigebert, sa méthode
est tellement facile, qu'avec elle l'homme le plus ignorant
en musique peut de lui-même, sans le secours d'aucun
maître, arriver à un certain degré d'habileté : heureuse-
sement pour les professeurs, il n'en est plus de même
aujourd'hui (2).

(1) Hucbald est auteur de différents traités sur la musique : 1° *De
harmonica institutione* ; 2° *Musica enchiriadis* ; 3° *de symphoniis* ; 4° *de
tonis, etc.* Voyez ces ouvrages dans Gerbert, *scriptores ecclesiastici de
musica*, t. 1.

(2) On a tiré de l'abbaye de Saint-Remi quantité de Religieux pour être
abbés en d'autres monastères, comme Odelemus, de Saint-Basle; Airard, de
Saint-Thierry (977); Letard, de Mouzon (983); Goderan, évêque de Saintes;
Albert, député du Roi pour assister en Allemagne à la découverte des
reliques de Saint-Denys (1050); Notcher, abbé d'Hautvillers (1090); Léon,
abbé de Saint-Guilain (1157); Hugues, abbé de Celles (1184); Martin, abbé
de Saint-Vaast ; Jacques, abbé de Moirmont (1200), etc., etc. *Collect. de
Champ.*, t. XVII.

Pauvres et parcimonieux pour eux-mêmes, les religieux étaient splendides, magnifiques pour tout ce qui concerne le culte divin : leurs églises étaient de riches musées, où tous les siècles venaient tour-à-tour exposer leurs chefs-d'œuvre. Oh ! qui nous rendra ces imposantes abbatiales, qui s'élevaient avec tant de majesté au-dessus des habitations, comme pour les couvrir de leur sainte tutèle; dont les flèches élancées se dessinaient avec tant de grâce au-dessus des arbres de nos campagnes, et donnaient un air pittoresque à l'aspect de nos villes aujourd'hui si monotone (1)!

---

(1) *Influence des Bénédictins en Champagne.* — Œuvres de M. BAN-DEVILLE.

ANNALES DE L'ABBAYE DE SAINT-REMI.

PREMIÈRE ÉPOQUE *depuis son origine jusqu'à l'introduction des Bénédictins, de 456 à 790.*

ARCHEVÊQUES DE REIMS.	

Saint Remi (456).
 	
Saint Romain (530).
Flavien (535).
 	
Mappin (548).
 	
Gilles (569).
	Saint Remi est inhumé dans la petite église de Saint-Christophe, élevée par Bétause au milieu d'un cimetière. Une communauté de quelques prêtres, chargés de recevoir les pélerins, tel est l'humble berceau de l'abbaye de Saint-Remi. Les legs du saint Apôtre et la libéralité des fidèles fournissent aux premiers besoins de ces prêtres ou religieux. Clotilde passe pour avoir été la première bienfaitrice de l'église.
	    Gibehart, homme riche et puissant, établit une congrégation de clercs réguliers vers 560. (FLOD., liv. II, chap. 7.) L'histoire lui donne le titre d'abbé, qu'il aurait transmis à son successeur Epiphane. L'église de Saint-Christophe perd son nom et prend celui d'église de Saint-Remi. — Reims est préservée de la peste inguinaire par l'intercession de son glorieux Evêque. (GRÉG. DE TOURS, *de glor. Confess., cap.* 79, an 565.) Le même Grégoire de Tours appelle l'église dédiée à l'Apôtre de la France, *basilica S. Remigii.* La petite église de Saint-Christophe (*ecclesiola*) n'existait donc plus, ou du moins avait été considérablement agrandie.
	    Epiphane, abbé, ou du moins supérieur de la communauté religieuse de Saint-Remi, est déposé pour avoir, de concert avec Gilles, épousé contre Childebert la querelle de Chilpéric. Depuis, il n'est plus question dans l'histoire d'abbés de Saint-Remi, jusqu'à Tilpin. Il est probable que la communauté fut placée sous la surveillance directe des archevêques de Reims, suivant la disposition testamentaire de saint Remi : *Sitque locus ille, successoribus meis Remorum episcopis peculiariter proprius.* (*Testamentum S. Remig.*) Saint Basle vient de Limoges visiter le tombeau de saint Remi et se fixe à Verzy.

Romulfe (590).

L'archevêque Romulfe fait bâtir un oratoire en l'honneur de saint Germain, sous le porche de l'église de Saint-Remi, l'église agrandie étant encore trop petite pour recevoir l'affluence des fidèles. Il meurt en donnant à l'église de Saint-Remi plusieurs héritages. Nicet, archevêque de Tours, écrit à la reine des Lombards les merveilles qui s'opèrent sur la tombe de saint Remi.

Sonnace (600).

Sonnace agrandit l'église de Saint-Remi et renferme, dans un tombeau, élevé derrière l'autel, les reliques déposées jusqu'alors dans un cercueil de bois. Cette translation, que D. Marlot regarde comme la première, doit être la seconde, puisqu'au temps de Grégoire de Tours, on célébrait déjà la fête de Saint-Remi au mois d'Octobre; de plus, l'église de Saint Christophe faisant place à une basilique, avait dû entraîner sans doute un déplacement de la tombe de saint Remi. Flodoard nous apprend que Sonnace institua l'église de Saint-Remi, sa principale héritière (liv. ii, chap. 5).

Leudegisèle (634).

Il est très probable qu'il fut enterré à Saint-Remi, ainsi que Romain, Flavien, Mappin et Romulphe.

Anglebert (611).

Frédégaire raconte qu'Ermenfroy, maire du palais sous Dagobert, ayant encouru la haine de la reine Nantilde, se retira au tombeau de saint Remi, comme dans un asile sacré, jusqu'à ce que la reine fut apaisée (648)

Landon (645).

Fait présent à l'Eglise de Saint-Remi de plusieurs villages et la choisit pour le lieu de sa sépulture.

Saint Nivard (651).

Sous son Pontificat, Grimoald, qui fut, dit-on, maire du palais, donne à Saint-Remi les villages de Vitry et de Chaumuzy. Saint Nivard, mort à l'abbaye d'Hautvillers, qu'il avait fait bâtir, fut cependant enterré à Saint-Remi (Flod., liv. ii, chap. vii.).

Saint Rieul (670).

Religieux d'Hautvillers, S. Rieul fonda l'abbaye d'Orbais et fut enterré à Saint-Remi; mais ses ossements furent plus tard transférés dans l'abbaye qu'il avait fondée. Warat, successeur d'Ebroin, maire du palais, donne à l'église de saint Remi le Mont-de-Courcy, Courville et des terres en Tardenois.

Saint Rigobert (696).

Il obtient de Dagobert II la confirmation des biens destinés à l'église de Saint-Remi; cette intervention de l'archevêque dans la confirmation des priviléges de l'abbaye insinuerait assez qu'ils

Abel (744).

avaient la haute direction du monastère. (*Manuscrit de la Bib.* Imp. — *Collect. de Champ.*, t. **xxvii.**) S. Rigobert avait une telle dévotion pour saint Remi qu'il fit exprès bâtir près de la porte *Basée* un appartement dont les fenêtres donnaient vue sur l'Eglise. Réfugié à Gernicourt, il venait souvent prier au tombeau de saint Remi. L'abbé Adam donne à l'église le village de Cormicy, et Dreux de Champagne, la terre de Pombat, près de Tannay. Modérane, évêque de Rennes, se rendant à Rome, vient faire ses dévotions à Saint-Remi, emporte de ses reliques et lui offre plus tard l'abbaye de Bercy, fondée par le roi Luitprand.

Pépin, roi de France, fut, selon Flodoard (liv. i, chap. 20), miraculeusement châtié par saint Remi pour avoir voulu usurper les revenus de l'Eglise de Laon (760). Sa chair royale porta long-temps les humbles stigmates des coups de fouet qu'il reçut. Abel, ayant à lutter contre l'intrus Milon, nommé par Charles Martel, ne put rien à peu près pour son église, qu'il édifia, selon Trithème, par sa science et ses vertus.

DEUXIÈME ÉPOQUE *depuis l'entrée des Bénédictins jusqu'aux abbés réguliers, de 790 à 945.*

ARCHEVÊQUES DE REIMS, Abbés de Saint-Remi.	PRÉVÔTS. —	
Tilpin (756).	Erchanraus.	Les prêtres réguliers (*canonici*), qui desservaient le monastère de Saint-Remi, disparaissent sous Tilpin. Introduction des bénédictins à Saint-Remi vers 790. D. Marlot affirme que Tilpin rebâtit l'église, mais c'est peu probable; Flodoard n'en dit rien. La prétendue donation de Momiane, nièce de Charlemagne, repose sur une charte non authentique. Tilpin a été enterré aux pieds de saint Remi.
Wulfaire (802 ou 803).		Il enrichit le monastère de nombreux manuscrits, et le trésor de précieux ornements. Il obtint un privilége de Louis-le-Débonnaire. — Concile de Reims qui confirme les religieux dans la stricte observance de la règle de saint Benoît.
Ebbon (816)	Bertingarius.	Ebbon fit transcrire pour le monastère un grand nombre de manuscrits. Il fut déposé par le concile de Thionville en 835. Il est question, dans le concile de Sens de 834, d'un abbé de Saint-Remi, nommé *Deidonus*. (*Vid. Spicil.*, t. II, m.) — Ebbon, neveu de
	Ebbon (désigne sous le nom d'abbe.)	l'archevêque, fut élu, dit-on, *abbé* de Saint-Remi avant la déposition de son oncle; mais plusieurs pensent qu'il n'était que
Interregne après la déposition d'Ebbon (835).	Raduin.	*prévôt*, quoiqu'en dise Flodoard, l. II, chap. 9. — Inquiété par Foulques, Ebbon, après la disgrâce de son oncle, quitta l'abbaye de Saint-Remi pour l'évêché de Grenoble.

ARCHEVÊQUES DE REIMS, Abbés de Saint-Remi.	PRÉVÔTS.	
	Foulques , *abbé* et chorévêque (882).	Foulques, chorévêque et administrateur du diocèse pendant la vacance du siège, contracte, au nom des bénédictins de Saint-Remi, société avec le royal monastère de Saint-Denys (838). Il mourut après neuf ans d'administration.
	Nothon , *abbé*.	Il gouverna le diocèse et l'abbaye pendant un an et demi, comme le prouve un acte du concile de Soissons (866).
Hincmar (845).	Rotfride.	Hincmar, moine de Saint-Denys, fut élu archevêque de Reims et abbé de Saint-Remi en 845. Il achève l'église de Saint-Remi commencée par ses prédécesseurs (probablement Gilles et Mappin) ; il élève un tombeau à saint Remi et donne une chàsse de bois, enrichie de lames d'or. Le moine Adeloïde place une croix et une inscription à l'endroit même où s'arrêta miraculeusement le corps de saint Remi. L'abbaye doit encore à Hincmar de très-riches manuscrits, de beaux reliquaires et un grand nombre d'ornements. Le manuscrit de saint Remi parle de Rotfride en traitant de l'oblation des enfants.
	Thibaut.	
Foulques (882).		Moine de Saint-Bertin, puis archevêque de Reims et abbé de Saint-Remi, fit rapporter d'Orbais les reliques de saint Remi, déposées d'abord à Epernay, par crainte des Normands. Les religieux de Saint-Wast le choisirent pour leur abbé et leur protecteur ; il fut assassiné par le duc Winemar en 900.
Hérivée (900).		Hérivée, fils d'Ursus, comte de Champagne, reçoit de Charles-le-Simple confirmation de la donation de Corbény par Frédéronne,

Seulphe (922).	et restitution du fief de Neuvizy. Il couronna le roi Robert à Saint-Remi même, en 922 ; on lui attribue l'érection de l'abbaye de Cosle en Allemagne. Il donna le grand autel d'or, dont il est question dans cette Monographie. Il fit bâtir, pour se défendre, un château fort, et entoura l'abbaye et l'église de fortes murailles. *Indé abbatia S. Remigii vocatur castrum S. R.* (L. C.). L'abbaye reçut de Seulphe le village de Condé-sur-Marne ; peu après Raoul, roi de France, ayant été guéri à Saint-Remi, combla l'église de présents ; Boson, son frère, lui accorda le village de Domremi en Lorraine.
Hugues de Vermandois (925-931), et Artauld (931-961).	Hugues de Vermandois, triomphant d'Artauld, son compétiteur, devient, après un interrègne, archevêque de Reims et abbé de Saint-Remi ; il fut consacré dans l'église abbatiale (FLOD.). Voulant rétablir la régularité, il mande le vénérable Archambauld, abbé de Saint-Benoît-sur-Loire (945) ; celui-ci établit à Saint-Remi la réforme de Cluny ; les archevêques perdent le titre et la juridiction d'abbés, désormais réservés, par l'élection, à un religieux de Saint-Remi.

TROISIÈME ÉPOQUE *depuis les abbés réguliers jusqu'aux abbés commendataires, de 945 à 1473.*

ARCHEVÊQUES DE REIMS. —	ABBÉS RÉGULIERS de Saint-Remi. —	
Odalric (962).	Hincmar (945).	Premier abbé régulier élu après la réforme d'Archambauld, sous Hugues de Vermandois. Avant lui cependant plusieurs personnages ont porté le même titre, Deidonus, Ebbon, Foulques, et, avant eux, Epiphane, dont parle Grégoire de Tours ; mais peut-être ces *abbés* n'étaient-ils que de simples *prévôts (præpositi)*. V. P. GODINOT. Une charte de Louis d'Outre-Mer nous apprend qu'il établit des bénédictins dans l'abbaye d'Humblière au diocèse de Noyon (948) ; il obtint aussi du même la franchise du château de Saint-Remi, et de l'empereur Othon, la restitution des biens de Saint-Remi en Allemagne.
	Hugues (967).	Gerberge, femme de Louis IV, donne la terre de Mercenne, à la condition que les religieux prieront pour Gislebert, son premier mari.
Adalbéron (970).	Rodolphe (970).	Adalbéron le charge d'introduire les bénédictins à Mouzon, en place des chanoines installés par l'archevêque Hérivée ; Léotalde, moine de Saint-Remi et prieur de Thin-le-Moustier, en est le premier abbé (7 Septembre 971). La bulle de Jean XIII porte qu'Adalbéron unit, pour la réception des hôtes, l'abbaye de Saint-Timothée au monastère de Saint-Remi. Rodolphe assista au concile de Notre-Dame, en 982.

Arnoul (988).

Lethard (983).

Arbode (989).

Airard (1007).

Ebal (1024).
Guy de Châtillon (1033).

Thierry (1034).

Hérimar (1048).

Gervais (1055).

Intrus (1068).

Manassès I (1069)
déposé en 1080.

Il obtint d'Othon III un privilége pour les revenus que l'abbaye possédait à Cosle et pour la prévôté de Marcenne (986).

Il reçut des faveurs signalées de l'archevêque Arnoul, fils du roi Lothaire. Ce prince lui fit présent de tous les droits qu'il prétendait avoir sur le bourg Saint-Remi. Hugues-Capet confirma cette donation.

Gerbert, qui vivait en ce temps-là, parle d'un moine d'Aurillac, nommé Airard, qui pourrait être l'abbé de Saint-Remi. Airard fit relever le monastère et entreprit, sur un plan trop vaste, une église en l'honneur de saint Remi; elle ne fut jamais achevée.

Il fit raser l'œuvre à peine commencée d'Airard et jeta les fondements de l'église actuelle, qu'il ne put entièrement terminer : *Theodoricus abbas basilicam S. Remigii construxit usque ad arcus. Ex Anselmo* (L. S.). L'archevêque Wido unit en sa faveur l'autel de Crugny au monastère de Saint-Remi, et Henri, roi d'Allemagne, confirma la donation des prieurés de Cosle et de Marcenne.

Il acheva l'église de Thierry et obtint qu'elle fût consacrée par le pape Léon IX. Le pape honora cette basilique de plusieurs priviléges, et décida l'archevêque à se dessaisir de ses droits sur le marché du bourg de Saint-Remi. Hérimar établit à Saint-Timothée un chapitre de douze chanoines qu'il dota, et acquit pour son monastère les prieurés de Senuc (Ardennes) et de Lapelée en Angleterre.

Manassès impose à l'abbaye un abbé de sa façon. Une plainte est portée au pape Grégoire VII, qui ordonne à Hugues de Cluny de se rendre à Reims, pour détourner l'archevêque. Plusieurs lettres prouvent que Manassès céda tout d'abord, mais pour imposer un autre abbé, qui fut, l'au 1080, déposé au concile de Lyon.

ARCHEVÊQUES DE REIMS.	ABBÉS RÉGULIERS de Saint-Remi.	
—	—	
Rainaut (1084).	Henri (1080).	Religieux peu lettré, mais grand économe : ce qui lui valut la direction des abbayes d'Humblières, de Nogent et de Saint-Remi. Philippe I lui confirma les franchises de l'abbaye et la justice du bourg, en 1094. Hugues, comte de Rethel, abdique en sa faveur certaines usurpations. Le trésorier Widon fit faire de son temps le riche pavé de l'église et donna à son monastère une partie de la terre de Festieux dans le Laonois.
Manassès II (1096).	Robert ou Rupert (1094).	L'un des plus célèbres abbés du monastère. Il assista au concile de Clermont, qui décida la croisade, en 1095, et suivit l'expédition. A son retour d'Orient, déposé sous prétexte de dilapidation, il se retira au prieuré de Senuc, où il écrivit l'histoire des guerres de la Terre-Sainte et la prise de Jérusalem sous Godefroy de Bouillon. Son ouvrage a pour titre : *Gesta Dei per Francos*.
	Burchard (1098).	Burchard fut élu abbé, malgré l'appel au saint-siége, qui donna raison à Rupert ; plus tard, le concile de Poitiers, en 1100, s'étant aussi déclaré en faveur de ce dernier, Burchard se retira ; mais Manassès s'obstinant à refuser Rupert, celui-ci, sur de nouvelles plaintes, fut dépouillé de son prieuré de Senuc ; il vint mourir à l'abbaye de Saint-Remi. Pour Burchard, il mourut en 1100.
Raoul le Vert (1109).	Azenaire (1100).	Religieux d'une grande vertu, Azenaire était aussi d'une grande naissance et, à ce que l'on croit, parent de Guy de la Trémouille, qui, en sa faveur, fit rebâtir une partie du monastère incendié en 1098. Il obtint d'Arbert, évêque d'Avignon, un prieuré dans ce

	Odon (1118).	
Regnault (1124).		
Samson (1140).		
	Hugues (1151).	
Henri de France (1162).	Pierre de Celles (1162).	
Guillaume de Champagne (1176).		

diocèse. Pascal II, qui tenait un concile à Troyes, confirma le monastère dans tous ses biens, ordonna que Saint-Remi resterait en possession du bourg et de la justice, contrairement aux prétentions de Saint-Nicaise. Corbény, Beine, Diusel vinrent enrichir l'abbaye, qui obtint de Louis VI plusieurs priviléges et s'affranchit du festin que l'on devait à l'archevêque de Reims.

Odon, moine de Morigny au diocèse de Reims, l'un des plus glorieux abbés de Saint-Remi. Callixte II, dans le concile de Reims, lui confirma les priviléges de l'abbaye (1119), ainsi que plus tard Honoré II en 1126, et Eugène III en 1145; la bulle d'Eugène mentionne la cession à Saint-Remi de l'église Notre-Dame de Rethel. Odon obtient une multitude d'autres donations et dépendances qui enrichirent son monastère, fonde celui du Mont-Dieu, assigne la terre de Rilly à l'aumônerie de sa maison pour la réception des voyageurs, et s'efforce d'introduire à Saint-Remi l'esprit de Citeaux.

Hugues reçoit d'Eugène III le conseil de favoriser au Mont-Dieu l'institut des Chartreux. Son crédit à la cour de Louis VII lui obtient diverses priviléges temporels; il acquiert le village de Germigny (1160), s'associe de prières aux religieux de Saint-Wast et obtient du pape Adrien IV le droit d'ouvrir une école sans la permission de l'écolâtre.

Pierre, abbé de Celles au diocèse de Troyes, éleva au plus haut degré la réputation littéraire du monastère de Saint-Remi. Jean de Salisbury vient y demander la science; les anglais persécutés à propos de saint Thomas de Cantorbéry ambitionnent le séjour de Saint-Remi. Reconstruction de l'abside et modifications notables

ARCHEVÊQUES DE REIMS.	ABBÉS RÉGULIERS de Saint-Remi.	
		de l'église abbatiale. Nommé évêque de Chartres en 1181, il mourut en laissant au monastère tous les héritages qu'il possédait à Crugny.
	Simon (1181).	Simon obtint de l'archevêque Guillaume de Champagne la protection de tous les droits de justice inhérents au monastère, la possession des autels de Driencourt, de Louvois, de Ville-en-Selve et tout le Ban Chastelain qui s'étend de la porte Dieu-Limire (*sic*) jusqu'à Vrilly, du côté de la rivière, c'est-à-dire tout le petit Ban de Saint-Remi. Il fonda le village du Chesne (D. MARLOT).
	Pierre de Ribemont (1198).	Aussi distingué par son esprit que par sa naissance, fit accord avec Hugues II, comte de Rethel, pour les droits d'assises qu'il prétendait aux villages de Saint-Remi. Innocent III soustrait le monastère à l'interdit qui pesait sur toute la France et permet aux religieux de célébrer l'office divin dans les églises, sans sonner les cloches, les portes closes, et en excluant les excommuniés.
Guy Paré (1203).	Ingo (1203).	Exact observateur de la règle, Ingo donne au couvent le Chesnoy de Givry, qui fut depuis permuté avec Harmonville (*sic*), sous l'abbé Pierre, le 9 juillet 1205.
	Milon de Bazoches (1205)	D'illustre naissance, ne tint l'abbaye que dix mois, ayant été élu abbé de Saint-Médard de Soissons. On trouve cependant qu'il confirma, avant son départ, les revenus de l'infirmerie, comme avaient fait ses prédécesseurs.
Albéric de Humbert (1207).	Guido (1206).	Les bourgeois du Ban de Saint-Remi essaient de le soustraire à la juridiction de l'abbé, à cause des tailles qui pesaient sur eux.

	Pierre Claudi (1212),	L'archevêque Albéric les apaise. Guido reçoit la donation que Guillaume, évêque de Langres, lui fait de la chapelle de Machives. Guido mourut le 7 Septembre 1212.
Guillaume de Joinville (1219).		Ou le Boiteux, précédemment abbé de Nogent-sous-Bourg. Il acquit des Dames de Saint-Pierre de Reims la terre de Vauzillon ; et de Jean de Thermes, la vicomté de Vrilly. Il donne au couvent les dîmes de Neuvisy et de Commeselt, ainsi que le moulin de Pombar, pour son anniversaire. Cassé de vieillesse, il résigne la
Henri de Braine (1227).	Dieudonné (1237).	dignité abbatiale à Dieudonné, et meurt en 1237, le 11 mars.
		L'abbé Pierre l'avait choisi pour son coadjuteur en 1236 ; il ne tint l'abbaye que trois ans et quelques jours. L'an 1238, lorsque l'archevêque Henri de Braine jeta l'interdit sur la ville de Reims, tous les religieux de Saint-Remi quittèrent leur couvent, à l'exception de cinq qu'on y laissa pour le garder. Dieudonné mourut le 6 août 1239.
	Pierre de Sacy (1239),	Homme vigilant, adroit et d'un grand mérite, fit renouveler par Innocent IV le privilége du grand-autel et des religieux *cardinaux*. Il fit accord avec Hugues III, comte de Rethel, pour certains droits de gîte qu'il prétendait avoir sur les villages de Givry, Tanay, Alandhuy et autres, en 1241, et mourut le 8 octobre 1251. Il avait aussi acquis le prieuré du Chesne au diocèse de Troyes, en 1250.
Ivelle de Mayence (1244).		
Thomas de Beaumetz (1250).	Interrègne.	Sa mort fut suivie de longues contestations sur le choix d'un successeur, au point qu'il y eut même un interrègne de plus de deux ans.
	Gislebert (1253).	Peu renommé dans le cartulaire de l'abbaye, fut élu d'une commune voix par les religieux, en 1253. Il mourut le 25 mars de l'année suivante, et fut inhumé au milieu de la chapelle de Notre-Dame.

ARCHEVÊQUES DE REIMS.	ABBÉS RÉGULIERS de Saint-Remi.	
	Odon (1253).	L'un des abbés qui ont le plus illustré son siége et ennobli la simplicité monastique. Il avait été chapelain du pape Innocent IV, dont il obtint de fort beaux priviléges pour lui et ses religieux. Il vit terminer de son temps le différend qui existait entre les gens du roi et les officiers de l'archevêque, au sujet de la garde du temporel de l'abbaye pendant la vacance. Il fut décidé que le monastère était de fondation royale, et que par conséquent la protection en appartenait au roi. Odon mourut le 11 janvier 1270.
Jean de Courtenay (1266).		
	Barthélemy d'Espinasse (1270).	Prieur de Hosdein, fut élu du consentement des religieux et confirmé par l'archevêque Jean de Courtenay. C'était un homme de grand sens, qui s'entendait surtout aux affaires temporelles. Il assigna, pour son anniversaire, certaines rentes annuelles sur les villages de Cernay et de Condé, et mourut le 4 juillet 1284.
	Jean de Clinchamp (1297),	Personnage de grande naissance et frère du cardinal Gervais, fut accusé de dissiper les revenus de l'abbaye par un faste excessif. Il mourut en 1297, à Rome, où il était allé pour se justifier auprès du pape.
	Rogier (1297).	Prieur claustral, fut élu au mois d'août 1297. Il reçut l'hommage de plusieurs seigneurs dont les fiefs relevaient de l'abbaye ; il se montra fidèle observateur des constitutions de Clément V pour le rétablissement de la discipline monastique. Il mourut le 17 octobre 1317.
Robert de Courtenay (1299).		
	Jean du Mont (1318),	Reçut l'hommage de la comtesse de Rethel ; il traita ses religieux

86

Guillaume de Trie (1324).
Jean de Vienne (1335).

Jean dit Lescot (1347),

Hugues d'Arcy (1351).
Humbert,
dauphin de Viennois (1352).
Jean de Craon (1355).

Pierre de Marcilly (1363),

Louis Thesart (1374).
Richard Pique (1376).
Ferric Cassinel (1390).
Guy de Roye (1391).

Jean Canart (1394),

Simon de Cramant (1409).
Pierre Trousseau (1413).
Regnaud de Chartres (1414).

Nicolas Robillart (1439),

Jacques Juvenal des Ursins (1445).
Jean Juvenal des Ursins (1449).

Emeric Hoquedé (1464),

avec une grande sévérité. De son temps fut établie la confrérie de Saint-Gibrien en l'église de Saint-Remi (1331). Il mourut le 4 mars 1346.

Prêta serment à l'archevêque sur l'autel de Notre-Dame. Il reçut la donation de la chapelle du Chesne, fondée en 1349, que le dauphin Humbert unit au monastère de Saint-Remi (1352), puis mourut le 29 décembre 1362.

Prêta serment le 3 avril 1363, et assista au chapitre provincial de l'ordre, assemblé à Compiègne l'an 1379. Il renouvela l'ancienne société entre son monastère et celui de Saint-Denis en France, et mourut le 3 janvier 1394. De son temps vivaient les savants Ponsard de Vendresse et Nicolas de Larisville.

D'un esprit actif et intelligent, prêta serment le 26 octobre, renouvela la fermeture du cloitre, et fit couvrir de plomb l'église et élever le petit clocher du transsept. Il mourut en 1439. Ce fut sous lui que les bénédictins de la province obtinrent d'Alexandre VI une modification à leur règle, pour se livrer davantage à l'étude.

Prêta serment le 21 décembre et tint l'abbaye vingt-deux ans dans une louable et exacte observance. Il mourut le 21 Juillet 1461.

Etait abbé de Saint-Thierry, lorsqu'il fut choisi pour succéder à Nicolas Robillart. Il donna déclaration du revenu temporel et des droits de son monastère au roi Louis XI, et décéda le 28 janvier 1465, après avoir tenu l'abbaye trois ans et demi.

ARCHEVÊQUE DE REIMS.	ABBÉS RÉGULIERS de Saint-Remi.	
	Guillaume de Villers (1465)	Fut élu en octobre. Il unit les dîmes de Bignicourt à la mense conventuelle, et obtint une bulle pour l'annexe de la prévôté de la Montagne à la mense abbatiale en 1470 ; il mourut le 15 octobre 1472.
Pierre de Laval (1473).	Nicolas d'Auxenvillers (1472).	Après la mort de Guillaume, les religieux élurent Nicolas d'Auxenvillers ; mais Louis XI, de son autorité privée, cassa cette élection, et nomma abbé commendataire Guido, son chancelier, évêque de Langres.

QUATRIÈME ÉPOQUE, *depuis les Abbés commendataires jusqu'à la Révolution française, de 1473 à 1793.*

ARCHEVÊQUES DE REIMS.	ABBÉS COMMENDATAIRES.	
—	—	
	Guido Bernard (1473), évêque de Langres,	Premier abbé commendataire, prêta serment à l'archevêque en 1473 et accorda une pension à Nicolas d'Auxenvillers, qui avait été élu par les religieux. Cette pension était instituée sur les bénéfices de Domremy et Louvemont. Bernard mourut le 27 avril 1480.
Pierre Briconnet (1493). Guillaume Briconnet (1497). Charles de Carette (1507). Robert de Lenoncourt (1509). Jean de Lorraine (1532).	Robert de Lenoncourt, archevêque de Reims, (1480),	Protonotaire du Saint-Siége, fut nommé, encore enfant, abbé de Saint-Remi, par Louis XI; son père administra le temporel du monastère pendant sa minorité. Il devint archevêque de Tours, puis de Reims en 1508. Il résigna l'abbaye à son neveu en 1525, se réservant le prieuré de Saint-Marcoul qu'il avait fait unir à la mense abbatiale. C'est à lui que l'on doit le beau portail latéral et les magnifiques tapisseries que possède encore l'église de Saint-Remi. Il mourut en 1532.
Charles de Lorraine (1538).	Robert de Lenoncourt, évêque de Châlons et de Metz (1533).	Neveu du précédent, prit possession en 1533, et fit élever le superbe tombeau de Saint-Remi, en 1534. Il devint évêque de Châlons et de Metz et cardinal, mourut en 1552.
	Charles de Lorraine, cardinal archevêque de Reims (1552).	Le dortoir du monastère est dévoré par un incendie. Le roi fait présent de 24,000 livres pour le réparer. Ce fut de son temps que l'on vendit les deux côtés de l'autel, qui étaient en argent doré, et quelques précieux reliquaires pour fournir à la guerre contre les Huguenots. Charles mourut en 1574.

ARCHEVÊQUES DE REIMS.	ABBÉS COMMENDATAIRES.	
—	—	
Louis de Guise (1574).	Louis de Lorraine, cardinal de Guise, archev. de Reims (1574), *Vacance* (1588). Louis Mozac (1592),	Neveu du précédent, cardinal de Guise, logeait au palais abbatial lorsqu'il venait à Reims. Il mourut le 24 Décembre 1588 ; et, après sa mort, l'abbaye fut vacante jusqu'à l'avénement de Henri IV, qui en pourvut Louis Mozac. N'obtint pas ses provisions de Rome. Il garda cependant l'abbaye, au profit d'Henri de La Tour, duc de Bouillon, qui en perçut les revenus jusqu'en 1598, tout hérétique qu'il était.
Nicolas Pelvé (1592).	Nicolas de Pelvé (1598).	Nicolas de Pelvé, pourvu de l'archevêché par le pape, sans nomination du roi, avait bien fait ses efforts pour jouir de l'abbaye, prétendant qu'il y avait union ; mais il n'avait pu réussir.
Philippe Dubec (1594).		
	Philippe du Bec, archevêque de Reims (1598),	Obtint les provisions de Clément VIII tant pour l'archevêché que pour l'abbaye, à condition toutefois de payer 10,000 livres de rente au prince de La Mark. Il résigna ses deux bénéfices à Louis de Lorraine en 1601, et mourut en 1605. On lui doit la rosace septentrionale de l'église de Saint-Remi.
Louis de Lorraine.	Louis de Lorraine archevêque de Reims (1605),	Nommé en 1601, coadjuteur de Philippe du Bec, prit possession de l'archevêché et de l'abbaye en 1605. Il mourut en 1621, le 11 Juin.
Guillaume Giffort (1622).	Henri de Lorraine (1622).	Neveu du précédent, obtint sa nomination à l'abbaye, le 25 Février 1622. Il abdiqua en 1641, pour suivre le parti des armes ; et l'abbaye fut donnée par le roi à Henri de Savoie, duc d'Aumale.
Henri de Lorraine (1629).		

Léonor d'Etampes (1641). Henri de Savoie (1651). Antoine Barberin (1657).	Henri de Savoie Némours archevêque de Reims (1641),	Fut nommé en décembre 1641 , à la condition que l'abbaye serait désormais séparée de l'archevéché. Mais ayant pris le parti de se marier, il abdiqua en 1657. De son temps, en 1653, le palais abbatial fut brûlé par l'armée royale que commandait Turenne.
	Charles d'Orléans-Longueville (1659),	Prit possession au mois d'août , fort jeune encore. Il abdiqua bientôt. Sous cet abbé , les moines dépensèrent plus de 35,000 livres pour la reconstruction du prieuré de Corbeny.
	Jacques-Nicolas Colbert (1665),	Nommé par le roi, obtint en 1665 l'abbaye du Bec et devint plus tard archevêque de Rouen.
Charles-Maurice Letellier (1671).	Georges d'Aubusson de la Feuillade (1667),	Evêque de Metz, prit possession de l'abbaye en 1667 et abdiqua peu après.
	Guillaume de Furstemberg (1680),	Cardinal et abbé de Saint-Germain-des-Prés , à Paris , abdiqua en 1680 , ou plutôt permuta avec le suivant.
	Charles-Maurice Letellier archevêque de Reims (1680),	Prit possession de l'abbaye au mois d'Octobre 1680 , et mourut en 1710.
François de Mailly (1711). Armand-Jules de Rohan (1722).	Philippe-Antoine Gualtieri, cardinal (1710),	Fut nommé abbé au mois de Juillet 1710, et prit possession par procureur au mois d'Octobre suivant. Il mourut à Rome en 1728.
	Léon Potier de Gèvres (1729),	Cardinal et ancien archevêque de Bourges, fut nommé par le roi au mois de Janvier 1729, et mourut à Paris en Novembre 1744.
Charles-Antoine de la Roche-Aimon (1763). Alexandre Talleyrand de Périgord (1777).	Jean-François de Rochechouart (1745),	Etait déjà évêque de Laon , lorsqu'il fut nommé abbé de Saint-Remi. Il tint l'abbaye jusqu'à la révolution de 1790. Révolution de 93. Dispersion des religieux ; anéantissement de l'abbaye. L'Eglise changée en magasin à fourrages. — Triomphe de la déesse Raison ! !

CHAPITRE III.

§ Ier.

Eglises antérieures à l'église actuelle.

Première église. Chapelle de Saint-Christophe. — A peine les restes de saint Remi furent-ils déposés dans l'humble chapelle de Saint-Christophe, au centre du vaste cimetière où reposait son peuple bien-aimé, que la piété des fidèles, attirés par ses miracles et par le souvenir de ses vertus, les précipita vers son tombeau. Bientôt l'édifice ne suffit plus pour contenir l'affluence, et dut recevoir un

premier agrandissement. On a dit (1) que sainte Clotilde
se rendit à Reims, et contribua par ses largesses à
étendre l'enceinte de l'humble sanctuaire. C'est une
erreur que dom Marlot a eu raison de relever dans son
Histoire de Reims. Ce qu'il y a de certain, c'est que
cette petite église de Saint-Christophe, non-seulement
reçut assez vite de la piété des fidèles le nom d'église de
Saint-Remi, mais encore obtint plusieurs agrandissements
successifs, dus surtout à la munificence des archevêques
de Reims. Il faut, comme nous le verrons, que ces chan-
gements soient arrivés peu de temps après la mort de
saint Remi, puisque Flodoard, dans l'histoire de l'archevêque Gilles, affirme d'Epiphane qu'il était à la tête des
clercs chargés de l'*église de Saint-Remi*.

*Deuxième Eglise, probablement fondée sous Mappin ou
Gilles, enrichie par Sonnace. — Première translation de
saint Remi sous Gilles ou Mappin. Deuxième sous Sonnace,
an 633.* — « Après la sépulture de saint Remi dans l'église
que nous avons nommée, dit Flodoard, comme un grand
nombre de miracles surprenants s'y opéraient par la grâce
de Dieu, on agrandit, on exhaussa l'église, et derrière
l'autel, on fit une crypte pour recevoir les vénérables

(1) BELFOREST, *Comosg.*, t. 1ᵉʳ. — VILETTE, en ses *Annales*, siècle vᵉ,
an 550. — Guil. PARADIN. — CERISIER, en la *Vie de l'Apôtre des François.* — V. M. LACATTE, p. 53. Au contraire, Grégoire de Tours dit
qu'après la mort de Clovis, elle se retira à Tours, allant rarement à Paris.
Hist. de France, l. II, c. 37 et 43. Dom MARLOT, t. II,, p. 499. — Si le
Testament de saint Remi, inséré dans l'histoire de Flodoard, était une
pièce authentique, on pourrait regarder Clovis comme le premier bienfaiteur de l'église et de l'abbaye de Saint-Remi. Le saint Evêque, en
effet, lègue au lieu que l'on choisirait pour sa sépulture, les biens donnés
par Clovis. Bibl. Imp.. *Collect. de Champ.*, t. 27, p. 204.

reliques du Saint (1). On découvre le cercueil pour le placer dans le caveau préparé, mais on ne peut le mouvoir. A l'entrée de la nuit, on allume un grand nombre de cierges, et, vers minuit, tous ceux qui veillaient se laissent aller au sommeil; à leur réveil, ils trouvent que le cercueil, avec son précieux trésor, avait été transporté, sans doute par la main des anges, dans le lieu préparé. Tout autour s'exhale un parfum dont la langue de l'homme ne saurait exprimer la douceur. Cette délicieuse odeur s'entretint dans la même église, non-seulement ce jour-là tout entier, mais encore le lendemain. »

« Le jour de cette translation, qui eut lieu aux calendes d'Octobre, on prit, au milieu des chants sacrés, de ses cheveux, de sa chasuble et de sa tunique, et son corps entier, quoique desséché, demeura enveloppé dans un suaire de pourpre (2). » Tel est le récit de cette translation

(1) Le lieu de la première sépulture de saint Remi correspondait à l'entrée du chœur de l'église actuelle. Aussi, près de la stalle du prieur, on lisait en lettres gothiques l'inscription suivante, ainsi disposée :

Hic corpus Primo fuit	B. Remigii humatum
in medio Sancti in spelunca	Ecclesiolæ Christophori duplici

Mss de dom CHASTELAIN.

(2) *Ibid.*, p 142. — Cette seconde translation a inspiré à Hilduin, abbé d'Hautvillers, des vers qui font un certain honneur à la poésie monastique de la Champagne.

Doctor Francorum primus, pastorque Remorum,
Hoc recubat sacro Remigius tumulo.
Limina quem templi quondam tenuere sepultum,
Limina servantem septa gregemque sui.

qui remonte, il est vrai, en 633, mais ne fut certainement pas la première, quoiqu'en disent dom Marlot et
ses copistes (1). Sonnace fut un des grands bienfaiteurs
de l'Eglise. Il l'institua pour sa principale héritière, et y
choisit sa sépulture. Il lui légua un plateau d'argent doré,
douze cuillers, une salière d'argent, la portion qui lui
était échue dans une métairie, avec les serfs, les vignes,
les prés et toutes les dépendances ; enfin quelques autres
biens qu'il déclare avoir achetés de ses deniers (2). Cette
erreur sur la translation de saint Remi a jeté dom Marlot
dans une seconde, conséquence naturelle de la première.
D'après son récit, la petite église de Saint-Christophe,
tout en perdant ce nom, aurait subsisté jusqu'à Sonnace,
qui, le premier, lui aurait donné, en l'agrandissant de
nôuveau, les proportions d'une grande église (3).

Mais l'église de Saint-Christophe, rebâtie avant Sonnace,
non-seulement portait déjà, comme nous l'avons dit, le
nom de Saint-Remi, sous l'archevêque Gilles, mais c'était

Ex templo ut populus hujus jam dogmate plenus,
Concrevit, pariter crevit et ista domus
Transtulit et sanctum sublimi sede locavit,
Cerneret ut plebem, plebs quoque fida patrem.

Ces vers montrent que le tombeau avait déjà changé de place, et confirment la certitude d'une première translation faite au mois d'Octobre,
comme l'insinue le texte de Grégoire de Tours. D. MARLOT, t. II, p. 252.
Les deux derniers vers prouvent que sur la crypte s'élevait un mausolée ;
peut-être même ce mot de *crypte* désigne-t-il simplement un *tombeau
voûté*, et placé à la surface du sol. (*Bibl. Imp.* ANSELME, etc.).

(1) D. MARLOT, *Hist. de l'Eglise de Reims*, t. II, p. 252.

(2) FLODOARD, *Hist. de l'Eglise de Reims*, p. 258.

(3) Ce fut, dit-il, sous *son pontificat* (celui de Sonnace), que pour
satisfaire à la dévotion des pèlerins qui abondaient de toutes les provinces de l'Europe, on fut contraint non-seulement d'*amplifier* l'édifice,
mais encore de bâtir, derrière l'autel, un tombeau beaucoup plus riche
et majestueux que le précédent, où le corps du glorieux saint Remi
fut transporté par les mains des anges.

sous Romulfe une *basilique*, d'après Flodoard, c'est-à-dire une grande église. Si celle de Saint-Christophe eût subsisté jusqu'à Sonnace, comment Romulfe eut-il pu faire bâtir une chapelle dédiée à saint Germain, à l'entrée de celle de Saint-Christophe, puisqu'elle était déjà trop petite et fort ruineuse lorsqu'on y enterra saint Remi? La *seconde église* de Saint-Remi est donc au moins du temps de l'archevêque Gilles; et la preuve qu'on a dû faire alors la première translation du corps de saint Remi, c'est que Grégoire de Tours parle de la fête du Saint au 1er Octobre, et que saint Remi est mort en Janvier. Enfin comment pouvait-il y avoir une communauté de clercs ou de moines sous Gilles, si la chapelle n'avait été rebâtie?

Cette deuxième église, fondée par Gilles ou Mappin, et enrichie par Sonnace, passait en ce temps pour une des plus merveilleuses de France, écrit dom Chastelain. C'est dans cette église que, suivant le témoignage de *Grégoire de Tours*, on célébrait tous les ans la fête de la translation de saint Remi, le *1er jour d'Octobre* (1). Et cette solennité y attirait une affluence si prodigieuse, qu'au rapport d'Alcuin, il semblait que toute la Champagne vînt fondre sur ce pieux sanctuaire. Cette église, qui subsista pendant plusieurs siècles, menaçait ruine, lorsque les *prédécesseurs* de l'archevêque Hincmar, touchés de sa destruction prochaine, entreprirent, pour la consolider, différentes réparations qui furent continuées et achevées sous Hincmar (2).

---

(1) D. Chastelain, copiant dom Marlot, ne fait aussi remonter la première translation qu'en **633**, sous Sonnace par conséquent. Cependant ce 1er *jour d'Octobre* aurait dû l'éclairer.

(2) M. Lacatte, dans ses *Essais sur Saint-Remi*, dit positivement que les prédécesseurs d'Hincmar commencèrent une nouvelle église, plus grande et plus magnifique. Qui donc la commença? Est-ce Mappin, ou Gilles, ou Sonnace, ou Tilpin? C'est à choisir. — Dom Chastelain ne parle

Troisième église, dite d'Hincmar. *Il ne fait qu'agrandir et transformer l'église bâtie par ses prédécesseurs. — Troisième translation de saint Remi.* — Comme l'eau devient moins pure à mesure qu'elle s'éloigne de la source, revenons sur ce sujet au récit de Flodoard : « Le seigneur archevêque Hincmar, écrit le pieux historien de l'Eglise de Reims, après avoir *agrandi* l'église de Saint-Remi et avoir construit une crypte plus ornée et plus belle, y transféra les vénérables restes de notre bienheureux Père en Jésus-Christ, en présence et avec le concours des évêques de Reims. Le corps, enveloppé dans le drap de pourpre où il avait été trouvé, fut enfermé en entier dans une châsse d'argent. Quant au suaire qui couvrait la tête du saint, il fut placé, avec une partie de ce drap de pourpre, dans un reliquaire d'ivoire, et depuis ce temps, on le conserve en l'église de Notre-Dame, mère de Dieu. »

« Sur la châsse, où maintenant est déposé le corps de saint Remi, on lit les vers suivants, composés par le seigneur Hincmar :

> Hic famulus Hincmar Domini sacra membra locavit,
>   Dulcis Remigii ductus amore pio.
> Qui prius est sanctus mundo quam matre creatus,
>   Et magnus dictus cœlitus ore Dei.
> Bis denos binosque gerens feliciter annos,
>   Sorte Dei sumpsit pontificale decus.
> Sexaginta simul bis septem manserat annis,
>   Istius urbis honor, præsul, et orbis amor.
> Vitam defunctis, reddens quoque lumina cæcis :
>   Egerat et vivens plurima mira satis.
> Nam domuit fera corda animo pius, ore profusus,
>   Sicambræ gentis regia sceptra sacrans.

que de *réparations* faites par les prédécesseurs d'Hincmar; celui-ci, en les *continuant*, aurait donné à l'église une *face nouvelle*. Mais ces mots vagues, de *successeurs* de saint Remi, de *prédécesseurs* d'Hincmar, ne tranchent pas la difficulté sur le *fondateur* de cette troisième église.

Nonaginta quidem sex quum compleverat annos,
   Splendida lux nostras deseruit tenebras.
Idus jam plenas quum Janus mensis haberet,
   Emeritus miles præmia digna capit.
Idem Hincmarus primus hac sede sacerdos,
   Post triginta, loco constitit et numero :
Qui sextus decimus sub hac radiante lucerna,
   Remigio Remis munia cara dedit.
Annis septenis, quinis ac mensibus egit
   Pastoris curam, hæc recolenda patrans :
Octingenteno quinquagenoque secundo,
   Quo Deus est anno Virgine natus Homo,
Tertius et Carolus regni componeret actus.
   Octimber primam quum daret atque diem,
Ac ter centenus octavus tangeret annus,
   Hic justus Domini quo petit astra poli ;
Ter centum fuerant, tres et deni quater anni,
   Quo vitæ Francos gurgite lavit ovans.
Ipsius is precibus cœlesti in sede locetur,
   Quem terris coluit verus amator. Amen.

« Ci gît le corps du bon saint Remi, que son serviteur Hincmar, obéissant à une pieuse vénération, y a placé. Il était saint avant que sa mère l'eût mis au monde, et, du haut du ciel, la bouche de Dieu avait proclamé sa grandeur. Dieu voulut qu'à l'âge de vingt-deux ans il reçût la dignité pontificale. Pendant les soixante-quatorze ans de son épiscopat, il fut l'honneur de cette ville et l'amour du monde entier. Même de son vivant, il rendit la vie aux morts, la vue aux aveugles et opéra un grand nombre de miracles. Par sa piété, par son éloquence, il dompta des cœurs farouches. Il sacra le roi de la nation Sicambre. La quatre-vingt-seizième année était révolue, lorsque cet astre brillant quitta les ténèbres de notre terre ; déjà les ides de Janvier étaient passées, quand le soldat, vieilli sous les armes, reçut le prix de ses services. Hincmar fut le trente-et-unième évêque qui occupa le même siège et la même dignité, et le seizième après cet illustre prélat ; c'est lui

qui a élevé dans Reims à saint Remi, ce monument de sa
piété. Il remplissait les fontions pastorales depuis sept ans
et cinq mois, lorsqu'il s'acquitta de ce pieux devoir, la
huit cent cinquante-deuxième année depuis que l'Homme-
Dieu est né d'une vierge ; sous le règne de Charles III (1),
le premier jour d'Octobre ; trois cent huit années après
celle où le juste du Seigneur fut reçu dans le ciel ; trois
cent cinquante-deux ans depuis qu'il eut le bonheur de
baigner les Francs dans l'eau sainte (2). Puisse Hincmar
obtenir une place dans le séjour céleste par les prières de
celui pour lequel sur la terre il eut une sincère affection !
Ainsi soit-il (3).

» Dans la suite, continue Flodoard, l'an huit cent
quatre-vingt-deux de l'Incarnation de Notre-Seigneur,
sous le règne de Carloman (4), les fautes des pécheurs at-
tirèrent sur la France une invasion de payens, et, par
les soins du seigneur archevêque Hincmar, les vénérables
restes de saint Remi, notre père et seigneur, furent
transportés dans le village d'Epernay, qui lui appartenait,
la ville de Reims n'étant pas alors enceinte de murs. La
protection du saint préserva certainement le lieu où fut
apporté ce précieux dépôt, de l'invasion des barbares et
du pillage des brigands. Après la mort de l'archevêque
Hincmar (5), ce trésor inestimable fut transporté dans le
monastère d'Orbais. »

(1) Charles-le-Chauve. Hincmar considérait Charles-le-Martel comme le
premier et Charlemagne comme le deuxième du nom.

(2) D'après le calcul d'Hincmar, le baptême de Clovis eut lieu en
l'année 500.

(3) Hincmar fit construire un splendide tombeau pour renfermer la
châsse de saint Remi. V. *Description du Tombeau de saint Remi.*

(4) Carloman. 877-884.

(5) Hincmar mourut en 822.

Comme on le voit, tout ce récit de Flodoard n'em-
pêcherait point de considérer Mappin, Gilles et Sonnace
comme les fondateurs de l'église d'Hincmar. Dom Marlot,
pour être conséquent avec lui-même, n'ayant vu dans
l'église de Sonnace qu'un simple agrandissement de Saint-
Christophe, a imaginé de considérer Tilpin comme le fondateur de l'église d'Hincmar. En cela il est contredit par
les manuscrits bénédictins de la Bibliothèque impériale.
Voici en effet ce qu'on lit dans les *Mémoires sur l'abbaye
de Saint-Remi* (1). « Cette église, dit l'auteur, avait
été construite par la libéralité des archevêques de Reims,
prédécesseurs d'Hincmar. Hincmar *acheva* seulement ce
qui manquait. Il faut qu'il y ait fait travailler peu de
temps après son ordination, qui date de 845, puisqu'il en
fit la dédicace l'an 852. C'est cet événement mémorable
qui est représenté sur son tombeau dans un bas-relief,
dont on attribuait le sujet à Raoul-le-Vert, et que j'ai
montré ne pouvoir convenir à d'autres qu'à Hincmar (2).
Sur ces ruines de l'ancienne chapelle de Saint-Christophe,
Mappin ou Gilles avait bâti une basilique qui prit le
nom de Saint-Remi, lorsqu'on fit la première translation.
Cette deuxième église eut le sort de celle d'aujourd'hui,
on la continua à différentes reprises (3), et ce ne fut que
sous Hincmar qu'elle eut la dernière perfection. Il en fit
une nouvelle dédicace ; elle pouvait avoir été déjà dédiée
auparavant, et elle l'était certainement, quoiqu'elle changeât
de nom pour prendre celui de Saint-Remi, lorsqu'on eut

) *Collect. de Champ.*, t. xxvii, p. 208, Bibl. Imp.
(2) Nous avons trouvé à la Bibliothèque Impériale un dessin de ce
tombeau, plus complet que celui qui a été reproduit dans le DOM
MARLOT, publié par l'Académie de Reims. V. *Collect. de Champ.*,
. xxvii, p. 149.
(3) Sous Sonnace particulièrement.

élevé la partie principale. Marlot prétend que ce fut sous
Tilpin, Wulfaire, Ebbon et Hincmar que cet édifice fut
continué. Il le fait entreprendre au premier sur le témoignage d'Anselme qui n'en dit rien , mais il parle
seulement des prédécesseurs d'Hincmar qui la mit
dans sa perfection (1). Il fallait qu'elle fût spacieuse
puisqu'on y fit les sacres de Robert, de Frédéronne et de
Lothaire ; aussi Flodoard l'appelle-t-il une *basilique.* Anselme, qui nous a conservé des particularités curieuses sur
cette église, dit seulement que, comme elle n'était pas
solidement bâtie, elle tombait en ruines, lorsque les abbés
réguliers conçurent le dessein d'en élever une autre plus
durable et plus magnifique. »

Pour résumer et terminer ces controverses, il y aurait
donc eu, avant l'église d'Airard, trois églises en l'honneur
de saint Remi : 1° la petite chapelle de Saint-Christophe
qui, appelée bientôt par le peuple église de Saint-Remi,
reçut plusieurs embellissements et agrandissements successifs ; 2° sur les ruines de cette chapelle, Mappin ou Gilles
aurait bâti une assez grande église , une *basilique*, plus
tard enrichie et agrandie par Sonnace ; 3° cette même
église ou une autre semblable, après plusieurs transfor-
mations sous les prédécesseurs d'Hincmar, aurait pris,
sous la direction du grand archevêque, une forme et
une perfection toute nouvelles, et une deuxième dédicace
en aurait été faite en 852 (2).

(1) Remensium quondam archiepiscoporum studio *inchoata*, dit
Anselme, et a venerabilis memoriæ Hincmaro eorum successore *consum-
mata. (Itin. Leonis,* papæ. — BOLLAND. 1er vol. d'oct.)

(2) On peut, d'après ces notions, et si l'on y tient, considérer l'église
d'Hincmar comme la troisième, au lieu d'y voir un simple développement de la deuxième église de Gilles ou Mappin ; alors l'église d'Hérimar
serait la quatrième et la dernière, celle d'Airard ne pouvant compter que
pour mémoire.

Mais quel était le style de cette église d'Hincmar, c'est ce qu'il est difficile de préciser. On présume qu'elle devait ressembler à celle que l'empereur Charles-le-Chauve tient en sa main gauche, dans le bas-relief du tombeau de l'archevêque Hincmar, décrit par Montfaucon. *(Monuments de la Monarchie française,* tome I, page 306) (1).

Pinchart, chanoine régulier, qui a beaucoup écrit sur l'histoire de Reims (2), rapporte que le dessin de cette église se voyait dans un manuscrit in-4º de la bibliothèque du monastère. Ce manuscrit, contenant la vie de saint Remi, avait été composé par un religieux de l'abbaye, en 1377. En 1774, il devint la proie des flammes. Au devant de cette église paraissaient deux religieux, portant sur leurs épaules une châsse renfermant le suaire de saint Remi; puis quatre autres religieux, dont les deux premiers tenaient un livre à la main. L'entrée de l'édifice et tout son ensemble extérieur ressemblaient beaucoup aux anciens châteaux fortifiés du moyen-âge; sur l'un des côtés de la porte se dressait une grosse tour ronde; au-dessus de la toiture s'élevaient quatre petits clochers, et à quelque distance un autre plus grand, couronné de quatre petits clochetons. Cette église se terminait par un bâtiment qui servait probablement d'habitation aux prêtres ou aux religieux chargés de la desservir.

Une tapisserie, possédée par l'abbaye, donnait aussi le dessin de l'église d'Hincmar; elle la représentait au milieu d'une enceinte garnie de bastions; la porte des fortifica-

(1) M. LACATTE-JOLTROIS. *Essais,* p. 54.

(2) On a de lui un MARLOT, enrichi de notes marginales; plus de 400 pages d'autres notes, intéressantes pour notre histoire, sont rejetées à la fin des deux volumes. Ce précieux exemplaire se trouve, ou à la bibliothèque de la Ville, ou entre les mains de Mme de Courtin.

tions était à plein-cintre, elle se trouvait dans un corps de constructions flanqué de tourelles.

Une tour à quatre faces, couronnée d'un toit aigu, défendait le côté du nord.

Le portail de l'église se terminait par un fronton triangulaire surmonté d'une croix. A sa gauche et au nord était une haute tour composée de trois tourelles ; chacune d'elles, terminée par un toit aigu surmonté d'une croix, était percée de deux verrières, l'une petite et circulaire, au sommet ; l'autre, au centre, longue et étroite. L'abside était placée entre deux clochers couronnés de longues flèches ; derrière étaient les bâtiments de l'abbaye (1).

Eglise commencée par Airard en 1005, rasée par Thierry. — Mais cette église, avec ses formes sévères de château féodal, était, comme nous l'avons vu, plus imposante que solide. « L'an de grâce 1005, écrit dom Marlot, et soixante-deux ans après le restablissement de la régularité ; Airard, profès du mesme monastère, ayant esté éleu du consentement de l'archevesque Arnoul, fut le premier qui entreprit ce grand ouvrage, imitant en cela la générosité des plus illustres prélats de son siècle, qui s'occupaient pareillement à rebastir les églises cathédrales par toute la France ; et, pour mieux faire réussir son dessein, il rechercha curieusement les meilleurs architectes pour dresser le plan et asseoir les fondements de l'édifice (2).

(1) *Essais sur Saint-Remi*, p. 56.— M. Pr. TARBÉ, *Rues de Reims,* p. 425.

(2) Quapropter viris qui architecturæ periti ferebantur ascitis, futuri templi fabricam ex quadris lapidibus erigere cœpit a fundamentis, multo quidem operosiorem illis, quas prænotatum est in Gallico regno renovatas, et ambitiosiorem ; ideoque sibi et illius ævi hominibus inconsummabilem. Nam ubi per viginti et octo fere annos pastorale officium administravit, senio confectus, cœptoque operi finem non imponens vita decessit. (ANSELME, *Itin. Leonis IX,* BOLLAND. 1ᵉʳ octobr.)

Mais, n'ayant pas beaucoup avancé pendant les vingt-huit années de son gouvernement, il laissa l'œuvre imparfaite à son successeur, nommé Thierry, homme de bon sens, adroit et grand économe, lequel, ayant appris des personnes versées en l'architecture que le dessein d'Airard estoit de difficile conduite, le fit ruiner jusqu'au fondement, et commença l'église en la façon qu'elle se voit aujourd'huy, l'an cinquiesme de son gouvernement. » Tel est le récit sommaire des origines de l'église de Saint-Remi; écoutons maintenant le moine Anselme racontant, en l'an 1060, la construction du monument qui fait aujourd'hui l'admiration de la France et des étrangers.

§ II.

Eglise actuelle de Saint-Remi.

Elle est commencée par Thierry en 1041. — « Thierry, dit Anselme, qui se proposait de réaliser un jour plusieurs projets utiles à la religion, résolut de mettre la dernière main à la construction de l'église de son monastère, commencée par son prédécesseur.

« Mais l'entreprise, qui avait reçu un commencement d'exécution, lui paraissant difficile et irréalisable, il vit bien, après mûres réflexions, que l'idée de continuer un pareil dessein serait sans résultat. Ayant donc consulté les hommes les plus prudents parmi ses administrés, et plusieurs anciens de la province de Reims, il entreprit, après bien des difficultés, d'anéantir l'œuvre commencée. Il détruisit donc *à peu près tout,* ne laissant que *quelques fondations* qui parurent aux architectes devoir être utiles aux futures constructions, puis se mit à élever un édifice d'une construction plus facile, mais qui cependant n'était point à dédaigner, comme on peut aisément le voir.

» L'entreprise, heureusement commencée la quinzième année de l'ordination de Thierry, embrasa de zèle un grand nombre de fidèles... Plusieurs membres du clergé s'empressèrent d'apporter leur bienveillant concours, en fournissant leurs chars et leurs bœufs pour emmener les matériaux de constructions : on *jeta les fondements, là où il n'y en avait point,* on utilisa convenablement les colonnes arrachées aux ruines du premier édifice, les arceaux s'élevèrent rapidement sur ces colonnes, et bientôt la construction de la basilique commença à surgir toute rayonnante sous la main des architectes. Lorsque les murailles des vestibules (probablement les bas-côtés) eurent été dressées de toutes parts, et que le sommet intérieur de l'édifice (la nef) eût été élevé à une grande hauteur, la vieille église de l'archevêque Hincmar, consacrée, comme nous l'avons dit, depuis bien longtemps, fut renversée de fond en comble ; un petit et pauvre abri provisoire fut élevé sur le chœur des religieux, de sorte qu'ils purent ainsi vaquer aux divins offices, sans s'inquiéter du vent et de la pluie. Sur le tombeau de saint Remi on éleva un mausolée voûté (crypta). Quoique construit dans de modestes proportions, et peu digne par conséquent du corps de saint Remi, on eut soin cependant de l'orner de colonnes portant des arcatures (1). »

_____

(1) Qui (Theodoricus) quum plurima Ecclesiasticæ utilitati profutura decerneret disponere, deliberavit reparationi Ecclesiæ suæ, quam suus prædecessor inceperat, manum perfectionis imponere. Verum, quia grave nimis et inexplebile sibi illud erat inceptum, deliberatio quoque sua, si id intenderet implere, videbatur non habitura effectum, quocirca eorum, qui inter sibi commissos prudentiores habebantur, et seniorum Remensis provinciæ consilio usus, difficulter aggressus est inchoatum

Hérimar continue l'œuvre de Thierry. — « Après la mort du vénérable Thierry, Hérimar fut, du consentement presqu'unanime des frères, choisi pour son successeur, et ordonné par le digne Widon, archevêque de Reims. Il ne laissa pas longtemps interrompue la glorieuse entreprise de son prédécesseur. Il commença par achever la *partie droite du transsept déjà très avancée*, et fit élever la partie gauche qui n'avait encore que ses fondations, puis l'escalier destiné à conduire dans le haut de l'édifice. Le mausolée qui avait été construit sur le tombeau du bienheureux saint Remi, s'harmonisant mal par l'exiguité de ses proportions avec le reste de l'édifice, fut détruit et remplacé par un autre beaucoup plus remarquable. Puis lorsqu'on eut fait emmener les bois de construction de la forêt située auprès du monastère d'Orbais, on termina le faîte de l'édifice, qui offrit ainsi dans toutes les parties, tout l'appareil de la plus riche décence (1). »

diruere opus : quo *pœne diruto* et *fundamentis quibusdam relictis*, quæ architectis visa sunt necessaria fore futuris ædificiis, divinam domum cœpit faciliori quidem structura, sed non indecentiore construere ut aspectum adhibentibus facile est cernere. Qua incœpta feliciter anno quinto suæ ordinationis accensi sunt plures catholici.....

Nonnulli etiam de Ecclesiastica familia suum auxilium prompta impenderunt benevolentia, suisque plaustris et bobus tantis inceptis competentia advexerunt onera ; *sicque fundamentis, in quibus locis non erant, locatis*, et columnis ex destructo priori ædificio competenter dispositis, arcus super eas diligenter voluti consurgere, et basilicæ fabrica inter manus artificum cœpit clarescere. Tunc jam vestibulorum parietibus undique erectis, et interioris templi fastigiis altius elevatis, vetusta Ecclesia ab Hincmaro archiepiscopo, ut dictum est, antiquitus dedicata, est eversa funditus, et vilis interim tecti coopertoriolum fabricatum super chorum fratrum, ubi absque inquietudine ventorum et pluviarum divinis possent vacare laudibus. Supra vero sepulchrum B. Remigii crypta constructa est, licet parva, ideoque tota sancto corpori incongrua, pulchro tamen columnis et arcubus fulta (Anselm., *ibid.*).

(1) Hic ergo (Herimarus) loco defuncti patris subrogatus, fratrum pœne omnium unanimi sententia, ordinatu memorati Widonis, Remorum archi-

L'abbé Hérimar, ayant donc mis la dernière main à l'œuvre, ne pensa plus qu'à le rendre plus auguste par la solennité d'une sainte et illustre dédicace. Dieu fit naître une occasion favorable pour réaliser ce souhait avec autant d'éclat et de pompe qu'on eût pu le désirer. L'évêque de Toul, nommé Bruno, ayant été fait pape sous le titre de Léon IX, Hérimar qui l'avait connu au traité de paix entre Henri Ier, roi de France, et l'empereur Henri III, se servit adroitement de cette connaissance et de la promesse que Léon avoit faite de venir au tombeau de saint Remi. Il lui adressa des lettres tout exprès, autant pour se réjouir de son élection au souverain pontificat, que pour le faire souvenir de son vœu, et l'avertir de l'extrême désir qu'il avait de voir l'église de Saint-Remi consacrée de sa main; il lui envoyait pour gage de dévouement une coupe de matière fort exquise et toute garnie d'or.

Le pape lui donna de bonnes espérances, et le roi lui-même promit de se trouver à cette solennité, bien qu'il en ait été détourné depuis par la jalousie de quelques courtisans. Une affaire qui survint heureusement attira Sa Sainteté en Allemagne; Hérimar ne manqua pas de l'aller trouver pour savoir l'ordre qu'elle désirait faire observer dans la dédicace de son église; l'ayant

---

præsulis, non diu passus est interruptum pendere memorabile cœptum sui antecessoris ; sed primo quidem dexteram basilicæ crucem, maxima ex parte jam inchoatam, et sinistram, nihil adhuc præter fundamenta habentem, cum cocleis quibus ad superiora esset ascensus, fecit ædificari. Cryptam autem, quæ super B. Remigii sepulchrum constructa fuerat, quia ut superius relatum est, quæ parvitate sua alterius operis incongrua videbatur, dirui et aliam eminentiorem fecit restitui. Deinde trabibus de saltu juxta Orbacis monasterium sito advectis, fastigia ejusdem consequuntur templi, sicque decentissima domus tota apparuit in partibus suis. (ANSEL., *Ibid.*)

appris de sa bouche, il se rendit promptement à son monastère, afin de donner aux provinces les plus éloignées
les avis nécessaires pour cette future consécration. » Mais
laissons encore parler Anselme (1).

*Consécration de l'église de Saint-Remi en 1049. —
Récit d'Anselme, témoin oculaire.—* .... Le seigneur pape
prit le chemin qui conduisait à Reims. Il trouva chaque
soir sur la route un logement disposé pour y passer la
nuit, et arriva au village de Courmeloi la veille de la fête
de saint Michel. L'abbé de Saint-Remi vint à sa rencontre
jusque-là, et prit soin de lui procurer, à lui et à toute sa
suite, tout ce dont il pouvait avoir besoin. Le jour suivant
il parvint à Saint-Remi, accompagné des trois archevêques
de Trèves, de Lyon et de Besançon, ainsi que de plusieurs
notables prélats, entre autres Jean, évêque de Porto, et
Pierre, diacre de l'Eglise romaine et préfet de la ville.
Tous les religieux aussitôt se rassemblent, et avec eux les
abbés, les moines et les clercs, venus en foule de toutes
parts. Ils se rangent au parvis de l'église dans le plus bel
ordre. A leur tête se tiennent les évêques de Senlis, d'An-
gers et de Nevers, portant le texte de l'Evangile, l'eau
bénite et l'encens. C'est dans cet appareil qu'ils reçoivent
le pape à son arrivée. Ils saluent son entrée dans l'église
par le chant du *Lætentur cœli*, qu'ils exécutent avec une
magnifique harmonie ; et pendant que le souverain pontife
fait sa prière devant l'autel de la Sainte-Croix, on chante
le répons : *Summæ Trinitati*.

(1) Anselme, religieux de Saint-Remi, dont nous reproduisons ces
extraits fidèles, entreprit vers l'an 1060, par l'ordre de l'abbé Hérimar,
le récit du voyage de Léon IX et de la dédicace de Saint-Remi. L'ouvrage
intitulé : *Itinerarium Leonis*, se trouve dans les *Bollandistes*, vol 1ᵉʳ
d'Octobre, à la suite de la *Vie de Saint-Remi*.

Le pape s'avance ensuite vers l'autel de Saint-Christophe, fait ses dévotions devant le tombeau de l'Apôtre vénéré des Francs, et toutes les voix s'unissent dans un commun transport pour chanter l'hymne du *Te Deum*. Cependant le souverain pontife s'assied quelques instants sur un siége magnifique qu'on lui avait préparé, et donne au peuple, heureux de sa présence, la bénédiction apostolique; puis, se levant, part processionnellement avec le même cortége de prélats, accompagné du chant des psaumes et des hymnes, et bientôt arrive aux murs de la cité (1). — Le clergé de Reims, avec son archevêque en tête et quelques autres évêques, s'avance au-devant du souverain pontife. Le splendide cortége dispose ses rangs nombreux sur le parvis de Saint-Denys, martyr, et accompagne le pape jusqu'à l'église Sainte-Marie, en faisant retentir les airs de chants d'allégresse et de cantiques en l'honneur d'une aussi auguste cérémonie. Après avoir fait sa prière devant les autels de la Sainte-Croix et de la Sainte-Vierge, le pape s'assied dans le siége archiépiscopal, ayant l'archevêque de Reims à sa droite et celui de Trèves à sa gauche. Les clercs qui devaient l'assister dans la célébration du Saint-Sacrifice, prennent rang, chacun selon les fonctions qu'il doit remplir. Alors, revêtu des insignes pontificaux, il s'avance pour célébrer la messe. L'office divin terminé, il donne au peuple la bénédiction apostolique et se rend au palais archiépiscopal, situé près de l'église, et où, par les soins de l'archevêque, un repas avait été préparé pour lui et pour toute sa suite.

Le lendemain, désirant éviter la confusion d'une foule

---

(1) Il faut se souvenir que l'église et le monastère de Saint-Remi étaient en dehors de la ville.

immense venue de toutes les directions, le pape retourna à Saint-Remi, accompagné seulement de deux chapelains, et y arriva sur la fin des Matines. Il prit un bain et se fit faire la tonsure, par respect pour l'illustre Pontife, dont il devait le lendemain solennellement transporter les précieux restes. Il se fit préparer un appartement secret et contigü à l'église, ne voulant pas s'y rendre publiquement. Il était venu de tous les points une si grande multitude que l'église, bien que large et spacieuse, était insuffisante à la contenir. On voyait accourir des pays voisins, comme des provinces les plus reculées, une foule innombrable de tout sexe et de tout âge. Toute la fière nation des Francs, paysans et citadins, prolétaires et bourgeois, s'empressaient de venir rendre hommage à leur glorieux Apôtre ; les Gaulois surtout s'y étaient rendus par milliers. Parmi eux se pressait la foule illustre des évêques, des abbés, des moines et des clercs. Nobles et·roturiers, riches et pauvres accouraient confondus. Tous, comme une mer immense, pressaient leurs flots serrés, avides de baiser la châsse précieuse qui renfermait une perle céleste, et d'y offrir des présents en proportion de leurs moyens. Ceux qui ne pouvaient percer la foule, gémissaient de se voir dans l'impossibilité de satisfaire leurs pieux désirs, et dans leur religieuse ardeur, ils lançaient de loin sur le tombeau du Saint les dons qu'ils avaient apportés.

Devant les portes de la basilique s'étend un vaste parvis, sur lequel se pressait la foule immense qui n'avait pu trouver place dans l'intérieur, et brûlait de contempler les traits du successeur de saint Pierre. Car indépendamment de la dévotion dont tous les cœurs étaient enflammés envers l'Apôtre de la France, la plupart avaient un incroyable désir de voir le souverain pontife. Pour leur

donner quelque satisfaction, le pape montait sur une
terrasse élevée au-dessus de sa demeure, de manière à
les voir, à en être vu et entendu ; et il leur donnait sa
bénédiction. Ceux qui avaient obtenu cette faveur, à peine
retirés, faisaient place à d'autres aussi nombreux. Trois
fois dans cette journée le saint père, du haut de cette même
terrasse, leur adressa quelques exhortations, et leur en-
seigna ce qu'ils devaient faire et ce qu'ils devaient éviter
pour sauver leurs âmes. Ce fut dans cette maison qu'il se
fit célébrer les saints mystères ; car il n'y avait pas moyen
de pénétrer dans l'église, et les religieux eux-mêmes, à
cause de l'affluence du peuple, ne pouvaient, comme à
l'ordinaire, y vaquer aux différentes parties de l'office
divin.

La nuit arriva, et la foule, loin de diminuer, croissait
d'heure en heure. Le seigneur pape, craignant que l'im-
portunité de la multitude ne fût un obstacle à la célébration des vigiles de la solennité et même ne l'empêchât
d'accomplir la translation du corps précieux de saint Remi
et la dédicace de l'église, envoya ses clercs ainsi que l'abbé
de Saint-Remi pour faire évacuer l'église, et en fermer
les portes avec soin, de manière que personne ne pût y
pénétrer. Il leur recommanda d'annoncer de sa part au
peuple qu'ils eussent tous à se retirer, afin que rien ne vînt
distraire de leurs pieux exercices les soldats de Dieu,
dans la célébration de cette veillée solennelle ; que le lendemain il donnerait satisfaction à leurs désirs et expose-
rait à leurs regards l'inestimable trésor qu'ils brûlaient de
contempler ; que s'ils résistaient à ses ordres, il lui faudrait repartir sans avoir rempli le but de son voyage. On
se rendit à cette invitation, non sans beaucoup de difficulté ; la foule, allumant des feux sur le parvis, y passa la

nuit pour attendre l'effet des promesses du pape. L'église, toute éclatante de flambeaux, était comme un firmament parsemé d'étoiles. Les serviteurs de Dieu y passèrent pieusement la nuit à chanter des hymnes et des cantiques spirituels.

Le matin venu, le seigneur pape reçut dans l'église le corps du martyr saint Corneille et quelques autres reliques, que le clergé de Soissons y apportait, pour les mettre à l'abri des violences de quelques malfaiteurs auxquels leur église était en butte. Vers l'heure de tierce, le saint père, revêtu de ses habits pontificaux, partit pour aller au tombeau de saint Remi, avec la croix et l'encens. A sa suite s'avançaient les quatre archevêques de Reims, de Trèves, de Lyon et de Besançon, quelques autres prélats, l'abbé de Saint-Remi, le vénérable Hugues, abbé de Cluny, et plusieurs religieux de cet ordre. Après quelques prières, et pendant que des flots d'encens répandaient autour du corps de saint Remi les parfums les plus suaves, l'assemblée chanta le répons : *Dirigatur oratio mea.* Alors, au moyen de quelques instruments, on souleva le cercueil du Saint et l'on entonna l'antienne : *Confessor Domini Remigii.*

Tous les préparatifs terminés, le pape, avec les archevêques et les abbés nommés plus haut, le reçut sur ses épaules, en pleurant d'émotion et de piété, puis commença le répons *Iste est de sublimibus*, qui fut achevé par le chœur des religieux, avec des transports d'allégresse et de triomphe. Tous les yeux étaient baignés des larmes d'un saint attendrissement ; tous les cœurs palpitaient d'amour pour notre glorieux patron et brûlaient d'en mériter les faveurs. Le pape, les voyant tous se presser à l'envi pour porter la sainte châsse, leur céda ce précieux trésor et se retira loin des embarras de la foule, dans cette chapelle de la

Sainte-Trinité, située à la partie méridionale de l'abside
de l'église, et dont la construction élégante était due au
zèle d'un des religieux, le père Hardouin. Elle renfermait
le sépulcre du Sauveur, habile reproduction de celui de
Jérusalem, berceau de notre rédemption. L'archevêque de
Trèves le consacra en présence et du consentement de
celui de Reims, et y plaça les reliques d'un grand nombre
de saints.

Enfin s'ouvrent les portes de l'église, et ce joyau céleste est offert aux avides regards de la multitude. La
foule innombrable, dans l'enthousiasme de sa joie, se met
à battre des mains et à pousser des acclamations et des
chants de triomphe. Faibles et puissants, nobles et rotu-
riers, tous confondent leurs efforts pour contempler de
plus près ce glorieux tombeau. O foi ardente, foi digne des
plus nobles récompenses, et qui, pour les obtenir, affronte
tous les dangers et la mort même ! Il y en eut en effet
plus d'un qui, dans l'excessive précipitation de leur zèle,
furent renversés sans pouvoir se relever et écrasés sous les
flots pressés de cette multitude ardente. Au milieu de ce
flux et de ce reflux incessant, la sainte châsse, plutôt en-
traînée et ballotée que portée, semblait un vaisseau à la
merci de la fureur des vagues ; on se l'arrache, on se
dispute l'honneur de ce bienheureux fardeau ; en un mot,
toute l'étendue, depuis le bourg jusqu'à la ville, est le
théâtre de cette pieuse rivalité.

Là se trouve le clergé rémois avec la foule des habitants. Ils éprouvent mille peines à enlever leur noble
Apôtre à la multitude empressée qui le porte. Enfin ils le
font entrer dans l'enceinte de la ville et le déposent dans
l'église de la Sainte Mère de Dieu. Il avait, durant sa vie,
comblé cette ville d'avantages temporels, il y avait été la

8

gloire et l'honneur de la religion catholique ; il était juste
que ses saintes reliques, par le séjour d'une seule nuit,
vinssent y apporter la sanctification et la joie. La châsse
est donc placée sur l'autel de la Sainte-Croix ; et l'archevêque de Besançon, montant à l'autel de la Sainte-Vierge,
y célèbre, avec le concours du clergé rémois, une messe
solennelle en l'honneur de l'illustre Pontife. Après la
messe, la foule se succède, sans cesse plus nombreuse,
pour y faire ses dévotions : le jour se passe en ces saints
exercices ; la nuit vient, sans qu'on en aperçoive l'obscu-
rité, tant la basilique resplendit des mille feux que le
peuple y allume en l'honneur du Saint. Les religieux
veillent avec joie autour de leur Patron et récitent l'office
de Matines, avec les douze leçons et les répons qui suivent.

Les chanoines leur succèdent dans cette veillée solennelle, et terminent les matines avec les neuf leçons,
jusqu'au jour. Le matin on chante à l'heure accoutumée
prime, tierce, la messe et sexte. Puis les hymnes divins de
nouveau retentissent pendant que l'on emporte le corps
vénérable hors de l'église de la Sainte-Vierge. Le cortége
s'avance processionnellement autour des remparts de la
ville, en faisant de nombreuses stations, proportionnées à
la longueur du chemin ; on arrive près de la porte autrefois appelée la *Porte-Ouverte*, par laquelle saint Remi, en
priant, au temps de sa vie mortelle, chassa l'ennemi du
genre humain, qui avait entrepris de réduire la ville en
cendres ; là, on dépose les reliques précieuses, et l'on en-
tonne de saints cantiques pour célébrer la mémoire de ce
grand prodige. C'est dans ce même but religieux qu'on y
a construit tout récemment une basilique aux frais et par
les soins d'un serviteur de Dieu, nommé Constantin : toute
sa vie, il s'efforça d'y réunir des personnes pieuses pour

louer Dieu, et la fit consacrer en l'honneur de sainte
Marie-Madeleine et de saint Remi.

Pendant cette procession autour des murs de la ville,
le seigneur pape, réunissant les évêques dans l'église de
Saint-Remi, se mit à en faire la dédicace, assignant à
chaque évêque la consécration d'un autel. L'archevêque
de Reims fit trois fois le tour extérieur de l'église, avec
la croix et les saintes reliques, selon le rite de l'Eglise
pour la consécration. Le pape resta dans l'intérieur et
accomplit les cérémonies nécessaires pour une dédicace
Lorsqu'il en vint à celle où, selon les décrets des SS.
Pères, les restes des saints doivent être reçus en l'église
nouvellement consacrée, les chanoines et les religieux
qui avaient fait le tour de la ville et du bourg avec le
corps du bienheureux Remi, arrivèrent aux portes du
monastère. La multitude y était si compacte que le glorieux Apôtre faillit ne pouvoir entrer dans la somptueuse
demeure qui lui avait été préparée. Le pape avait fait
refermer toutes les portes, de crainte que la foule,
pénétrant avec le saint dans l'église, ne lui fît courir
quelque danger et ne mît obstacle à la continuation de la
dédicace. Il fallut donc trouver un autre moyen d'y faire
pénétrer la châsse; et, enfin, après l'avoir avec beaucoup de peine soustraite aux turbulentes importunités de
la foule, on parvint à l'introduire par l'une des fenêtres
de la chapelle de la Sainte-Trinité.

Le souverain pontife reçut le corps de saint Remi
avec une pieuse ferveur et au chant des saints cantiques.
La châsse ne fut pas immédiatement placée à l'endroit
qui lui était destiné : elle fut déposée sur le grand autel, dédié à l'honneur des apôtres saint Pierre et saint
Paul, des martyrs saint Clément et saint Christophe, et du

bienheureux saint Remi. Le pape, en ordonnant cette disposition, avait une intention toute particulière, et qui mérite d'être rapportée. Il voulait que les prélats qui devaient assister au synode, pussent la considérer attentivement, afin que si quelqu'un venait, animé d'un esprit de présomption, pour s'opposer aux saints décrets, ce glorieux serviteur de Dieu pût lui faire sentir par sa présence l'efficacité de ses mérites : c'est ainsi qu'autrefois un évêque arien qui voulait combattre l'un des principaux points de notre foi, devint muet en la présence de saint Remi ; mais lorsqu'il reconnut humblement sa faute, le Saint lui rendit la santé du corps et de l'âme, et le fit rentrer parmi les fils d'adoption. Cette intention du pape lui venait d'une inspiration céleste, et elle produisit tout son effet.

Quand le corps du bienheureux saint Remi fut donc ainsi placé, quand tous les évêques, les abbés, les religieux et les clercs se furent rangés dans le chœur, le souverain pontife célébra solennellement la messe de la dédicace. Après la lecture de l'Evangile, montant en chaire, il adressa quelques exhortations au peuple qui, bien que les portes eussent été fermées, avait pénétré dans l'église par les fenêtres. Il leur parla de la sainteté du temple, leur ordonna de célébrer dans tout le diocèse de Reims l'anniversaire de ce beau jour, et frappa d'anathème tous ceux qui voudraient s'opposer au pieux empressement des fidèles à venir, chaque année, célébrer dans ce saint lieu ce glorieux anniversaire.

Il décréta encore qu'à cet autel, consacré, comme nous l'avons dit, aux apôtres saint Pierre et saint Paul, aux martyrs saint Christophe et saint Clément, et au bienheureux confesseur saint Remi, il ne serait plus permis, comme autrefois, indistinctement à chaque prêtre de célébrer le saint Sacrifice ; mais que, selon la coutume de l'Eglise Romaine , sept prêtres, les plus recommandables de l'abbaye, en auraient seuls le privilége ; que l'archevêque de Reims, l'abbé de Saint-Remi et celui à qui il en donnerait la permission, quand il le croirait convenable, jouiraient aussi de ce droit. Le clergé de Reims pourrait aussi deux fois l'année y célébrer la messe, le mardi de Pâques et la veille de l'Ascension, jour où de temps immémorial on venait y faire des stations solennelles. Pour empêcher que l'observation de ces décrets tombât jamais en désuétude, il les fit transcrire et sceller du sceau de son autorité apostolique. Il fit faire au peuple une confession publique de ses fautes, lui donna l'absolution, et, après avoir terminé l'office divin, il le bénit et le congédia. Il recommanda ensuite aux pontifes, aux abbés et aux autres ecclésiastiques qui étaient présents de revenir le lendemain, pour y tenir le synode qu'il avait indiqué....

C'est ainsi que le pieux pontife de Rome célébra la quatrième translation du corps du bienheureux saint Remi, et termina heureusement, le neuvième jour des nones d'Octobre, la dédicace du saint lieu. Pendant trois jours il honora de sa présence la célébration du synode, l'an 1049 de la bienheureuse Incarnation de Notre Seigneur Jésus-Christ. Après avoir ainsi vu l'accomplissement de tous ses vœux, le jour qui suivit la clôture du synode, il se rendit au chapitre des religieux, et leur annonça son intention de presser son départ. Il leur adressa quelques paroles, empreintes d'une tendresse spirituelle ; il leur demanda avec empressement leur amitié, et leur accorda humblement la sienne : ceux-ci s'étant prosternés pour faire la confession publique, il leur donna l'absolution, les embrassa et les sanctifia par sa bénédiction aposto-lique.

Il sortit ensuite, et, convoquant les évêques, les abbés et les autres ecclésiastiques qui ne s'étaient pas encore reti-rés, il fit célébrer une messe solennelle. Ensuite il se rendit à leur tête, avec une humble dévotion, vers la châsse de saint Remi qui avait été, comme nous l'avons dit, dé-posée, après la dédicace de la basilique, sur l'autel de Saint-Christophe. Il y fit une longue prière : puis repre-nant avec respect la châsse sur ses épaules, il la transporta, au milieu des chants sacrés, jusqu'au magnifique tombeau qui lui avait été destiné. Il s'y prosterna à diverses re-prises, en versant des larmes, et enfin se mit en route. Les religieux et un immense concours de peuple l'accom-pagnèrent jusqu'à la sortie du bourg, en chantant de saints cantiques. Là il leur dit adieu à tous et les quitta. Il s'en revint donc à Rome, emportant de ce voyage, comme glo-rieuse récompense, le feu divin du saint amour, dont son cœur désormais devait toujours brûler pour saint Remi : c'est du reste ce que témoigne une lettre qu'il écrivit dans la suite aux évêques de France.

*Modifications de l'église depuis le xii*e *siècle jusqu'à la révolution française.* 1° *Pierre de Celles embellit la nef, construit l'abside, le grand portail et les deux travées voi-sines.* — Cette église de Saint-Remi, construite sous les trois abbés Airard, Thierry et Hérimar, et consacrée par Léon IX, manquait cependant de trois parties consi-dérables; elle était sans voûte, sans portail et sans ab-side. Pierre de Celles, abbé de Saint-Remi vers l'an 1170, acheva ce que ses prédécesseurs avaient laissé imparfait.

Il commença par le portail et les deux travées voisines qui paraissent sensiblement d'une autre architecture que la nef; puis il construisit l'abside dans le style ogival, et abattit les cintres de bois pour les remplacer par une voûte de pierre.

Dans ce but, il donna plus de force aux piliers de la nef, éleva des pilastres pour soutenir cette nouvelle voûte et exhaussa le mur de plusieurs pieds. La différence des deux maçonneries paraît encore vers la naissance des cintres à la hauteur des fenêtres rondes. Pour accorder le chevet et le portail avec le reste de l'église, et rendre l'architecture uniforme en harmonisant l'ancien style avec le nouveau, il fit plaquer le style ogival sur le style romano-byzantin. On voit encore dans toute la longueur de la nef les ogives qu'il superposa aux pleins-cintres, et les légères colonnettes qu'il fit appliquer aux colonnes de l'époque byzantine. Quant aux deux premières arcades intérieures qui avoisinent le portail, furent-elles ajoutées pour allonger la nef ou pour marier dans la suite plus heureusement le portail et le chœur? C'est un point encore controversé. On discute aussi pour savoir si le portail de Saint-Remi est l'œuvre entière de Pierre de Celles, ou seulement une modification du portail d'Hérimar. « Quant à nous, dit M. Pr. Tarbé, nous ne croyons pas que le portail du xie siècle ait été démoli et reconstruit en entier; il nous semble simplement *modifié* par l'architecture ogivale qui commençait à devenir en usage lorsque les travaux eurent lieu; les fenêtres ont été redessinées dans ce style; on n'y a pas créé, mais appliqué des colonnettes. Dans les fenêtres du clocher, on voit le mélange de l'école romane et de l'art ogival. Les colonnes cannelées qui décorent la façade, ne sont pas gothiques; elles appartiennent aux époques antérieures au xiie siècle; en un mot, le portail nous paraît altéré, mais non construit par Pierre de Celles. »

Cette opinion n'est point celle de l'auteur des *Essais sur Saint-Remi :* selon lui, la construction du portail serait l'œuvre de Pierre de Celles, mais un peu modifiée depuis par le temps : « Pour donner à la nef plus d'étendue, dit-il, Pierre de Celles ajouta encore à l'entrée de l'église deux nouvelles travées de style ogival, et *fit construire* un autre portail dans le même genre d'architecture. Ce portail est demeuré le même ; seulement, dans la suite, comme il parut trop simple, on y fit quelques additions qui consistent, d'après la remarque de M. Hittorff (1), en un placage appliqué contre l'ancienne façade du portail primitif. Le fait du placage est si évident qu'on le voit prolongé sur le soubassement des clochers qui avoisinent le portail (2). »

En relisant attentivement le rapport de M. Hittorff, nous remarquerons qu'il reporte la construction des clochers au xie siècle, tout en attribuant à Pierre de Celles le portail *tout entier.* « *Les clochers* , la nef et le transsept, dit M. Hittorff, *remontent au commencement du* xie *siècle.* L'absence de tous soins dans la construction et de toutes recherches dans les détails y est sensible ; des piliers et des colonnes y sont surmontés d'arcs-boutants à plein-cintre. *Le portail principal, la première travée de la nef et le rond-point durent être exécutés vers le milieu du* xiie *siècle ;* ces parties offrent, à peu de chose près, le

---

(1) *Rapport sur la restauration de l'église de Saint-Remi.* (Extraits des *Annales de la Société libre des Beaux-Arts,* 1837.)

(2) V. *Essais sur Saint-Remi* , par M. LACATTE-JOLTROIS, et le manuscrit de D. CHASTELAIN.

même genre de construction et la même simplicité dans les détails, mais avec l'application des arcs aigus. » Ainsi donc, là où M. Pr. Tarbé ne voit que l'œuvre d'Hérimar modifiée par Pierre de Celles, M. Hittorff voit l'œuvre entière de celui-ci, tout en réservant les tours à Hérimar. — Nous sommes de ce dernier avis, en observant que la tour méridionale seule a dû être *terminée au temps d'Hérimar*, le sommet de l'ancienne tour du nord accusant une construction plus moderne.

Les manuscrits de la Bibliothèque Impériale, et encore plus les lettres de Pierre de Celles nous confirment dans l'opinion que le grand portail, moins les tours, est son œuvre toute entière. « Hérimar, dit la *Collect. de Champagne*, t. XXVII, laissa le chevet et le *frontispice* que Pierre de Celles *entreprit*. Le haut de l'église était terminé par un lambris ; il éleva les murailles et fit régner les voûtes partout (1).

« Quelque complète que parût pour lors cette église, écrit D. Chastelain, Pierre de Celles, qui fut fait abbé de Saint-Remi environ cent vingt ans après, y trouva plusieurs choses à redire. Son entrée lui parut trop simple et peu proportionnée à la grandeur du vaisseau. Elle n'était pas encore voûtée, et l'abside ou le rond-point était bien moins élevé que le reste de l'église. Pierre de Celles corrigea tous ces défauts *en faisant*, selon le goût du temps, *faire un portail plus orné et mieux entendu que l'ancien;* il fit aussi bâtir le rond-point et le tour des chapelles telles qu'on les voit, et voûter toute l'église. » — A dire vrai, ces paroles, tout en insinuant une construction nouvelle, peuvent s'entendre à la rigueur d'une simple ornementation du portail primitif.

---

(1) *Mss. Bened. de l'abbaye de Saint-Remi* (Bibl. Imp.).

La correspondance de Pierre de Celles indique l'ordre de ces constructions. Dans une de ses lettres, il apprend à ses amis les immenses travaux qu'il avait entrepris pour son église. Voici ce qu'il écrivait aux Chartreux du Mont-Dieu : « Caput monasterii renovare volentes, cum Dei adjutorio manum ad fortia mittimus, nobilem ecclesiam nostram tam in *fronte* quam *in ventre*, cui *caput* secundum se deerat, *fabricandam suscepimus* » (l. IX, Epis., Ep. 4). Ainsi Pierre de Celles a commencé les modifications de son église par le portail, *fronte*, puis il a embelli la nef, *ventre nobilem*, et construit le chevet tout entier, *ecclesiam cui caput secundum se deerat* fabricandam suscepimus. Le même, écrivant au prieur de Lapelée en Angleterre, lui mande qu'il commence à renouveler l'église de son monastère, que l'ouvrage est déjà avancé, etc. « Caput monasterii renovare aggredior, et cum Dei auxilio jam opus inchoatum ridet et sequentis operis auspicia nobilia spondet : mille enim libras adhuc simul quingentas postea pro opere monasterii expendi » (l. XIX, Epist. 5). — Pierre de Celles avait reçu pour ces travaux des présents d'une multitude de personnes pour lesquelles il demande aux religieux de Grammont une association de prières : « Suggerimus fraternitati vestræ, supplicatione humili, quatenus benefactoribus Ecclesiæ nostræ, beneficium sanctæ societatis vestræ indulgentiis et præcipue illis qui eleemosynas suas faciunt novo operi quod ad honorem et decorem domus Dei et beati Remigii inchoavimus. Nam caput monasterii nostri renovare volentes, cum Dei adjutorio manum ad fortia mittimus. Rescriptum itaque sigillo vestro roborat sancta exhortatione et orationum concessione. » (L. VIII, Epist. 22.)

2º *Jean Canart élève le clocher du transsept.* — « La basilique de Saint-Remi, renouvelée de cette façon dans ses principales parties, écrit dom Chastelain, subsista près de quatre siècles sans qu'il fût besoin d'y faire aucune réparation considérable : il faut en excepter, cependant, la couverture du corps de l'église et le petit clocher (placé autrefois sur le transsept), que l'abbé Jean Canart fit faire et couvrir en plomb vers le commencement du xvᵉ *siècle.* » Dom Chastelain se trompe : c'est vers la fin du xivᵉ *siècle*, en 1388 à peu près, que fut élevé par Jean Canart ce clocher, dont on pouvait naguère encore admirer les formes élégantes et aériennes ; il était à cheval presque sur le point d'intersection de la croix du transsept, et dissimulait ainsi la différence d'élévation qui se trouvait entre la toiture du chœur et celle de la nef. Il remplaçait une tour dont le sommet en bois renferma les cloches de l'église jusqu'en 1387. Cette année, la veille de Noël, un violent coup de vent abattit cette tour grossière que la tradition désignait comme le donjon de l'ancien château de Saint-Remi. Mais ce titre aurait appartenu plus justement à celle qui dominait l'église d'Hincmar. Ce clocher en bois, d'après dom Chastelain, était placé au côté méridional de l'église.

Il est probable que ces dépenses de Jean Canart en faveur de son église, exercèrent une fâcheuse influence sur l'administration temporelle de l'abbaye ; car nous avons une lettre excessivement curieuse, dans laquelle un bon moine de Saint-Remi, Nicole de la Selan, exposant à l'abbé Canart les condoléances des religieux, se plaint de ses déplorables parcimonies, fruit sans doute de ses trop grandes libéralités (1).

_____

(1) « *Lettre de Nicole de la Selan, religieux et chappelain de Saint-Remi, à M. Jehan Canart, abbé du monastère.*» (*Collect. de Champ.*, Ms.

« Révérend père en Dieu et mon très-redoulté seigneur,
je votre povre et humble religieux et subject, me recommande à vous très-humblement come je pouis et vous supplie
que pour l'amour de Dieu... vie honneur et proffit, et pour
le salut de vôtre âme et de vos religieux et subjecs, vous
ayez mémoire et souvenance des choses qui s'ensuivent:»

Après un exorde insinuant, l'auteur de la lettre commence l'examen de conscience de son vénérable supérieur:

« Il y a grant faulte en fais de l'église, come en ador-
nemens, chandeliers, ensenciers, calices et plusieurs aultres
choses auxquelles on remédierait pour bien peu. Et ceste
faulte est principalement à vôtre chambrier et aultres
officiers. Item devrait-on voir diminuer si généralement
le luminaire de l'église pour ceste cause que la cire
et la loles (*oleum*, l'huile?) sont trop chères? Il semble
à avoir, que salve vostre honeur, que ce n'est pas bien
faict, tant que on en peult recouvrer et que les revenus le
puissent endurer ; attendu que, grâce à Dieu, vous avez
de quoy le faire sans vous grever, et me semble qu'il
vaulrait mieux espargner en aultres matières, adfin que de
ce, Dieu ne s'en courouce, nobstant que je vœile moin
dire que pour cause des temps qu'on ne puisse faire autre
restrainte ou épargne en ce. — Après, mon très-redoulté
seigneur, vous savez coment vous ne paiez pas à votre
couvent ce que vous li debvez chascun an et par espécial
le bled et le vin, desquelles vous en devez gros arrérages
et par espécial en vin : et encore ce peu de vin que vous
baillez, vous sçavez assez quel vin c'est, et à sçavez quel
vous le devez ? »

de la Bibl. Imp.) Nous regrettons de ne pouvoir donner en entier cette
pièce intéressante, que nous devons à l'obligeance de M. L. Paris, directeur du *Cabinet historique*.

Mais pour se faire pardonner ces reproches que nous abrégeons beaucoup, le digne chapelain s'empresse de relever en compensation toutes les libéralités de Jean Canart :

« Et premiers ils recognaissent et souviennent bien que pour le bien et honeur de votre persone, et eulx et leurs serviteurs, sont tenus et honorés ; leurs drois et priviléges gardés envers tous tant en cette ville, come ailleurs ; et aussy que soutenez et gardez bien et grandement les drois et priviléges de la croçe et si les avés soutenus et augmentés plusque n'ont fait aucuns de vos devanciers depuis vingt-cinq ans et plus.

» Après, son bien recors (reconnaissants) de tous les biens dons et ouvrages que vous avez fais en ceste église, et quant aux ouvrages come : *du clochier et du toict du chevel du moustier*, lesquels vous avez fait faire tels et si riches come ils sont : du cloistre, lesquel vous avez fait faire tout neuf plus bel et plus riche qu'il ne fust onques ; des belles chambres lesquelles vous avez fait faire en votre hostel en ceste ville, et de plusieurs aultres ouvrages tant en cette ville, Cruny, Chaigny, come ailleurs desquels moy et plusieurs aultres n'ont point cognoissance : et quant aulx dons, premier ; de la rente pécuniaire que vous avez achetée à l'église de Saint-Basle pour vous et vos successeurs ; après, de la rente que vous deviez à l'église de Stabulot, laquelle vous avez racheptée — après, des ymages de saint Pierre et saint Paul qui sont si belles et si riches, et deux plas d'argent dorés ; d'une belle croix et riche qui est d'argent doré, d'une paix pareille, de grant nombre de précieux et riches adornements d'église, plus que tous vos prédécesseurs n'en donèrent onques tous ensemble depuis vingt ans et plus. — *Des beaux et riches draps de tapisserie*, aultant ou plus qui n'en y a en église de France, ni à Paris ni ailleurs, et aussy de plusieurs grans biens et dons que vous avez fait à votre couvent, desquels plusieurs et des plus notables de vos religieux ont bien cognaissance et souvenance. »

On voit que l'abbé Jean Canart n'économisait d'une main que pour prodiguer de l'autre.

3º *Robert de Lenoncourt rebâtit le portail méridional.* — Cependant l'église de Saint-Remi, quoique solidement construite, minée par la sourde action du temps, menaçait ruine au commencement du XVIᵉ siècle dans toute l'extrémité méridionale du transsept. Robert de Lenoncourt, second abbé commendataire et depuis archevêque de Reims, détruisit toute la partie ébranlée et fit construire cet élégant portail dont on ne se lasse point d'admirer la riche croisée et les inimitables sculptures. Il semble que tous les âges devaient se concerter pour donner à Saint-Remi un spécimen de l'art qui les caractérise.

4º *Philippe du Bec relève la rosace septentrionale.* — En 1602, Philippe du Bec, archevêque de Reims et abbé commendataire de Saint-Remi, fit refaire la grande rose qui fait face au portail de Lenoncourt. En tombant, le 11 juin de la même année, écrit D. Chastelain, elle avait occasionné la chute d'une espèce de clocher qui la surmontait : toutefois elle ne fut achevée que sous l'épiscopat de Louis de Lorraine.

Réparations diverses de 1662, 1725, 1750. — Mais un nouvel accident, arrivé le 8 avril 1662, donna bien d'autres inquiétudes en compromettant presque l'église toute entière.

Le premier arc-boutant qui touchait à la tour méridionale s'écroula, et dans sa chute ébranla le suivant ; il fallut les reconstruire tous deux sur des bases plus larges et plus solides.

En 1725, les pluies continuelles ayant ébranlé, du côté du cloître, les hautes voûtes collatérales, elles tombèrent en entraînant dans leur chute les voûtes inférieures, pendant que les religieux chantaient matines. Heureusement personne ne fut blessé. On s'empressa de les réparer promptement ; mais comme tous ces accidents avaient lézardé les grandes voûtes, on en démolit une partie au-dessus du chœur, du transsept et de la nef, et on les reconstruisit en 1750, ainsi qu'un des arcs-boutants du côté méridional. On ouvrit en même temps neuf croisées nouvelles donnant sur le cloître, et on enleva la maçonnerie qui en fermait plusieurs autres ; la charpente fut refaite à neuf, on répara les diverses couvertures, en tuiles, en plomb et en ardoises, surtout celles des deux flèches du grand portail, et on rétablit les perrons qui conduisaient aux portes de l'église. Dom Chastelain loue beaucoup les religieux de Saint-Remi d'avoir fait mettre presque toutes les fenêtres en verre blanc : seulement la couleur, économisée sur les vitraux, fut répandue à profusion sur les voûtes, qui furent peintes d'une belle couleur rouge-brique ; les piliers et les murailles eurent un meilleur sort ; on se contenta d'étendre partout, même sur les nervures des chapiteaux, une bonne couche de chaux, donnant la teinte de pierre. Grâce à cette idée toute heureuse, les sculptures restèrent comme ensevelies dans un épais linceul.

Vandalisme révolutionnaire. — A la fin du XVIIIe siècle, après avoir reconstruit leur couvent incendié, les bénédic-

tins se disposaient à rebâtir le portail de l'église lorsque
la révolution éclata. Tous les projets furent suspendus et le
vieux monument fut dévasté. L'église de Saint-Remi devint
un manége, et pour l'agrandir on mutila les piliers qui soutenaient la voûte du transsept, devenu comme le centre
de l'établissement où chevauchaient nos écuyers vandales.

Quand le culte catholique eut la permission de rentrer
à Saint-Remi, on fit à la hâte les réparations intérieures
indispensables, mais ce ne fut qu'en 1825 qu'on put
songer à une restauration complète. Des membres de
l'Institut, des artistes, entraînés à Reims par le sacre de
Charles X, ne purent s'empêcher d'admirer l'ensemble de
l'église et déplorèrent sa ruine prochaine. L'attention du
roi, celle de ses ministres furent attirées sur le monument
religieux le plus ancien de la cité. On ne pouvait laisser
périr le tombeau de saint Remi; il fut décidé qu'on le
sauverait. « Dès 1825, écrit M. Pr. Tarbé, une somme de
225,000 fr. fut affectée aux réparations urgentes. Elle
devait être payée, un tiers par la cassette du roi, les deux
autres par l'Etat et par la Ville. M. Mazois, mort en 1827,
fut mis à la tête des travaux. M. Couttié lui succéda en
1828; sur son rapport et sur ses devis, une somme importante fut accordée pour continuer l'entreprise. En
1830 les souvenirs religieux et monarchiques perdirent
un instant de leur puissance. On put craindre de voir la
sainte basilique sacrifiée à des préoccupations nouvelles.
Cependant M. Vitet, inspecteur des monuments historiques,
la visitait en 1831 et la recommandait vivement au mi-
nistre de l'intérieur; sa voix fut plus puissante que celle
du clergé; elle sut se faire entendre, et bientôt un vieux
rémois, un architecte du pays, M. Serrurier, fut chargé
des réparations.

M. H. Durand lui succéda. Des projets de restauration furent jetés sur le papier ; on espérait voir sortir de ses mains l'église rajeunie, solide et prête à braver les siècles à venir. Il n'en fut rien ; aussi les voûtes, les murs s'écroulèrent ; les parties réparées tombaient une à une, et le tombeau de Saint-Remi se dressait au milieu d'un monceau de ruines. L'attention publique fut plus qu'éveillée. Le gouvernement envoya sur les lieux une commission composée de savants architectes, d'ingénieurs et d'administrateurs habiles ; l'existence de Saint-Remi fut encore une fois remise en question. Heureusement on décida qu'elle serait respectée.

M. Brunette fut chargé des travaux. Bientôt la basilique de Saint-Remi se releva ; sa large voûte plana hardiment sur la nef ; les bas-côtés sortirent de leurs décombres et revinrent soutenir les vastes flancs du grand édifice. Les verrières virent tomber les plâtres qui les obscurcissaient ; le grand portail fut relevé, enfin tout le monument reprit son aspect majestueux. L'œil peut de nouveau parcourir les profondeurs de ses galeries, contempler l'ampleur de sa nef, sa forêt de colonnes et ses riches portiques, et toute cette perspective aérienne de son incomparable abside (1).

---

(1) Voir, aux *Pièces justificatives*, la nomenclature des constructions et des réparations de l'église de Saint-Remi, depuis 1049 jusqu'en 1856, lettre A.

CHAPITRE Ier.

LE MONASTÈRE. — Importance et utilité des abbayes. — Disposition générale de leurs constructions. — Le monastère de Saint-Remi avant l'incendie de 1774. — Description. — Constructions modernes affectées à l'hospice de Reims.

Le Monastère. — Les abbayes tinrent toujours une place considérable entre les établissements religieux. La piété du moyen-âge se plut à les multiplier, et il n'y eut guère de province en Europe qui ne se glorifiât d'en posséder plusieurs. Dans notre siècle froid et sceptique, l'esprit se perd à contempler la grandeur, la puissance, la prospérité de ces nombreuses familles monastiques, qui rendirent à la société de si éminents services. Avant la révolution de 1789, on comptait en France trente mille églises, quinze cents abbayes, huit mille cinq cents chapelles, deux mille huit cents prieurés, un million sept cent mille clochers. C'était là, dit M. de Châteaubriand, un sol bien autrement orné qu'il ne l'est à présent. Aujourd'hui ces florissantes abbayes ont disparu ; on n'en trouve plus que

les ruines éparses çà et là, et c'est à peine si quelques-
unes de nos plus belles églises abbatiales ont pu échapper
au désastre commun.

L'école philosophique n'a cessé de déclamer sur tous
les tons contre ces institutions catholiques, dont on peut
bien envier la gloire, mais dont on ne saurait égaler le
mérite, ni méconnaître les bienfaits. De nos jours, lorsque
les esprits éclairés et impartiaux du protestantisme lui-
même se plaisent à rendre justice à la magnificence de ces
puissantes abbayes, serait-il permis d'ignorer, encore
moins de nier, le rôle important qu'ont joué les monastères dans la civilisation chrétienne! On les voit s'as-
souplir aux phases politiques de l'Europe et du monde,
dont ils suivent tous les mouvements. Ils répondent partout et long-temps aux besoins des choses et des esprits.
Ils remplissent, durant de longs siècles, une mission de
science, de liberté, d'opposition et de popularité. C'est
dans leur sein que naissent les grands hommes, les
évêques courageux, les littérateurs habiles, les écrivains
instruits, les prédicateurs éloquents, les artistes de génie,
les volontés énergiques. Leur splendeur est en rapport
directavec la situation perspective de la monarchie papale,
de l'épiscopat et de la royauté. Il ne se tient pas une
assemblée religieuse ou politique sans que les représentants de la puissance claustrale n'y assistent et n'y déli-
bèrent avec autorité. On les voit siéger dans les conseils
des rois, comme dans les conciles de la chrétienté. Ce
qu'ils font, ce qu'ils voient, ils le racontent, ils l'écrivent;
ils se font historiens dans leurs loisirs, parce qu'ils sont
souvent les principaux acteurs du drame de l'histoire. A
leur arbitrage sont soumis les plus grands intérêts des
peuples; ils sont évêques et papes, et dominent l'Église,

les rois et les nations ! Le monde les vénère, parce qu'ils sont saints ; les enrichit, parce qu'ils sont pauvres ; les couvre d'or, parce qu'ils sont humblement vêtus (1). Partout la sévérité et la pureté de la vie domptent l'opinion.

Dès qu'un ordre religieux a cessé d'être d'accord avec les nécessités catholiques qui l'ont rendu fort, il en sort un nouvel institut monastique qui le remplace si bien. que, pendant plus de douze siècles, en Europe , jamais cette succession immortelle de corporations pieuses n'a manqué aux aspects divers du catholicisme et de la société chrétienne.

On n'oubliera jamais que les corporations religieuses, affiliées de nation à nation, répondaient mieux peut-être que le clergé séculier à l'esprit de l'association catholique ; que les moines, par leurs voyages, par leurs communications incessantes d'un bout du monde à l'autre, ont été le point de ralliement de l'Europe morcelée et féodalisée. On ne pourra pas non plus leur contester d'avoir été, pendant le moyen-âge, les gardiens des lumières et des lettres, de la langue et de la civilisation latines, et d'avoir conquis la vénération des peuples à force de supériorité et de science, en opposant la pureté à la corruption des mœurs, la pauvreté à la richesse, la soumission à une indépendance sans frein. L'Eglise leur doit en grande partie sa liturgie ; les lettres, la conservation des livres antiques ; l'agriculture, de prodigieux défrichements et la

(1) Celui, par exemple, qui voudra comparer de bonne foi les immenses revenus de l'abbaye de Saint-Remi avec la sévérité de la règle, conviendra que les revenus non dépensés par les religieux devaient bien refluer quelque part. Les abbayes étaient comme le réservoir ou l'affluent de la richesse publique, qui de là se répandait, en se divisant, sur toutes les classes souffrantes. En changeant de main, ces trésors ont-ils soulagé plus de misères ?

naturalisation de mille plantes exotiques. Il n'est pas jusqu'à l'architecture civile qui ne se soit inspirée souvent des constructions monastiques. Le monde entier sait la prodigalité de leurs aumônes. Partout les monastères se sont faits des centres de commerce , de beaux-arts et de villes ou villages. Leur organisation élective est devenue le type de l'organisation des communes ; et c'est de leurs cloîtres que sont sorties les sources historiques de nos événements nationaux. Sans de pauvres moines, plusieurs siècles de l'histoire demeureraient pleinement inconnus. Enfin, chose remarquable, tandis que l'érudition moderne cherche à recomposer à grande peine les annales oubliées du tiers-état ; tandis que l'âge féodal et les parlements eux-mêmes sont encore , à vrai dire , sans historiens ; tandis, enfin , que nous avons presque entièrement perdu le souvenir de nos vieilles libertés politiques, de nos états généraux et provinciaux, l'histoire religieuse et monastique a laissé sur elle-même des monuments achevés, ou du moins de vastes recueils où les éléments de complètes annales sont prêts pour la main studieuse qui saura les recueillir (1).

Disposition générale des Constructions monastiques. — Les plus grandes abbayes consistaient ordinairement en une réunion de bâtiments, entourant deux cours quadrangulaires de différente dimension. L'une d'elles, appelée le *clausum*, comprenait une surface de cinquante à quatre-vingt-dix acres ; elle était environnée d'un mur élevé et quelquefois garni de créneaux : on y pénétrait par une ou deux portes fortifiées ; elle renfermait toutes les dépen-

(1) P. LORRAIN, *Introduct. à l'Hist. de l'abbaye de Cluny.*

dances d'un vaste domaine : une ferme, des granges, des
étables, un moulin, etc. Autour du principal espace quadrangulaire se trouvaient l'église et ses annexes, la grande
salle, le réfectoire, la salle de distribution des aumônes,
la salle capitulaire, le parloir, le *scriptorium* ou la bibliothèque, la cuisine et les autres offices. Cette grande
masse de bâtiments irréguliers, mais, généralement
somptueux, avec leurs murs crénelés et leurs portes flan-
quées de tourelles, que dominait la grande église, devait
présenter l'aspect d'une ville fortifiée (1).

Le Monastère de Saint-Remi avant l'incendie de 1774.
— L'abbaye de Saint-Remi dut sans doute à l'origine
présenter cet aspect; mais le temps vint tout modifier.
Les bâtiments du monastère furent, comme l'église, re-
construits à diverses époques, et surtout après les quatre
grands incendies de 1098, de 1448, de 1551 et de 1774.
Primitivement ils se trouvaient placés vers le chevet de
l'église; plus tard on les aperçoit élevés sur toute sa longueur au nord de la basilique. Sur la place Saint-Remi,
avant 1774, on remarquait d'abord un corps-de-logis,
s'avançant en angle droit sur le portail de l'église; celui
que nous voyons encore n'a fait que remplacer l'ancien.
Il formait l'un des quatre côtés de la première cour, qui
se développait devant la façade principale du couvent. En
pénétrant par la porte principale qui correspond assez
exactement à celle de l'hospice, on avait, à sa droite,
dans le bâtiment indiqué, la cellule du suisse, le parloir,
les chambres du procureur et du cellérier, communiquant
avec la petite porte commune du monastère; surmontée

(1) WHITAKER, *History of Whalley*, p. 19.

d'une statue et ornée d'un perron assez élevé, cette petite
porte était pratiquée dans le pignon même donnant sur
la rue. A gauche, dans une construction parallèle, étaient,
les écuries, séparées de la cour par une petite muraille;
en face de la porte principale, un grand corps de bâtiment renfermait dans les étages supérieurs l'infirmerie,
au premier étage la salle des étrangers, et au rez-de-
chaussée le réfectoire des domestiques. M. Pr. Tarbé pense
que c'était dans les appartements perpendiculaires au
portail de l'église que se trouvait autrefois l'auditoire du
bailliage ou tribunal du Ban de Saint-Remi. Cette première
cour, au xive siècle, était appelée Salle de l'Abbé, ou Cour
abbatiale.

Derrière la façade principale, s'ouvrait, comme aujour-
d'hui, une deuxième cour carrée, renfermant le cloître
des religieux. La basse-nef septentrionale de l'église le
fermait d'un côté; trois grands corps-de-logis formaient
les trois autres faces de cette cour quadrangulaire. Suivant
l'usage, des galeries voûtées en formaient le tour ; sous
ses dalles et dans le préau, les religieux et parfois les
dignitaires de la maison recevaient la sépulture.

Les toits du couvent et ceux de l'église furent longtemps ornés de fleurs de lys, entremêlées de trèfles.
En 1628, l'archevêque cardinal de Lorraine, en querelle avec la cour, fit substituer les croix de Lorraine
aux fleurs de lys qui rappelaient la sauvegarde royale.
Cette protestation n'eut point de succès. Il fallut rétablir les choses dans leur premier état, et le plombier
qui n'avait fait qu'obéir à son Eminence, fut mis à
l'amende (1).

(1) V. M. Pr. TARBÉ, *Histoire des Rues de Reims*.

Dans le cloître on trouvait en face, en entrant, la porte du chapitre, percée dans un corps de bâtiments qui, adossé au transsept de l'église, se prolongeait jusque dans le jardin. La voûte était soutenue par des colonnes dont les chapiteaux historiés subsistent encore.

Au-dessus et dans les appartements qui s'étendaient dans le jardin, régnaient les dortoirs. Il y en avait un pour les novices et un pour les moines. Le feu y prit en 1098 et détruisit le monastère. Dans une niche, creusée au haut de l'escalier, une vierge en bois et une inscription sur parchemin rappelaient le sinistre et la reconstruction du couvent ; il avait été rebâti aux frais de Guy de La Trémouille qui revenait de la Terre-Sainte, où il avait secouru Godefroy de Bouillon (1). A gauche, dans les bâtiments parallèles à l'église, les celliers occupaient le rez-de-chaussée ; au dessus était le réfectoire des religieux, et la bibliothèque à l'étage supérieur. L'extrémité occidentale de ce même bâtiment, donnant sur la cour des écuries, renfermait la cuisine de l'infirmerie dans l'étage d'en haut ; au-dessous la cuisine commune, et au rez-de-chaussée la boulangerie.

Cette même partie de la maison fut encore incendiée en 1554. A cette époque Henri II était à Reims, et ses gens logeaient à l'abbaye ; comme le désastre pouvait être attribué à son entourage, il donna 24,000 livres pour y remédier. La reconnaissance des moines plaça son nom en divers lieux du monastère.

On remarquait encore dans ce cloître la chapelle de l'infirmerie, placée près du dortoir des malades, et une salle appelée autrefois *Auditorium*, où tous les religieux

(1) V. aux *Pièces justificatives*.

se livraient à la lecture et à l'étude. C'est là que furent transcrits, dorés et enluminés ces beaux manuscrits dont les bénédictins enrichirent Reims et le monde civilisé (1)... C'est là que furent sauvés du naufrage tous les chefs-d'œuvre de la littérature ancienne, le code des lois impériales, les essais de notre histoire, les monuments de la théologie chrétienne et les œuvres des SS. Pères ; en un mot, tous les éléments de la science moderne.

Derrière le cloître, près du chœur de l'église, dans une troisième cour irrégulière, plusieurs bâtiments donnant sur les jardins renfermaient le lavoir, les prisons, les classes et les chauffoirs ; de même, en deçà de grands bâtiments parallèles à l'église, d'autres constructions peu élevées étaient consacrées à serrer les grains ou servaient d'écuries.

C'est dans les vastes galeries du couvent que se faisaient les processions de la communauté, et la cérémonie antique du feu nouveau. Chaque habitant du bourg Saint-Remi venait chercher un charbon brûlant, le portait dans son foyer, et toute l'année on se gardait bien de laisser éteindre le feu bénit.

Le couvent avait été rebâti vers 1657, peu de temps après l'arrivée de la congrégation de Saint-Maur ; une partie du cloître fut réparée dans les premières années du XVIII° siècle. Toutes ces constructions cependant ne devaient pas avoir une longue durée ; elles devaient s'abîmer dans l'immense incendie qu'une fausse tradition, sans doute, attribua plus tard au jeune Talleyrand de Périgord, depuis si tristement célèbre comme évêque et même comme diplomate (2).

---

(1) Le polyptique fait souvent mention d'une redevance de *vermillon* dans les dîmes prélevées sur les tenanciers de l'abbaye.

(2) Cet incendie a été raconté par un témoin oculaire. V. aux *Pièces justificatives*.

Dans la nuit du 15 au 16 janvier 1774, vers dix heures du soir, des nuages de fumée, des étincelles sans nombre et des torrents de flammes annoncèrent à toute la ville que l'incendie dévorait encore une fois le vieux monastère.

Les bénédictins se dispersèrent dans les couvents voisins ; quelques-uns d'entre eux se logèrent dans les ruines de l'édifice pour que le service divin ne fût pas interrompu. Ils se hâtèrent de recueillir les débris de leurs trésors, la châsse de Saint-Remi, la sainte Ampoule que les religieux de Saint-Nicaise avaient abritée dans leurs églises.

Reconstruction de l'abbaye en 1774. — Duroche, architecte du roi, réédifia les bâtiments du monastère : on venait de les achever quand la révolution éclata. Nous retrouvons le long des murs du cloître quelques inscriptions funéraires, échappées à l'incendie ; on remarque encore, dans quelques-unes des pièces qui entourent le cloître, des arcades ogivales qui remontent peut-être au temps de Pierre de Celles (1).

Les bâtiments nouveaux sont remarquables par leurs belles proportions, la sagesse de leurs lignes et la noblesse de leur ensemble. Le cloître est vaste et les voûtes élevées laissent l'air du ciel et les rayons bienfaisants du soleil arriver sur les dalles. La façade du monument est ornée d'un fronton triangulaire orné de sculptures. Sur le devant de la cour était une porte fermée d'une belle grille

---

(1) Les archéologues verront avec intérêt certains chapiteaux surtout, dont les figures symboliques peuvent exercer la sagacité des interprètes du moyen-âge. Plusieurs nous ont paru désigner la prudence du serpent et la simplicité de la colombe, devise heureusement placée à l'entrée d'une salle destinée aux assemblées délibérantes.

de fer, surmontée des armes de l'abbaye et soutenue par deux piliers de pierres.

Sur la gauche, dans le cloître, s'élève un magnifique escalier qui conduit au premier étage. Des arcades, des colonnes décorent son entrée ; ses rampes en fer forgé sont riches d'ornements.

La bibliothèque fut placée dans une vaste galerie du rez-de-chaussée ; six croisées l'éclairaient ; elle avait cent quarante-quatre pieds de long ; vingt-quatre colonnes de bois sculpté marquaient les divisions où furent classés les livres. La belle boiserie de cette salle était l'œuvre de Blondel, artiste rémois. Il attachait tant d'importance à l'œuvre qu'on lui avait confiée, qu'il recommença, à ses frais et jusqu'à quatre fois, les sculptures qui lui semblaient imparfaites.

La façade du monastère fut précédée d'un perron sur lequel, en 1787, le duc et la duchesse d'Orléans se montrèrent au peuple qui les saluait de ses acclamations.

Quand les couvents furent fermés, celui de Saint-Remi subit le sort commun. On réunit dans la bibliothèque les livres qu'on trouva dans les maisons de Saint-Nicaise, des Minimes et des Carmes. La Ville, qui en devenait propriétaire, les laissa dans cette belle galerie pendant plusieurs années ; elle y réunit aussi des tableaux, des objets d'art dont les édifices religieux étaient alors dépouillés à son profit.

Pendant la révolution, le couvent servit de magasin militaire, de caserne et d'ambulance ; en 1814, les Russes y mirent leurs blessés ; en 1815, pendant les Cent-Jours, on y vit les Polonais au service de France.

Aux blessés étrangers avaient succédé les blessés français. Après nos désastres, ils remplissaient Reims, et l'on

fut heureux de leur ouvrir l'abbaye. On put dès lors
apprécier les avantages qu'offraient ses vastes salles, son
large cloître, ses jardins, sa position élevée. La chute de
l'ancien Hôtel-Dieu fut définitivement arrêtée. Les cir-
constances s'opposèrent encore à l'exécution des nouveaux
projets. Ce ne fut qu'en 1827 que la translation eut lieu.
Tout le matériel fut déménagé, remis en place, et, le 12
Juin, une longue suite de voitures partit de l'Hôtel-Dieu
pour Saint-Remi. La porte du couvent était ornée de
verts feuillages, et celle de la façade s'ouvrait au milieu
des guirlandes de fleurs.

La bibliothèque devint chapelle. On y plaça les orgues
et le pavé qu'avait renfermés l'oratoire de l'Hôtel-Dieu.
L'autel fut fait avec les marbres qui composaient le
piédestal de la statue de Louis XV, détruit en 1793.
Ainsi s'est éteint jusqu'au nom de l'archimonastère de
Saint-Remi (1).

(1) V. M Pr. TARBÉ, *Histoire des Rues de Reims*, auquel nous empruntons
une partie de cette description. V. aussi le plan de l'abbaye et l'incendie
aux *Pièces justificatives*.

CHAPITRE II.

Caractère de l'architecture byzantine secondaire, XIe *siècle.* — Lorsque l'an 1000, terme fatal assigné pour la fin du monde, eut donné son démenti aux vaines traditions populaires, une immense ardeur et une vive activité se réveillèrent dans tous les esprits. Le monde, se secouant, sembla, dit un auteur contemporain, se dépouiller de sa vieille enveloppe pour revêtir dans tous ses monuments sacrés comme une nouvelle parure : « Contigit in universo » pœne terrarum orbe, præcipue tamen in Italia et in » Galliis, innovari ecclesiarum basilicas, licet pleræque » decenter locatæ minime indiguissent... Erat enim instar, » ac si mundus ipse excutiendo semet, rejecta vetustate, » passim candidam ecclesiarum vestem induceret (1). » Aussi le XIe siècle fut remarquable par une véritable re-

(1) GALBRI RADULPHI. *Hist.*, l. III, cap. 4.

naissance en architecture. Une des causes principales de la rénovation doit être attribuée à l'influence byzantine. C'est surtout à partir du XIe siècle et dans le cours du XIIe, que les deux éléments grec et latin se combinèrent et s'unirent ensemble, de manière à donner naissance au style romano-byzantin proprement dit. Les communications de l'Orient et de l'Occident par les croisades, inauguraient ce nouveau mouvement de l'art dans toutes les parties de la France et de l'Europe. Toutefois il ne faut point oublier que les souvenirs de l'art antique exerçaient encore une action directe sur certaines constructions religieuses.

La nature des matériaux nous explique pourquoi l'art romano-byzantin fit des progrès plus notables dans certaines provinces que dans d'autres. Les monuments du centre de la France au XIe siècle sont en effet bien plus remarquables, sous le rapport de la sculpture et de l'ornementation, que ceux du Nord et de l'Ouest.

Le plan des églises subit une modification considérable. Les bas-côtés de la nef s'allongent de manière à tourner autour du sanctuaire et de l'abside. On établit alors des chapelles accessoires dans la région absidale.

L'orientation des églises semble une règle absolue. C'est à peine si l'on peut mentionner quelques faits qui en soient une violation. On remarque à cette époque une déviation sensible dans l'axe du plan.

L'aire du chœur fut quelquefois élevée au-dessus du niveau du pavé de la nef. On en voit un très remarquable exemple à l'église de Notre-Dame-de-la-Couture, au Mans.

Les colonnes se groupent d'une manière assez élégante dès le commencement du XIe siècle. On sent déjà que l'art est lancé dans une voie meilleure que celle qu'il a

suivie jusqu'à la fin du xᵉ siècle. Les chapiteaux des colonnes se couvrent de sculptures et fournissent un caractère
saillant pour la détermination de l'âge des édifices. Ils
sont historiés, c'est-à-dire ornés de bas-reliefs représentant
des scènes très variées, tirées soit de l'Ancien-Testament,
soit de l'Evangile, soit de la vie des Saints, soit de
la légende. On y rencontre parfois des monstres, des
griffons, des serpents enlacés et des chimères.

La corniche qui couronne les murailles extérieures, ne
présente pas un profil de moulures bien remarquable,
mais elle s'appuie sur des modillons fort curieux.

Les arcades, et généralement tous les cintres, gardent
même au xiiᵉ siècle la forme caractéristique de la période
romano-byzantine, c'est-à-dire le plein-cintre. On distingue
aussi quelquefois l'arc surbaissé ou en anse de panier,
l'arc outrepassé ou l'arc en fer à cheval.

Les fenêtres sont rares dans les édifices du xiᵉ siècle,
et ordinairement elles sont de petite dimension. Ce n'est
que l'emploi des vitraux de couleur qui a permis de faire
des fenêtres largement ouvertes et de les multiplier. La
baie extérieure de ces fenêtres est formée de claveaux ou
de pierres cunéiformes, très régulièrement taillées et très
artistement appareillées ; parfois elle est accompagnée de
deux colonnettes et surmontée d'une archivolte. A cette
époque on voit apparaître les fenêtres géminées, c'est-à-
dire, deux fenêtres accolées et quelquefois couronnées
d'une ouverture ronde, en œil-de-bœuf.

Les portes sont la partie privilégiée des sculpteurs.
Depuis le xiᵉ siècle jusqu'au xviᵉ, nous les voyons se
charger d'ornements variés et nombreux.

Les voûtes à plein-cintre étaient difficiles à bâtir et
surtout à maintenir dans un état de solidité. Aussi la

plupart des voûtes du xie siècle, élevées sur les nefs principales, sont-elles en fort mauvais état de conservation,
quand elles ont pu arriver jusqu'à nos jours.

Les voûtes en coupole s'élèvent, dans plusieurs églises
du xie siècle, au-dessus de l'intertranssept. L'introduction
de cette espèce de voûtes, dont nous rencontrons de
nombreuses applications dans les églises du xie siècle et
du xiie, est un fait de grande importance dans l'histoire
de l'architecture du Moyen-âge. Il suffirait seul pour
justifier la dénomination de romano-byzantine, donnée à
l'architecture qui a présidé à l'érection de ces monuments.

Les tours, construites primitivement dans un but d'utilité pour recevoir les cloches, se multiplièrent ensuite
uniquement pour le coup-d'œil, la magnificence et la
régularité du plan. Où une seule tour eût suffi, on en
plaça jusqu'à trois; deux, ordinairement très grandes, de
chaque côté du portail principal; la troisième, plus légère, sur le centre du transsept. Elles étaient rarement
surmontées de flèches ou de pyramides.

Les ornements les plus usités sur les édifices du xi^e
siècle sont: les chevrons brisés, les étoiles, les chevrons
opposés, les méandres ou frètes, les losanges en chaînes,
les tores coupés, les pointes de diamant, les câbles, les
torsades, le damier, les têtes plates, les têtes saillantes.

Quant aux moyens de construction, ils varient selon les
diverses provinces et les traditions des différentes écoles
d'architecture.

Les guerres des Sarrasins, les invasions des Normands,
les luttes particulières des seigneurs pendant le viiie et le
ixe siècle, avaient jeté les communautés religieuses dans
un relâchement inévitable. Un grand nombre de monastères avaient été pillés, les religieux avaient été

chassés avec violence ou s'étaient retirés par crainte ;
en un mot, l'état monastique s'affaiblissait en France,
quand le pieux Bernon, premier abbé de Cluny, entreprit
de réunir ces brebis dispersées et de les soumettre de
nouveau à la discipline de leur saint fondateur. Trente
ans plus tard, en 940, saint Odon continua cette réforme,
et tous les monastères de France reconnurent saint Benoît
pour leur père commun. Aussi quand Hugues-Capet donna
de son lit de mort ses derniers avis à Robert, son fils,
qui allait lui succéder, il lui adressa ces paroles : « Je
» t'adjure..... de ne point écouter les vœux ambitieux
» des flatteurs, en leur faisant un don funeste de ces
» abbayes dont je te confie la protection pour toujours ;
» je te souhaite également qu'il ne t'arrive point, con-
» duit par la légèreté d'esprit ou ému par la colère, de
» distraire ou enlever quelque chose de leurs biens;
» mais je te recommande surtout de veiller à ce que,
» pour aucune raison, tu ne déplaises jamais à leur com-
» mun chef, le grand saint Benoît, etc. » (HELGAUD, *Vie
du roi Robert.*)

Jusque vers la fin du XIe siècle, nous ne devons donc
reconnaître qu'une seule école en Occident, l'école bénédictine dont, pour la France, Cluny devint le centre. « Les
» moines, dit M. de Montalembert, préparaient et an-
» nonçaient, dans leurs innombrables travaux d'art, l'avé-
» nement de cette perfection de l'art catholique qui a
» régné du XIIe au XVe siècles... Saint-Gall en Allemagne,
» le Mont-Cassin en Italie, Cluny en France, furent,
» pendant plusieurs siècles, les métropoles de l'art chré-
» tien. Plus tard, Saint-Denis, sous l'abbé Suger, leur
» disputa cet honneur. A l'ombre de son immense église,
» la plus grande de la chrétienté, Cluny, avec les innom-

» brables abbayes qui relevaient d'elle, formait comme
» un vaste foyer, où tous les arts recevaient ce dévelop-
» pement prodigieux qui devait attirer les reproches
» exagérés de saint Bernard (1). »

Cette pensée du noble écrivain nous paraît la seule
vraie, la seule incontestable. Déjà, avant lui, M. de
Caumont et M. l'abbé Bourassé l'avaient émise, mais
sans lui donner aucun développement. Leurs écoles pro-
vinciales effacent en quelque sorte l'école monacale :
« Plusieurs monastères, dit M. Bourassé, formèrent des
» écoles d'architecture, célèbres pendant tout le moyen-
» âge (2). » Le savant directeur de la Société française
est plus explicite encore : « Si les abbayes, dit-il,
» pouvaient être considérées comme des écoles où se
» perpétuaient les traditions relatives aux arts et aux
» sciences, il y avait aussi hors des cloîtres des ouvriers
» habiles, qui travaillaient sous la direction des évêques
» et des moines architectes (3). » Ces évêques, dont la
plupart étaient tirés des monastères, et ces moines architectes, tout en employant des ouvriers laïcs, ne s'écartaient
pas des principes de l'école monacale, puisque les travaux
s'exécutaient sous leur direction.

Cependant une grande révolution devait s'opérer dans l'architecture. Les reproches hyperboliques de saint Bernard ne
laissaient pas que d'avoir quelque fondement ; Cluny s'était
éloigné insensiblement de sa simplicité primitive et de son
ancienne ferveur ; sa prospérité toujours croissante et ses
immenses richesses avaient établi parmi ses religieux un

(1) *Annales archéologiques*, t. vi, iii⁰ liv., l'art et les moines.
(2) *Archéologie chrétienne*.
(3) *Histoire de l'Architecture religieuse au moyen-âge*, p. 99.

relâchement qui rendait une réforme nécessaire ; c'est ce
qui donna naissance aux nouveaux ordres qu'on vit surgir
à la fin du XIᵉ siècle et pendant le cours du XIIᵉ.

La grande famille de Saint-Benoît se divisa : les uns se
contentèrent de la règle mitigée de Cluny, les autres se
rapprochèrent le plus possible des saintes prescriptions de
leur fondateur ; Citeaux surtout qui, sous saint Bernard,
parvint au plus haut degré de perfection, marcha en
tête de cette réforme.

Le saint abbé lutta avec énergie contre le luxe immodéré
des moines de Cluny, et condamna les excessives dépenses
qu'ils faisaient dans la construction et dans l'ornementation de leurs églises. Sa voix puissante eut du retentis-
sement, et ce fut lui, peut-être, qui prépara la noble et
élégante simplicité qui devait, au siècle suivant, succéder
à la luxuriante ornementation du XIIᵉ siècle.

Ces considérations générales une fois établies, il est
facile d'en trouver l'application dans l'église que nous
allons décrire.

L'Eglise de Saint-Remi telle qu'elle était autrefois. —
Pour mieux juger de la splendeur de cette église telle que
l'avait faite la piété de nos pères, entrons-y par la pensée
quand elle était encore parée de toutes ses richesses.
Jetons d'abord un coup d'œil rapide sur l'extérieur. Là
haut sur le transsept s'élève un clocher gracieux, dont
les formes aériennes se dessinent dans l'azur des cieux.
Ici le portail splendide de Robert de Lenoncourt, avec ses
dentelles de sculpture : des anges s'échelonnent sur les
arêtes du pignon, comme pour chanter de plus près le
triomphe de Marie sculpté sur le fronton, au-dessus de
la verrière. Si nous avançons vers le grand-portail, à

gauche se dressent les murs de la célèbre abbaye, dont l'écho redit encore et les richesses si enviées, et la science, et la piété, transmises dans une multitude de monuments impérissables. Entrons dans la basilique par le grand-portail. Quelle magnificence !! Cent vingt fenêtres, deux rosaces et une autre fenêtre gigantesque, celle de Lenoncourt, versent à torrents la lumière dans toute l'étendue de cette immense basilique. Ces profondes galeries, ces larges travées, ces longs et mystérieux bas-côtés, cette nef si simple et si grandiose, cette abside avec toutes ses magnificences, cette forêt de colonnes, cette double galerie, cette triple rangée de fenêtres qui la termine, toute cette ravissante perspective saisit l'âme en entrant et la transporte. Ici d'abord la rose du grand-portail avec ses ravissantes verrières. Dans la fenêtre du milieu, au-dessous de la rosace, la *Sainte Vierge;* à ses pieds, écrites sur le verre, toutes les paroles de l'*Ave Maria*. Saint. Clément, pape, Clovis et Clotilde, quelques autres figures complètent cette décoration du portail. Dans la rose septentrionale, relevée par Philippe du Bec et Louis de Lorraine, même richesse de décoration : au centre le baptême de Clovis; dans les extrémités des rayons, sur la circonférence, les comtes de Champagne, de Bourgogne, de Laon, de Guyenne et le duc de Normandie. Vis-à-vis, sur la grande fenêtre méridionale, les quatre Evangélistes, Jésus-Christ au centre; et au sommet les armoiries de cette noble famille de Lenoncourt. Dans la double rangée de verrières qui décorent le haut de l'abside, des rois, des reines, des patriarches, des prophètes, des apôtres, des archevêques de Reims, la Vierge et sa sainte famille, enfin au milieu Jésus-Christ consommant sur la croix son divin sacrifice. Admirons en passant les sept chapelles

de l'abside, et les vingt autels du rez-de-chaussée, dont
deux sont placés sous les galeries supérieures et deux
sous le Jubé.

Entrons par ce jubé dans le chœur : une élégante porte
de fer s'ouvre devant nous ; ici, de chaque côté, les autels
de Sainte-Croix et de Marie-Madeleine, tous deux ornés de
gracieuses sculptures et de statues. Quelle richesse accu-
mulée dans ce chœur où psalmodie la voix mâle et sonore
des religieux. Les voyez-vous rangés, dans leur costume si
ample et si sévère, sur ces deux longues rangées de stalles
qu'abritent de l'air les belles tapisseries de Lenoncourt ?
Quelles belles proportions, quelle délicatesse de travail, et
avec quel éclat ces sculptures si variées des stalles se
trouvent relevées par l'or et par la peinture ! Maintenant un
regard à terre ; quelle scène magnifique se déroule à nos
pieds. Des pierres aux mille nuances, le jaspe, le porphyre
dessinent dans les plus riches compartiments les images les
plus variées. C'est David jouant de la harpe, ce sont les
prophètes, les apôtres, les évangélistes planant autour de
saint Jérôme ; plus loin, c'est le paradis terrestre, avec ses
quatre fleuves symbolisés, c'est la terre et l'océan ; ce sont
les quatre saisons de l'année, les sciences et les arts, les
constellations célestes et les signes du zodiaque, enfin
Moïse et les vertus cardinales. Tout cela, dans la pensée
de l'artiste, devait former comme une vaste épopée des
sciences divines et humaines, dont les enfants de saint
Benoît étaient les plus nobles représentants. En avant,
vers l'autel, une nouvelle mosaïque de marbre représente
le sacrifice d'Abraham, l'échelle de Jacob et diverses
scènes de l'Ancien-Testament. Au-dessus de l'aigle, l'un
des plus beaux de toute la France, est suspendue la couronne placée sans doute par Odon de Cluny. Elle est de

fer et de cuivre doré, travaillée avec un art infini ; flanquée de douze tourelles, sa circonférence, qui imite assez bien l'enceinte d'une ville fortifiée, porte sur ses quatre-vingt-seize petits chandeliers autant de cierges qui rappellent sans doute par leur nombre les quatre-vingt-seize années de la vie brillante de saint Remi. Avant de monter dans le sanctuaire, n'oublions point ce candélabre de Frédéronne, placé sur les degrés qui séparent le chœur du sanctuaire. Il a 6 mètres de hauteur sur 5 mètres de largeur dans son plus grand écartement. Sa tige et ses branches, qui ressemblent à l'or le plus fin, reposent sur un socle à figures fantastiques, dont le travail surpasse infiniment la matière. Approchons de l'autel : ici, de chaque côté, sur les degrés du sanctuaire, ces deux statues peintes et parfaitement sculptées, sont celles de Louis IV et de Lothaire; Louis d'Outre-Mer est celui que vous voyez assis sur un trône, près de son tombeau, placé à droite de l'autel ; un bandeau ceint sa tête et il tient un sceptre à la main.

Derrière le grand-autel s'élève un rétable de forme pyramidale, avec ses trois étages percés à jour, afin de ne masquer ni l'abside, ni le tombeau. Le devant de cet autel est d'or pur, orné de bas-reliefs et enrichi de pierres précieuses; au centre, le Sauveur du monde, assis sur un trône, reçoit les hommages des archevêques de Reims, Foulques et Hérivée, à la munificence desquels l'église de Saint-Remi était redevable de cet autel. Les deux côtés, qui étaient en vermeil, ont été vendus en 1568 pour payer la rançon de François Ier. Deux tableaux en broderies d'or et d'argent, des reliquaires d'une grande richesse s'étagent sur l'autel, et une grande croix enrichie d'or, de rubis, de perles et de saphirs, couronne la pyramide. Aux deux côtés de l'autel, dans l'enceinte du sanctuaire, se trouvent deux petits monuments en forme de retable. L'un représente le baptême de Jésus-Christ, celui de Constantin et celui de Clovis, l'autre vis-à-vis est le trésor ; vous y remarquerez un bas-relief d'argent doré, représentant la résurrection de Jésus-Christ, des évangéliaires, des vases sacrés, etc. Maintenant, sans sortir du sanctuaire, admirons en passant les deux portiques et la clôture, d'un style peu en rapport avec l'édifice, mais cependant élégante et gracieuse. Venons enfin au tombeau de saint Remi, élevé par Robert de Lenoncourt, cardinal et abbé de Saint-Remi. Ces colonnes corinthiennes, ces statues enfermées dans leur niche de marbre, ce bas-relief d'argent qui orne la corniche, son double étage avec ses riches médaillons reproduisant la *vie de saint Remi,* toute cette parure de marbre de porphyre, d'or et d'argent, où se jouent les rubis, les saphirs, les diamants, les émeraudes, les perles et les grenats, tout cet ensemble de richesses vous séduit et vous enchante (1). La châsse n'est que la reproduction en petit de toutes les parties du tombeau ; seulement des colonnes torses ornées de feuillages établissaient une séparation entre les statues. Sur une des faces étaient représentés le baptême de Clovis et l'apparition de la colombe miraculeuse ; la sainte Ampoule est éblouissante de pierreries.

L'autel qui est ici, derrière le tombeau, est dû à la libéralité de la marquise de Rothelin, qui l'a fait ériger en 1673. Cette grande clôture de pierre et de marbre qui entoure le tombeau, avec ses fuseaux de cuivre, quoique moderne, ne s'harmonise pas mal avec l'architecture qui l'entoure.

(1) Voir aux *Pièces justificatives*

Les sept chapelles qui terminent cette belle partie de l'église, ne sont pas un de ses moindres ornements. La plus belle, celle du milieu, est dédiée à la Très-Sainte Vierge ; elles ont été presque toutes décorées par les religieux et mises dans un état complet de restauration en 1755. Celle de Saint-Gibrien a été utilisée pour une sacristie en 1760.

Les orgues, renouvelées en 1669, passent pour les meilleures de France.

Il serait trop long de décrire, ou même de donner le simple inventaire de toutes les richesses accumulées dans le trésor de Saint-Remi. Qu'il nous suffise de citer le magnifique reliquaire de la Sainte-Ampoule, son beau calice du XIIIe siècle, ses reliquaires émaillés, ses croix, ses candélabres, ses aiguières, ses ciboires d'or et d'argent, etc., etc. Après cette vue d'ensemble, entrons dans les détails de la partie extérieure et intérieure de l'église.

§ Ier.

Partie extérieure.

Grand portail. — Arrêtons-nous d'abord devant ce portail qui, malgré ses restaurations, conserve assez bien son cachet primitif. Son aspect est grave comme le front d'un anachorète, et semble, par son austérité même, inviter à la méditation et à la prière. Il présente trois entrées, dont la principale offre 3 mètres de large, et les deux autres environ 2 mètres seulement. L'ensemble présente plus de 30 mètres de largeur et 40 de hauteur, ce qui donne avec les flèches 56 mètres d'élévation.

Deux colonnes en granit décorent l'ouverture principale. L'ornementation, sobre et réservée, porte dans son ensemble l'empreinte du xiie siècle (1). Mais ce qui sollicite l'attention avec plus de force, ce sont des colonnes engagées et des pilastres dont le fût est creusé de cannelures. La première question qui se présente à l'esprit, c'est de savoir si ces cannelures sont un travail antique ou une opération récente; nous inclinons à croire qu'elles appartiennent à l'œuvre du xiie siècle. Dans un grand nombre d'églises de la Bourgogne et du Nivernais, on rencontre souvent les colonnes et les pilastres ornés de cannelures. Sans doute qu'à Reims, comme en Bourgogne, ce système aura été adopté par l'imitation de monuments plus anciens. Tous les antiquaires, en effet, admettent que les pilastres cannelés de la cathédrale d'Autun, par exemple, sont une copie des pilastres également cannelés qui ornent l'arc romain de la porte d'Aron et de Saint-André. Pourquoi donc, à Saint-Remi, n'aurait-on pas cherché à reproduire des formes semblables, admises dans quelques monuments de l'époque gallo-romaine? Les deux autres colonnes qui encadrent la porte principale sont remarquables sous un autre rapport: elles sont composées en partie de morceaux de marbre et de granit de dimensions et de nuances diverses; ces fragments sont sans doute quelques débris de nos premières églises, enrichies des dépouilles des temples païens, des villas romaines et des palais impériaux ou proconsulaires.

Au sommet de ces colonnes sont les statues de saint Pierre et de saint Remi. Leur taille svelte et élancée, leurs épaules étroites, la raideur de leur maintien, décèlent

(1) Voir la *Partie historique*.

l'école byzantine. Ce sont les seules figures qui décorent le portail. Les trois perrons à rampes de pierre qui y conduisaient, ont été malheureusement remplacés par un seul escalier.

Dans les piliers de la porte principale étaient incrustées deux pierres qui portaient, dit-on, l'empreinte des pas de saint Remi. Elles provenaient de l'ancien escalier de l'église Saint-Nicaise.

Au pignon imposant qui s'alliait si bien aux deux flèches du portail, on avait, il y a quelques années, substitué une croupe plate et écrasée. Cette construction, d'assez mauvais goût, a été remplacée par une autre qui rappelle mieux l'ancien pignon de l'édifice, dégagé des tours. A gauche et à droite de la porte centrale s'ouvre une verrière longue et ogivale, s'élevant à la même hauteur que son arcade. Au-dessus des trois portes règne une rangée de cinq fenêtres de différentes grandeurs.

Au-dessus de toutes ces verrières s'étend une double galerie moderne, dont une partie des arcades ogivales n'était primitivement que sculptée en relief sur la pierre. Elle est accompagnée d'une rosace, dont les rayons, d'abord réparés en fonte, ont été dernièrement remplacés par la pierre. De riches vitraux, bien autrement beaux que ceux d'aujourd'hui, répandaient autrefois sur la basilique leurs teintes mystérieuses. Ni la galerie qui domine le fronton, ni les trois petites ouvertures voisines, en forme de rose, n'existaient sur l'ancien portail; les armes de l'abbaye dominaient la rosace. Toute cette fraction du portail qui s'élève, à partir de l'ogive des fenêtres du premier étage jusqu'à la croix du pignon, ainsi que la tour méridionale, tout cela appartient aux restaurations contemporaines.

Tours et flèches. — Le portail s'élève entre deux tours.
Les baies qui les éclairent à l'intérieur varient de largeur
et de nombre ; mais toutes rappellent l'architecture romane. Le plein-cintre qui les caractérise, les sculptures
qui les décorent, leur donnent le cachet de la transition
de la période byzantine. Douze cloches, avant la révolution, faisaient retentir ces tours de leurs voix ar-
gentines. Les terroristes qui préféraient le son de la
monnaie, n'y laissèrent que la plus grosse pour sonner
l'heure du travail et celle du couvre-feu. En les exami-
nant avec attention, on trouve, entre l'une et l'autre
tour, de grandes dissemblances de style. La tour méridionale, entièrement conservée, présente bien tous les
caractères du xiᵉ siècle. Les deux étages inférieurs sont
à peine percés par des espèces de meurtrières qui éclairent
furtivement des escaliers en voûte rampante. L'angle extérieur est renforcé sur une de ses faces seulement, d'une
apparence de contreforts. Sur les deux étages supérieurs,
destinés à recevoir la sonnerie, s'ouvrent des arcatures à
plein-cintre ornés de colonnes grossières ; des bandeaux,
des corniches presque imperceptibles divisent ces différents
étages ; ni moulures, ni sculptures, rien n'en fait vivre la
froide nudité. La tour du côté septentrional au contraire
était beaucoup plus que l'autre chargée d'ornements dans
sa partie supérieure ; il est à présumer qu'elle n'a pas été
terminée à la même époque. Ses divisions étaient les mêmes
que celles de la tour méridionale ; mais une main plus
habile avait réalisé les conceptions d'une époque plus fé-
conde. La restauration complète de cette tour a essayé
d'en régulariser les proportions. Une ignoble maçonnerie
lia quelque temps ces deux tours au portail, un peu au-
dessous des combles qui, dans leur origine, en étaient

séparés. M. Durand voulut les dégager. La commission n'admit point ce changement ; mais lorsqu'on eut réalisé son triste projet, on s'aperçut de ses inconvénients ; aussi l'idée de M. Durand a-t-elle été remise à exécution, le jour où M. Brunette put relever la tour du nord et reprendre la construction de toute la partie supérieure du portail.

Des deux tours quadrangulaires s'élancent deux flèches octogones, accompagnées de clochetons ; elles complètent d'une manière assez harmonieuse les constructions intermédiaires et tout l'ensemble du grand portail. En comparant, sur le dessin que nous donnons de l'abbaye, les restaurations récentes avec ce qui subsistait à l'époque de l'incendie, on jugera mieux la différence.

Murs et contreforts. — L'extérieur de l'église n'a point en général beaucoup de mouvement. Les formes principales sont monotones et peu variées. A part les trois portails, de grands murs simples et sans ornements, soutenus par d'immenses contreforts d'une architecture grandiose, mais sévère, telle est la seule décoration extérieure de cette église dont on peut dire comme de la fille du grand Roi : *Omnis gloria filiæ Regis ab intus ;* c'est dans son intérieur que réside toute sa gloire.

Les façades latérales surtout se font remarquer par une grande nudité ; la nature des matériaux et la forme des ouvertures les reportent immédiatement à la première période du style roman. Une corniche à modillons très simples règne seulement au sommet des murs et forme la saillie d'une toiture sans chéneau.

Il faut cependant mentionner, comme assez curieux, les contreforts cylindriques, à demi engagés dans les murs bâtis par Hérimar ; aujourd'hui ils sont indignement tronqués pour prêter une place à des barres de fer. Des arcs-boutants semblent de leurs bras gigantesques soutenir la muraille ; il faut très probablement les attribuer à Pierre de Celles, qui en avait besoin pour obvier à la pression de sa nouvelle voûte en pierre ; ils étaient en effet destinés à augmenter la force de résistance qu'opposaient imparfaitement les anciens contreforts cylindriques.

Avant la suppression des ouvertures encore figurées, qui donnaient sur le cloître, cent vingt fenêtres, grandes et petites, deux rosaces et la grande fenêtre du portail méridional, versaient la lumière dans cette vaste basilique.

Rien de plus varié que l'aspect extérieur de toutes ces fenêtres qui semblent être comme une mosaïque de tout ce que l'architecture peut enfanter en ce genre. Sur les deux tours principales s'ouvrent trois rangées superposées de fenêtres à plein-cintre, dans le style roman. Les constructions intermédiaires nous donnent le specimen de la transition du roman à la période ogivale. La nef étale à l'extérieur, sur sa muraille dénudée, des ouvertures cintrées et peu larges qui accusent toute la sévérité de l'art au xie siècle. Des fenêtres rondes viennent achever de projeter sur les nervures et dans les arceaux de la voûte de Pierre de Celles, le jour que les autres semblaient leur accorder avec parcimonie. Sur le portail méridional apparaît la fenêtre gigantesque du xve siècle, aux flammes ondoyantes, aux nervures et aux meneaux prismatiques. Enfin l'abside, véritable découpure de pierre avec sa triple rangée de fenêtres ogivales, accuse bien, comme certaines ouvertures du portail occidental, la fin du xiie siècle.

Transsept. — Outre les deux belles tours romanes qui encadrent le grand portail, on voyait encore, en 1825, dressée sur la croix du transsept, une gracieuse flèche toute svelte et toute aérienne, qui couronnait admirablement l'édifice. Elevé par l'abbé Jean Canart, au xive siècle, cet élégant campanile dissimulait habilement la différence de hauteur qui existe entre la toiture du chœur et celle de la nef. D'après le dessin que nous en avons donné, on voit que la flèche polygone reposait sur une espèce de tour carrée, dont chaque côté, percé d'une double rangée de fenêtres ogivales, était couronné par une galerie à jour. Cette tour formait comme le soubassement de la flèche qui, entourée de ses quatre clochetons, dominait de sa hauteur, même les clochers du portail. Espérons qu'une bonne âme voudra un jour relever l'œuvre si regrettable de Jean Canart. Erostrate s'est immortalisé en brûlant le temple de Delphes, ne serait-il pas mieux de fixer son nom à la flèche qu'attend avec impatience l'église abbatiale de Saint-Remi ? Chaque volée de sons harmonieux qui de la flèche restaurée se perdrait dans les airs, serait comme une hymne de reconnaissance qui porterait le nom du bienfaiteur jusqu'au trône de Dieu.

Portails latéraux. — Deux autres portails terminent aussi les extrémités du transsept, l'un au nord, l'autre au midi.

Les bâtiments de l'abbaye masquent une partie du portail septentrional. A son sommet est la rosace, relevée en 1602 par Philippe du Bec, et achevée en 1610 par Louis de Lorraine, son successeur. Elle est divisée en vingt-quatre branches, six grandes et dix-huit moyennes. Cette rose, dégradée par l'incendie de 1774 et par le vandalisme de 1793, attend une restauration.

La partie méridionale du transsept porte, éminemment visibles, les caractères de la troisième période du style ogival. La fenêtre flamboyante qui l'éclaire, est belle de forme et remarquable d'exécution. Les meneaux à nervures prismatiques, leur épanouissement en figures contournées sont élégamment conduits en réseau. L'œil le moins exercé ne saurait y méconnaître l'œuvre du xve siècle. Ce portail, dont le pignon a plus de 34 mètres de hauteur, sans y comprendre la statue de l'archange qui le domine, n'offre qu'une seule entrée, séparée en deux parties par un meneau.

Ce travail, dû à l'archevêque Robert de Lenoncourt, mérite de fixer l'attention par ses ornements et par son ensemble plein de grâce et d'harmonie. Malgré quelques mutilations, les statues sont encore dignes d'attirer le regard de l'artiste ; nous devons spécialement signaler une statue de la Sainte Vierge, au centre.

« Autour de la porte, écrit M. Pr. Tarbé, du bas en haut, s'élancent des ceps de vigne ; les feuilles sont sculptées avec art et se détachent de la pierre ; des oiseaux, des insectes sautillent et grimpent au milieu des fleurs et des fruits. Cette sculpture, qui regarde les côteaux de Sillery, n'est peut-être pas sans allusion aux vendanges de nos montagnes. La partie supérieure de l'arcade est occupée par des groupes de statuettes représentant la *Passion* ; ils sont placés dans des niches qui suivent la ligne courbe de l'arcade. Ciselées en relief avec une extrême délicatesse, elles paraissent une dentelle de pierre. Les petits personnages se détachent en saillie ; l'air passe au milieu d'eux. Les sujets sont au nombre de dix-huit. » On distingue *Jésus*

enchaîné, attaché à la colonne, couronné d'épines, mar-
chant au Calvaire, crucifié, descendu de la croix et
ressuscitant. Le huitième groupe représente le *Jugement*
dernier, ou peut-être mieux, la *descente de Jésus-Christ*
aux enfers.

« Les figurines, sous le rapport de l'art plastique, rivalisent presque avec celles qui décorent la cathédrale. Les
statuettes sont pleines d'originalité, elles ont du mouvement, la pierre disparaît sous le ciseau vivifiant de l'artiste.
Il faudrait une main habile pour leur rendre les mille
détails que le temps et les révolutions leur ont enlevés.
Les groupes inférieurs, par le rang qu'ils occupent,
portent sur des colonnettes indignement mutilées ; à leur
base étaient des figures accroupies, peut-être grotesques.
De nos jours, l'imagination a peine à les reconstruire
telles qu'elles devaient être. »

La porte est séparée en deux par un pied-droit sur lequel s'appuie une statue de la Vierge au-dessus de celle
de saint Remi : le piédestal et les côtés de la colonne sont
couverts de sculptures semblables à celle de l'arcade ;
il n'en reste que les débris presque méconnaissables.

Au-dessus de ce portail s'élance une large et haute verrière. Elle a la forme d'une arcade ogivale. De sa base partent
de nombreuses et légères colonnettes de pierre, qui finissent
par se croiser et former un élégant réseau flamboyant.

Au fronton du portail est représentée l'*Assomption de la*
Vierge ; au sommet, *Dieu et Jésus-Christ*, entourés d'anges,
occupent deux trônes, et semblent réserver celui du centre
à la *Vierge qui monte au ciel.* Des anges la soutiennent et
l'enlèvent à la terre ; d'autres, s'échelonnant sur les arêtes
du pignon, jouent de divers instruments, comme pour
chanter le triomphe de Marie.

Au sommet du fronton , se tient debout *saint Michel*,
terrassant le démon. Ces belles et curieuses sculptures
n'ont pu échapper à l'action du temps ; elles viennent
d'être habilement restaurées par M. Wendling.

Six contre-forts soutiennent ce portail, de face et de côté.
Terminés en clochetons aigus et fleuris, ils renfermaient
chacun dans leur partie inférieure une statue plus grande
que nature ; l'une d'elles gênait pour l'établissement d'un
réverbère élevé par la ville ; elle a été supprimée sans
qu'on ait pu jusqu'à ce jour la retrouver. Les quatre autres
sont dignes d'intérêt. Elles sont sculptées avec soin et finies
autant que l'art le permettait à la fin du xvᵉ siècle. Trois
d'entre elles représentent *saint Montan* ou peut être *saint
Bâle*, *saint Christophe* et *saint Benoît*. Vers la gauche, à
l'extrémité , on remarque une statue de sainte qui ne
manque ni de grâce , ni de mérite , et dont les attributs
paraissent désigner *sainte Barbe*.

Chevet ou extérieur de l'abside. — Toute la partie supérieure de l'église, depuis le transsept, présente bien à
l'extérieur le cachet particulier de la fin du xiiᵉ siècle.
On y reconnaît parfaitement l'aurore de cet âge merveilleux
qui devait faire jaillir bientôt du même sol la féerique
cathédrale de Reims. Mais Pierre de Celles, en jetant dans
l'espace ces voûtes immenses, était économe de sa pierre,
ou peut-être simplement respectueux pour l'œuvre d'Hérimar. On retrouve, en effet, au dehors de l'abside , les
contre-forts coniques et les colonnes cannelées de l'architecture romane du xiᵉ siècle. De même, à la partie supérieure des deux bras du transsept, on remarque encore
une petite rotonde ou chapelle demi-circulaire, antérieure
aux constructions ogivales. Des demi-colonnes servent de

11

contre-forts, la frise, en forme de damier, rappelle bien
la sculpture romane. Enfin, près du portail de Robert de
Lenoncourt, existe une petite chapelle presque imperceptible, remarquable par sa toiture en forme de demi-cône,
par sa petite fenêtre qui jette à peine un jour furtif à
l'intérieur. Comme elle ne se lie nullement au reste de
l'église, et qu'elle est certainement plus ancienne que
l'œuvre de Pierre de. Celles, il est à présumer qu'elle
appartient à l'église d'Hérimar; les chapiteaux de ses colonnes sont de nature à lui donner ce cachet de haute
antiquité.

§ II.

Intérieur de l'église.

Plan. — Pénétrons maintenant dans l'intérieur de
l'église, et admirons d'abord le plan de cette riche architecture. L'église de Saint-Remi a la forme d'une croix latine; elle se compose d'une nef allongée, d'un transsept
et d'une abside. Elle a 120 mètres de longueur, du portail
à l'extrémité de la chapelle de la Vierge. La nef porte
d'axe en axe des piliers 14 mètres, et 28 mètres en y
comprenant les bas-côtés. Les transsepts, d'un portail à
l'autre, offrent 56 mètres de long, et 18 mètres de large
en y comprenant les bas-côtés. La nef présente douze
travées, avec bas-côtés. Le portail qui précède, est muni
de deux tours placées à ses extrémités, et sur des dimensions moindres que celles des bas-côtés. Il est facile de
remarquer sur le plan les traces évidentes d'un projet
primitif qui donnait aux fondations de chacune de ces
tours une étendue quadruple de celle qu'elles possèdent

aujourd'hui. Ce dessin est accusé par le deuxième pilier de chaque côté de la nef, qui présente une disposition analogue à la partie correspondante de *Notre-Dame de Paris*. On observera que la base des piliers diffère quelque peu de contours , par suite d'adjonctions diverses à des époques différentes. Les contre-forts n'apparaissent que de deux en deux travées. La croisée du transsept est accusée par quatre piliers majeurs ; l'examen des piliers du transsept insinuerait assez qu'un changement de plan a été introduit dans la partie orientale et occidentale du transsept ; ils offrent des bases ici carrées et là circulaires, sans correspondance, et à des distances inégales. Des bas-côtés accompagnent les transsepts ; ceux qui sont contigus à l'abside présentent des chapelles circulaires de construction très ancienne. A l'extrémité du transsept méridional se dessine le plan d'un portail muni de son escalier.

L'abside se compose de trois travées jusqu'à la naissance de la charolle ; elles sont accompagnées chacune d'un double bas-côté. Au delà s'ouvrent les cinq travées de la charolle, auxquelles correspondent cinq chapelles absidales qui offrent 7 mètres d'ouverture.

Grand portail intérieur. — L'intérieur du grand portail n'a guère de remarquable que la singulière disposition de son architecture. Des colonnes à jour et assez légères se détachant devant les verrières du premier étage, forment une galerie qui donne passage entre les tribunes supérieures. A droite et à gauche de la porte principale se dressent deux autres colonnes, dont la fonction est de supporter les galeries du premier étage. Elles sont formées de deux fragments de granit qui ont dû appartenir à des constructions antérieures. La difficulté de réunir deux monolithes a permis au génie pratique des architectes du XIIe siècle de se manifester d'une manière originale , en imaginant une bague en pierre saillante et vigoureusement moulurée , qui réunit les deux fragments de diamètres différents. La base repose sur un large socle qui indique bien l'importante destination de ces colonnes. Les chapiteaux sont en parfaite harmonie avec le reste de la composition ; ils s'évasent en corbeille aux linéaments délicats et énergiques, supportant l'agglomération des nervures et des colonnettes qui les surmontent.

Nef. — La voûte de la nef est peut-être la partie de l'édifice qui excite le plus d'étonnement, par sa hardiesse et ses vastes proportions. Elle a 13 mètres de moins d'élévation que celle de la Cathédrale, ce qui contribue à la faire paraître beaucoup plus large.

Hérimar s'était contenté d'un simple plancher en bois ; Pierre de Celles le remplaça par une voûte de pierre qui, minée par le temps , a été fort habilement reconstruite en bois couvert de plâtre.

Les travées de la nef, dans leurs dispositions essentielles, appartiennent évidemment à l'œuvre du XIe siècle. Il est aisé d'y suivre tous les caractères de l'architecture romano-byzantine secondaire. Un grand arc plein-cintre repose sur des piliers modifiés plus tard, et présente dans sa structure une ressemblance parfaite avec les constructions contemporaines. La première travée, voisine du grand portail, diffère du style de la nef et remonte seulement au milieu du XIIe siècle. Dans tout le reste, qui semble s'écarter des traditions romanes, il ne faut voir que ce système de placage , adopté par Pierre de Celles, pour mieux dissimuler la différence des architectures de la nef et de l'abside.

Les faisceaux de colonnes qui s'élancent vers la voûte sont évidemment de la première période ogivale. Les chapiteaux des piliers primitifs sont parfaitement conservés; leurs sculptures originales gardent le cachet de leur époque. Sans parler des piliers de granit et des colonnes cannelées qui ornent l'extérieur du grand portail, nous devons observer que les premiers piliers de l'intérieur ne sont pas moins dignes d'attention; ils sont doubles; les deux colonnes qui composent chacun d'eux, sont séparées par un espace vide et étroit; leurs chapiteaux de feuillage se confondent. Peu de piliers sont aussi légers et aussi gracieux ; ceux qui les suivent, appartiennent à l'école romane : les chapiteaux des uns se composent d'angles brisés et rentrants, ceux des autres sont ornés de figures d'hommes et d'animaux à peine ébauchés et formés de stuc qui recouvre la pierre ; en avançant vers le chœur, les chapiteaux prennent un autre caractère et se rapprochent des formes grecques et romaines.

Trois des colonnettes qui supportent les arcs plein-cintre des galeries, sont surmontées de riches chapiteaux en marbre blanc, imitant le style corinthien ; il en est une même, du côté septentrional, qui est tout entière de marbre blanc : ce sont probablement des restes échappés, soit aux temples païens, soit à quelques édifices particuliers, soit même à quelques églises primitives; mais ce sont surtout les chapiteaux du chœur qui attirent l'attention des archéologues. Dix-huit statuettes, malheureusement mutilées et représentant *Aaron*, *Moïse*, *David* et d'autres prophètes, distinguent ces chapiteaux de tous les autres. En soulevant les anciennes boiseries qui dérobaient ces curieuses figures, on vit reparaître les couleurs, les dorures qui les ornaient, ainsi que les pierreries de la robe d'Aaron. Si l'on peut en juger par ces chapiteaux, l'église de Saint-Remi a dû être peinte et dorée, comme *l'abbatiale de Saint-Germain-des-Prés* et un grand nombre de basiliques du moyen-âge.

Nous avons déjà dit qu'en 1578 un jubé fut élevé par les soins du grand prieur dom Ravineau ; mais c'est à peu près tout ce que nous en savons. Un autel, dans le style de la Renaissance, était placé entre les deux portes qui ouvraient sur l'entrée du chœur. Ce premier jubé disparut en 1649 et fut remplacé par un autre, sous la direction et aux frais de dom Jacques de Bignicourt et de Christophe de Bignicourt, son neveu, lieutenant des eaux-et-forêts, habitant de Reims. Le nouveau jubé n'avait qu'une porte principale, placée entre deux autels dédiés : l'un à Sainte-Croix, l'autre à Sainte-Marie-Madeleine ; il était construit en pierre blanche et orné de marbres et de sculptures, et surmonté des armes de la maison de Bignicourt (1).

(1) Années 1648 et 1649. Domnus Jacobus, cognomine Bignicourt, Remus, monachus Sancti Remigii et postea monasterii magnus seu archiprior, impensis tam proprii peculii quam suorum parentum subsidio, novum odeum seu amborum cæsis politisque lapidibus, variisque architecturæ ornamentis, antiquo majori sumptu et apparatu construi fecit, cum porticu eleganti et fornicato in medio illius novi ambonis ; et in porticus istius medio, postibus elevatis, sub primo fornice succubo stant valvæ ferreo contorto et vernice illito elaboratæ ; sunt hinc et utrinque, in navi Ecclesiæ, juxta murum hujusce novi odei altaria, unum ad dextram, alterum ad lævam, cum variis exornationibus, auraturis, pictis tabulis. Exstant insignia familiæ hujusce domni Jacobi Bignicourt in odeo lapidibus incisa et picta, in altarium tabellis et picta et hoc sunt : d'azur à la face d'argent chargé de trois cannettes de sable. Exstant utrinque et variæ inscriptiones ad illius memoriam perpetuendam (L. S.).

Transsept. — Le transsept est du même style que la nef,
à l'exception de ses deux extrémités, celle du midi particulièrement qui est l'œuvre du XVe siècle. Au point d'intersection qui le rattache à l'abside, il est facile de
remarquer aux angles, sur des colonnes inachevées, les
traces de l'œuvre interrompue de Pierre de Celles. Cette
impossibilité de raccorder le style roman du transsept au
style ogival de l'abside est rendue dans ces angles parfaitement sensible.

Abside. — L'architecture romane de la nef est grave
et simple ; celle du sanctuaire et de l'arrière-chœur est
brillante et légère. Au-dessus des arcades toutes ogivales
qui s'élancent du sol, s'étend une gracieuse guirlande de
roses sculptées dans un cordon de pierres ; plus haut
s'ouvrent une multitude de verrières qui, chaque jour,
reprennent un peu de leur ancienne splendeur. Les
colonnes qui les séparent, semblent faites plutôt pour
les maintenir que pour supporter la voûte. La large
galerie qui fait le tour du chœur est indiquée par une
forêt de colonnettes légères, au milieu desquelles la
lumière se joue ; enfin, au sommet de la voûte, une
autre série de verrières ajoute encore à la légèreté de
cette architecture.

Chapelles absidales. — Les chapelles absidales sont au
nombre de sept, sans y comprendre les deux grandes
chapelles ouvertes dans le mur oriental du transsept. Le
chevet présente un développement de onze travées. Il est
difficile de trouver des chapelles plus intéressantes, sous
tous les rapports, que celles qui rayonnent autour de
l'abside de Saint-Remi. Le plan en est original et d'un effet

harmonieux. L'arc qui prête ouverture à la chapelle sur les collatéraux, est partagé en trois autres arcades, portées sur deux colonnes légères et monocylindriques. Ces colonnes sont placées ici sur la ligne de circonférence d'un cercle, qui aurait pour centre la clef de voûte ou le point de départ des nervures des déambulatoires. La chapelle de la Sainte-Vierge, au fond de l'abside, est élevée dans les dimensions suivantes : longueur 14 mètres 28 centimètres, largeur 7 mètres 50 centimètres. C'est un véritable type du genre ; des arcatures, portées sur de sveltes colonnes, ornent toute l'enceinte intérieure de la muraille. Sa gracieuse galerie à jour, ses nombreuses fenêtres, à part le style moins avancé de l'art ogival, en font comme une miniature de la *Sainte-Chapelle* de Paris. Du reste toute la région absidale de Saint-Remi offre un type architectural qui fut souvent imité depuis dans les monuments religieux du moyen-âge ; elle mérite une place vraiment distinguée dans l'histoire de l'art de bâtir au XIIe siècle.

Tombeau de saint Remi. — Placé derrière l'autel, au centre d'une splendide clôture de la Renaissance, le tombeau de saint Remi devait en emprunter le style. A l'endroit même où s'élevait le tombeau du XVIe siècle, dû à la munificence de Robert de Lenoncourt, se dresse un nouveau monument dont l'ensemble paraît être une incomplète réminiscence de l'ancien. Ce sont d'abord les mêmes statues, qui font toujours l'admiration des connaisseurs. Elles sont, comme autrefois, placées dans des niches gracieuses, qui se marient parfaitement avec les colonnes de marbre qui les encadrent. D'autres eussent préféré un mausolée roman, mais ce style du tombeau paraissait imposé par les statues et par la clôture qui entoure le chœur et le sanctuaire. La porte, en bois sculpté à jour, est d'un beau travail. Au-dessus de l'inscription *Sancto Remigio*, sont sculptées les armes du cardinal Gousset, archevêque de Reims; sur le soubassement on lit cette inscription :

BEATI REMIGII SEPULCHRUM

A SONNATIO EPISC : ANNO DCXXXIII

HOC IN EODEM LOCO PRIMITUS ELATUM

AB HINCMARO ARCHIEP : ABB : ANNO DCCCLII

ROB : CARD : DE LENONCOURT ABB : ANNO MDXXXVII

R : R : LUDINART DE VAUXELLES PIO VIRO ANNO MDCCCIII

TER RENOVATUM

CIVITAS REMENSIS ANNO MDCCCXLVII

THOMA GOUSSET METROP : SEDEM TENENTE

FUNDITUS REÆDIFICAVIT

HIC B : REMIGII QUICQUID HUMANITUS SUPEREST PIE COLIMUS
UT PRECIBUS EJUS FRETI FIDE SPE ET CHARITATE REFOVEAMUR

Ce mausolée, dû au ciseau de MM. Combettes et Wendling, sculpteurs, a été érigé sous la direction de M. Brunette, architecte.

Ce qui distingue surtout ce mausolée de l'ancien, c'est qu'il n'a point d'étage supérieur, mais se termine par une simple toiture en pierre, surmontée d'une crête et d'une petite lanterne dans le style de la Renaissance.

Clôtures et Portiques. — Le chœur de l'église de Saint-Remi, comme celui de l'église métropolitaine de Reims , est sorti de ses véritables limites et de ses proportions naturelles. On en comprend ici la raison , puisque le tombeau du saint Evêque était placé au chevet, tandis que dans la Cathédrale on est choqué de voir la partie la plus sainte , la plus sacrée de l'édifice, abandonnée à la multitude. L'abside est le point éminemment liturgique de nos églises; c'est là que repose la tête du Christ, et c'est sur l'autel, figurant ce Chef auguste , que s'opère l'acte sublime du sacrifice catholique.

Le chœur de Saint-Remi est entouré d'une clôture dans le style avancé de la Renaissance. Quoique cette riche balustrade ait souffert cruellement, elle est néanmoins fort intéressante encore ; sa conservation doit être assurée à la place qu'elle occupe, quoiqu'elle soit en désaccord avec le style architectonique général de l'édifice. Les arcades qui forment cette clôture, sont de marbre et de pierres sculptées ; les colonnes qui supportent les cintres, sont alternées de marbre rouge et noir ; les chapiteaux sont remarquables. Entre chaque colonne étaient des fuseaux de cuivre ciselé, détruits en 1793. Dans le transsept, cette clôture est rehaussée par deux portiques modernes d'une grande magnificence.

Dallage. — Les nombreux remaniements de l'église de Saint-Remi, les dégradations des hommes et du temps lui ont malheureusement enlevé toutes ces pierres tombales, toutes ces inscriptions de la nef, et surtout cette riche mosaïque qui ornait le chœur et le sanctuaire. Deux ou trois pavés à deux teintes perdus dans la sacristie, un fragment d'un curieux dallage de Saint-Nicaise, voilà tout ce qui reste du passé. Là où se dessinaient les fastueux compartiments historiés de jaspe et de porphyre, la pierre seule et le marbre les plus modestes et les plus vulgaires étalent partout leur monotone et froide nudité.

Galeries et bas-côtés. — Les galeries qui s'étendent sur toute la largeur des collatéraux, rappellent une disposition semblable à *Saint-Etienne* de Caen, à *Notre-Dame* de Laon, et dans quelques autres basiliques de premier ordre. Ces galeries s'ouvrent sur la nef par deux arcades cintrées, qui reposent sur une élégante et grêle colonnette centrale. Le sommet de la travée est éclairé par une fenêtre à plein-cintre, surmontée d'un œil circulaire.

Ces hautes nefs latérales, interrompues seulement par le transsept, règnent dans toute l'enceinte de l'église. Au-dessous de la grande verrière flamboyante du midi, s'étend une petite galerie fort étroite, qui conduit des tribunes de la nef à celles du chœur.

Les galeries supérieures de l'abside ne sont pas à la même hauteur que celles de la nef. Cela tient sans doute à divers remaniements qu'a subis l'église sur la fin du xiie siècle. Ces galeries, faites pour recevoir le peuple dans les fêtes solennelles, contenaient deux autels, un de chaque côté du chœur, dans le transsept; ils étaient placés dans des hémicycles et regardaient les nefs latérales.

Les bas-côtés qui supportent les galeries, sont à peu près de la même architecture; seulement les arcades en sont plus simples. Ce qui en fait la beauté, c'est cet aspect sombre et sévère, qui leur donne assez bien la forme d'un cloître monastique.

Fenêtres et Verrières. — Dès le xᵉ siècle, Reims possédait des verrières historiées : « Grâce à la libéralité
d'Adalbéron, dit Richer, l'Eglise de Reims, dotée de
cloches à la voix mugissante comme le tonnerre, fut
aussi éclairée par des vitraux représentant divers sujets
historiques. Quam (Ecclesiam) *fenestris diversas conti-
nentibus historias dilucidatam*, campanis mugientibus ac
si tonantem dedit » (1). Or Adalbéron, qui vivait en 970,
affectionnait principalement le monastère de Saint-Remi ;
Quos (monachos) *quum multo coleret amore*, *præcipua
tamen, beati Remigii Francorum patroni monachos caritate
extollebat. »* On peut donc présumer raisonnablement qu'il
a bien pu enrichir l'église de sa chère abbaye de quelques autres vitraux pareils à ceux dont il avait embelli sa
Cathédrale (2).

Quoiqu'il en soit, les verrières conservées de Saint-Remi,
sans remonter à Adalbéron, n'en sont pas moins remarquables par leur antiquité. C'est ce que M. l'abbé Tourneur
a judicieusement fait observer dans son intéressante notice,

(1) *Hist. des Gaules*, t. ıı, p. 263.

(2) Aux vᵉ et vıᵉ siècles, saint Grégoire de Tours, saint Fortunat et
plusieurs auteurs, emploient des expressions qui ne permettent guère
de douter que les vitraux des églises ne fussent souvent au moins colo-
riés. « Sous des figures peintes, un enduit d'un vert printanier fait éclater
des saphirs sur des vitraux verdoyants, écrit Sidoine Apollinaire. » (Lib.
2, Ep. 10.) Voici ses paroles :

Intus lux micat, atque bracteatum
Sol sic sollicitatur ad lacunar,
Fulvo ut concolor erret in metallo
Distinctum vario nitore marmor,
Percurrit cameram, solum, fenestras
Ac sub versicoloribus figuris
Vernans herbida crusta sapphiratos
Flectit per prasinum vitrum lapillos.

intitulée : *Histoire et description des Vitraux et des Statues de l'intérieur de la cathédrale de Reims* : « Ces personnages (les rois) sont uniformément figurés assis, suivant l'usage constant de l'époque, quand il s'agit de personnages déjà morts et qui sont supposés parvenus à l'éternel repos. Le siége sur lequel plusieurs sont assis est le *bisellium* ou chaise curule des anciens consuls romains, employée généralement dans la sigillographie et dans la peinture sur verre depuis le règne de Philippe I, en 1083, époque où les empereurs d'Orient gratifièrent nos rois de ce signe honorifique, jusqu'à Philippe de Valois. Avant cette époque de 1083, le siége des monarques et des évêques était toujours à dossier droit, *comme on le remarque à Saint-Remi* dans les vitraux les plus anciens de l'église. Ce signe, qu'aucun archéologue, à notre connaissance, n'a encore appliqué aux sujets des vitraux, est donc évidemment une date, qui s'applique avec justesse aux peintures sur verre de la cathédrale, et qui concourt avec cent autres inductions à prouver que Reims *possède à Saint-Remi* des vitraux parfaitement authentiques du XIᵉ siècle, ce qui est dans le monde archéologique d'une excessive rareté, et par conséquent d'un très grand prix (1). »

Le malheur, c'est que de toutes ces anciennes verrières, il ne nous reste que de vénérables fragments qui n'inspirent que plus de regrets sur tout ce qui a disparu. Ce n'est point la révolution de 93, c'est l'esprit de la réforme qui, en se glissant furtivement dans le cloître, a consommé cette œuvre de destruction. « Afin de donner à cette grande basilique un air de majesté et de magnificence, écrit naïvement dom Chastelain, les religieux, poussés *par un zèle*

(1) *Travaux de l'Académie Impériale de Reims*, t. XXIV, p. 151.

ardent pour la décoration du temple du Seigneur, *non contents d'avoir fait mettre presque toutes les vitres en verre blanc quelques années auparavant*, entreprirent encore en celle-ci, de la faire reblanchir, du haut jusqu'en bas, depuis le mois d'Octobre 1755 jusqu'au mois d'Avril 1757, de façon qu'elle paraît toute neuve (1). »

Quels étaient les sujets de toutes ces verrières anéanties ? Nul ne le sait, du moins pour le plus grand nombre d'entre elles, à l'exception de ce que nous avons indiqué plus haut. Toutes ces verrières ont été remplacées par de nouvelles qui, supportables sous certains rapports, ne laissent point cependant, par tout leur ensemble, que de faire regretter les anciennes.

Nous ne nous arrêterons point à des comparaisons oiseuses, en faisant l'examen de tout ce que les siècles nous ont conservé, et de tout ce que l'art moderne a produit ; peut-être qu'en déposant sur tous ces jeunes vitraux sa noble poussière, le temps finira-t-il, en fondant les tons, par leur enlever ce cachet d'infériorité incontestable qu'ils offrent dans leur aspect général, bien plus que dans le détail minutieux du dessin et parfois dans la distribution et l'harmonie des couleurs.

Les plus regrettables, sans aucun doute, de tous ces vitraux modernes sont ceux de la grande rosace du portail. Tons jaunâtres, uniformes et lourds, tout se réunit pour faire contraste avec les tons harmonieux et doux des anciennes verrières de l'abside. Quand on vient à comparer surtout cette rose, digne d'un magasin de nouveautés, avec la féerique rosace de Notre-Dame, on est bien près de regretter les verres blancs, *pessima enim optimi corruptio*.

(1) D. CHASTELAIN, p. 11.

Et cependant ces verrières sont l'œuvre d'un artiste qui
a déjà donné, hâtons-nous de le dire, des preuves in-
contestées d'un admirable talent. Est-ce l'argent qui manquait ? Est-ce une simple éclipse d'un moment ?... Nous ne
savons. Cette rosace cependant et les deux petites verrières
qui l'accompagnent forment, de près seulement et à part
les couleurs, une assez gracieuse mosaïque. Les trois
grandes fenêtres, placées immédiatement sous la rosace,
offrent les sujets suivants : dans la fenêtre centrale, *saint
Remi ;* dans le soubassement, le *Baptême de Clovis ;* dans
la fenêtre de droite, *saint Wast ;* à ses pieds, *sainte Balsamie prenant soin de saint Remi encore enfant ;* à gauche,
saint Principe ; et dans la partie inférieure de la fenêtre,
sainte Cilinie apprenant saint Remi, son fils, à prier. Les
deux autres fenêtres du rez-de-chaussée représentent le roi
Clovis à droite, et à gauche la reine *sainte Clotilde.* Ces
verrières ont été toutes exécutées par M. Maréchal, de
Metz.

Si maintenant nous entrons dans les bas-côtés, nous
trouvons en partant du transsept méridional :

1 S. Sixte, premier archevêque de Reims ; légué par M¹¹ᵉ Che-
valot.
2 S. Clément, pape.
3 S. Jean-Baptiste.
*Ces trois verrières sont l'œuvre
de M. Maréchal, de Metz.*
4 Saint Christophe, dessiné par
M Violet - Leduc et peint
par M. Hermanowska , de
Troyes.
*La travée suivante attend toujours
une fenêtre.*
5 S. Timothée, diacre et martyr
de Reims ; par Vincent Lar-
cher, de Troyes.
6 S. Nicaise ; curieux specimen
de l'art parisien.

De tous ces personnages, nous ne pouvons faire qu'un
éloge : c'est qu'ils semblent par modestie s'être disputé le
prix de la laideur : l'un surtout est remarquable par la

contraction de sa figure, bien plus propre à inspirer la terreur et l'effroi que la confiance et la prière.

La chapelle des fonts baptismaux, maintenant placée dans le transsept méridional, vient de s'enrichir d'une nouvelle verrière, exécutée par M. Didron et donnée par M. Saubinet. Elle se compose d'une série de neuf médaillons :

1 Saint Etienne, patron du donateur, fait présent à saint Remi de ses verrières.
2 Vis-à-vis, saint Remi reçoit ce présent.
3 Clovis vainqueur à Tolbiac.
4 Moïse sauvé des eaux.
5 Moïse frappe le rocher dans le désert.
6 Saint Remi instruisant Clovis dans la religion catholique.
7 Elisée purifiant avec le sel les eaux amères du Jourdain.
8 Naaman se purifiant de la lèpre dans le Jourdain.
9 Baptême de Clovis.

On reconnaît facilement dans cette verrière le système et la facture si connus de M. Didron, dont tout le monde admire le talent.

La chapelle de la Sainte-Vierge est ornée de trois verrières historiées, offrant chacune quatre grands médaillons.

La première, à gauche, représente les sujets suivants : premier médaillon, *Nativité de la Sainte Vierge ;* deuxième, *Visitation ;* troisième, *Purification ;* quatrième, *Jésus descendu de la croix.*

La deuxième, au centre : premier médaillon, *Annonciation de la Sainte Vierge ;* deuxième, *Adoration des Mages ;* troisième, *Assomption ;* quatrième, *Couronnement de la Sainte Vierge.*

La troisième fenêtre, à droite : premier médaillon, *Présentation de la Sainte Vierge au temple ;* deuxième, *Nativité de Jésus ;* troisième, *Fuite en Egypte ;* quatrième, la *Pentecôte.*

Ces verrières, exécutées par M. Leclerc, au Mesnil-Saint-Firmin (Oise), passent à tort pour les meilleures qui aient été récemment introduites à Saint-Remi. Deux mosaïques, imitées des anciennes par M. Ladan, ouvrier de Reims, viennent compléter la décoration de cette chapelle, si riche d'architecture et si pauvre d'ornements.

Les autres vitraux de l'abside se partagent en deux étages superposés : ceux du grand triforium et ceux des fenêtres supérieures.

Le grand triforium, ou grande galerie de l'abside, présente les sujets suivants :

Du côté de l'Evangile :

1 Mosaïque ancienne complétée par M. Ladan.
2 Ste Agnès.

3 Rois et Saints (noms illisibles).
4 Mathan et Abiud.
5 Jos. et Eliacim.

Au centre :

Jesus crucifié : à ses côtés, sur la même fenêtre, la Sainte Vierge et Saint Jean.

Du côté de l'Epître :

1 Jer. et un Roi.
2 Roi (anonyme).
3 Deux rois anonymes et un saint.

4 Ste Marthe.
5 Mosaïque ancienne.

Tout le reste est en verres blancs.

Les vitraux de l'étage supérieur ont été déplacés ; des personnages plus petits remplacent les apôtres et les archevêques. Des fragments de bordures remplissent les lacunes qui existent entre les divers sujets. Plusieurs de ces verrières représentent des rois sans nom, assis, et de la même dimension que ceux qui sont au triforium. Voici les sujets conservés, en comptant de gauche à droite : nous indiquons par X les noms illisibles et les inconnus.

Du côté de l'Evangile :

haut.	bas.		haut.	bas.
1 Balaam.	Henricus.		9 Jeremias.	Engelbertus.
2 Osée.	Manassès.		10 S. Jacob.	Reolus.
3 X.	Mappinus.		11 S. Simeon.	Rigobertus.
4 Isaac.	Leudegisèle.		12 S. Judas.	Nivonis.
5 Abraham.	Gervasius.		13 S. Mathæus	S. Nicasius.
6 Daniel.	Sonnatius.		14 S. Petrus.	S. Nivardus.
7 Nathan.	Vulfarius.		15 S. Jacob.	X.
8 David rex.	Romulphus.		16 X.	X.

Au centre :

La Sainte Vierge tenant l'Enfant-Jésus , et dans la même fenêtre, deux Evêques dont le nom est illisible.

Du côté de l'Epître :

haut.	bas.		haut.	bas.
1 S. Joannes.	S. Sinitius.		12 Malachias.	X.
2 S. Paulus.	S. Sama.		13 Abacuc.	I. II. S.
3, 4, 5, 6 X.	X.		14 Micheas.	Rodulphus.
7 S. Andreas.	X.		15 Samuel.	Rainaldus.
8, 9, 10 X.	X.		16 Zacharias.	Samson.
11 Jonas.	X.			

Ce système de décoration embrasse, comme on le voit, d'une part les apôtres et les prophètes se groupant autour de la Reine des cieux ; de l'autre, dans un cercle inférieur le cortége des anciens archevêques de Reims ; ils complètent ainsi, par leur présence, l'éclat de cette cour bienheureuse que forment autour de Marie les plus nobles représentants de l'ancienne et de la nouvelle Loi.

Par une anomalie assez rare, plusieurs évêques, n'ayant jamais été reconnus comme saints, ont la tête nimbée.

L'ensemble de tous ces vitraux est vraiment remarquable autant par le ton doux et harmonieux des couleurs que par la richesse des bordures qui encadrent chaque personnage. Quant à la pureté du dessin et à la forme plastique, il ne faut point la chercher dans des tableaux qui ne visent qu'à l'effet d'ensemble et à l'expression de l'âme.

Si maintenant nous passons à la rosace septentrionale et à la grande fenêtre méridionale du transsept, nous ne trouvons plus que des ruines.

Le sommet de la partie flamboyante du portail méridional est rempli de verres blancs ; en haut, à droite et à gauche, les armes de Robert de Lenoncourt.

Un peu plus bas, les quatre évangélistes dans cet ordre, en allant de gauche à droite : *saint Jean, saint Luc, saint Marc, saint Matthieu.* Ils tiennent des phylactères où sont écrits leurs noms ; ils n'ont pas d'attributs.

On voit près de saint Jean un guerrier et aussi une femme portant une croix ; à côté de saint Matthieu apparaissent des anges avec des banderolles, et une femme, tenant un listel où l'on croit lire le nom de Clotilde ; sur la partie droite, deux personnages dans un appartement. Au sommet de chacune des six baies formant cette fenêtre, on aperçoit un petit médaillon du XIIe ou du XIIIe siècle. Un seul personnage y est représenté : l'ensemble est fort endommagé.

Auprès de cette verrière, dans le transsept (côté de l'abside), les armes de Lenoncourt se trouvent encore deux fois dans la fenêtre à deux baies, qui fut construite au XVe ou XVIe siècle.

La rose du transsept septentrional n'offre que des débris ; on croit cependant reconnaitre au centre le *baptême de Clovis ;* il est très mutilé. On y retrouve Clovis dans la cuve baptismale et saint Remi dans l'église. Parmi les fragments, on voit un évêque, un autre personnage tenant un drapeau bleu semé de fleurs de lys d'or , des bustes de saints, quelques têtes d'anges et des fragments d'ornementation du XVIIe siècle.

CHAPITRE III.

L'église de Saint-Remi n'est plus, sous le rapport de ses monuments, que l'ombre d'elle-même. — L'ancien tombeau, élevé par le cardinal de Lenoncourt, la châsse enrichie de pierreries, le pavé si splendide du XIIe siècle, le jubé, les stalles, l'aigle, la couronne du chœur et le grand candélabre, le grand autel et sa riche pyramide, surchargée de précieux reliquaires; les tombeaux et les épitaphes qui couvraient les dalles de l'église ; tous ces riches trésors, accumulés depuis des siècles par la piété des évêques et des abbés, des reines et des rois, des bourgeois et des seigneurs, tout cela a disparu sous l'action du temps ou dans la tourmente révolutionnaire. — Quelques émaux, toutes les tapisseries, quelques tableaux modernes, les statues de l'ancien tombeau, plusieurs verrières, voilà tout ce qui nous reste de tant de ruines. Pour éviter la confusion, nous décrirons d'abord ce qui n'est plus, puis nous nous arrêterons à ce qui subsiste encore

§ Ier.

Monuments anciens et trésors disparus de l'église de Saint-Remi.

1° *Tombeau de saint Rémi.* — Cinq tombeaux en forme de mausolée ont renfermé les restes précieux de saint Remi ; le premier bâti par Hincmar, au IXe siècle ; le deuxième par Hérimar, au XIe siècle ; le troisième par Robert de Lenoncourt, au XVe (1) ; le quatrième élevé en 1803 par la libéralité de M. Ludinart de Vauxelles ; enfin le dernier érigé en 1847 sous l'épiscopat de Mgr Gousset, archevêque de Reims.

L'histoire ne nous a point conservé la description complète des deux premiers tombeaux, élevés l'un par l'archevêque Hincmar, l'autre par Hérimar, abbé de Saint-Remi. « L'archevêque Hincmar, nous dit simplement dom Marlot, voulant témoigner ses reconnaissances envers cet aimable patron, fit aussi bâtir une nouvelle grotte, mais beaucoup plus somptueuse, en la place même où était l'ancienne qu'il enrichit de lames d'or, de perles, de diamants et d'autres pierreries. » La façade de ce tombeau était fermée par une porte artistement travaillée ; une ouverture, pra-

(1) M. Géruzez, contrairement à dom Marlot, pense qu'il fut élevé en 1532. Certains auteurs l'attribuent à Robert de Lenoncourt, archevêque de Reims, oncle de Robert, abbé de Saint-Remi. D'autres prétendent, pour tout concilier, qu'il fut commencé par l'oncle et continué par le neveu. (Ms. de la Bibl. Imp.) Dom Chastelain déclare formellement qu'il est dû à la munificence de Robert de Lenoncourt, cardinal, évêque de Châlons, abbé commendataire de Saint-Remi.

tiquée au centre, permettait de voir la châsse. Près de
l'ouverture, Hincmar avait fait graver les vers suivants :

Hoc tibi, Remigi, fabricavit, magne, sepulchrum
Hincmarus præsul ductus amore tui
Ut requiem Dominus tribuat mihi, sancte, precatu
Et dignis meritis, mi venerande, tuis.

Ce premier tombeau, improprement désigné sous le
nom de *crypte*, était cependant élevé au-dessus du sol,
derrière le maître-autel de l'église d'Hincmar ; ce qui
correspondait à peu près à l'entrée du chœur de l'église
actuelle. Le corps de saint Remi était déposé dans une
châsse d'argent, pesant environ 24 marcs ; elle fut conservée jusqu'en 1646.

Une tapisserie, donnée vers 1400 par Jean Canart, représentait le deuxième tombeau qui précéda immédiatement celui du xve siècle ; c'était par conséquent le
mausolée érigé à Saint-Remi par Hérimar. Nous regrettons bien de ne pouvoir en donner la description et de
passer si vite au troisième, à celui de Lenoncourt.

Commencé en 1533 et achevé en 1537 par Robert de
Lenoncourt, cardinal et abbé de Saint-Remi, il passait
pour un des plus magnifiques de France. Il était tout de
marbre blanc, et portait 8 mètres 11 centimètres de haut,
5 mètres 52 centimètres de long, et 2 mètres 55 centimètres de largeur. Un soubassement de pierres blanches,
élevé sur trois degrés, portait six colonnes de jaspe sur
chaque face latérale, et trois autres sur celle du fond.
Leurs bases étaient de marbre blanc, ainsi que leurs chapiteaux, composés de volutes, de feuillages et d'autres ornements. Le fût des colonnes était de 1 mètre 66 centimètres de hauteur et de 26 centimètres de diamètre. Elles
étaient toutes en avant corps, et disposées de manière à

laisser un intervalle pour les niches des statues. La cavité de ces niches était ornée de jaspe, ainsi que les pilastres qui les accompagnent ; les cimes intérieures qui abritaient les statues, étaient en forme de coquille gracieuse. Tout autour, douze statues, de grandeur naturelle, représentaient les six pairs laïcs et les six pairs ecclésiastiques. A l'extrémité apparaissait saint Remi, ayant devant lui Clovis à genoux, et derrière, Thierry, son aumônier, tenant la croix épiscopale, Les ecclésiastiques étaient en habits pontificaux, la mitre en tête ; les ducs et les comtes, revêtus de leurs épitoges et de leurs armures, avaient les uns le cercle ducal, semé de fleurs d'ache et de persil ; les autres la couronne comtale, chargée de grosses perles. Leurs noms et leurs qualités étaient marqués en lettres d'or sur la frise ; les écus qui portent les armoiries de leurs églises ou de leurs provinces, étaient disposés sur le soubassement, au pied de chaque statue. L'écu de l'archevêque de Reims portait d'azur à la croix d'argent, cantonné de quatre fleurs de lys d'or. Chacun des pairs tient en ses mains un des insignes du sacre ; l'évêque de Laon, la sainte Ampoule ; celui de Langres, le sceptre et la main de justice ; l'évêque de Beauvais, la cotte d'armes ; celui de Châlons présente l'anneau, et celui de Noyon, le baudrier. Le duc de Bourgogne porte la couronne ; celui de Guyenne, l'oriflamme ; celui de Normandie, un autre étendard ; le comte de Champagne, la bannière royale ; le comte de Flandre, l'épée, et celui de Toulouse, les éperons.

Ce mausolée était divisé en deux parties. La première était d'ordre corinthien ; des colonnes de jaspe pourpre et blanc soutenaient un entablement de marbre de même espèce. La deuxième partie, formant comme un second étage au-dessus de la première, présentait un carré long d'ordre dorique, sur les deux grands côtés duquel étaient appliqués cinquante-quatre médaillons d'argent, représentant en relief et sur deux rangs la *vie et les miracles de saint Remi.* Tout le monument était surmonté d'une petite lanterne en forme de dôme, posée sur un soubassement rond, garni de jaspe et soutenu de branches de feuillages contournées, qui servaient d'arcs-boutants pour la soutenir.

La principale façade du mausolée était ornée de deux colonnes de porphyre d'ordre composite, qui enchassaient l'ouverture ; la première fermeture du tombeau était une espèce de fenêtre à deux battants, haute de 1 mètre 66 centimètres et large de 1 mètre 33 centimètres, dorée, azurée et chargée des lettres d'or S et R ; de chiffres, de feuillages et de trophées d'armes. Au centre de cette porte, on avait pratiqué une petite ouverture carrée, de 33 centimètres environ, fermée par un grillage de fer doré. Cette première porte en recouvrait une autre, de l'or le plus fin. Une grande croix à huit angles, faite de filigrane à l'antique, en formait le principal ornement ; elle était relevée en demi-bosse, et portait dans son centre un grenat d'une beauté singulière, et sur les bras plus de cinquante médailles d'or du moyen-âge et du bas-empire. Outre cette croix, on remarquait plusieurs bouquets de pierreries, des aigles, des colombes, des éléphants, des chiffres et des hiéroglyphes appliqués sur un fond d'or, semé de fleurs de lys, et travaillé avec tout l'art et la délicatesse imaginables. Cette deuxième porte, tout ornée de pierreries, avait aussi une ouverture ou fenêtre de 50 centimètres de haut sur un de large, garnie d'un cristal de roche de 11 centimètres carrés, et représentant le *Baptême de Jésus-Christ.* La bordure, en émail violet, portait l'inscription en quatre vers latins qui était sur le tombeau d'Hincmar. Il y avait de plus une très belle agathe onyx, environnée de saphirs, de grenats et autres pierres précieuses, donnée par Henri III. François Ier avait détaché son anneau pour le fixer à cette ouverture; ses armoiries couronnaient le fronton du tombeau.

La révolution française, qui aimait l'égalité, même dans la tombe, ne pouvait laisser raisonnablement subsister un pareil monument, qui avait de plus le tort d'entretenir la superstition. Il fut anéanti; les statues seules purent échapper; le corps de saint Remi fut enterré dans une fosse commune, et la châsse fondue. Mais, en 1803, lorsqu'on eut pu constater de nouveau l'authenticité des reliques de saint Remi, on lui érigea un tombeau provisoire.

Tombeau provisoire élevé par M. Ludinart de Vauxelles. — Il était de forme circulaire, dans le style toscan. Son élévation était de 10 mètres 33 centimètres, et son diamètre de 5 mètres 33 centimètres. L'intérieur était pavé de marbre; l'entrée, placée derrière le grand autel, s'élevait sur quatre degrés. Sur un socle en pierre peinte s'élevaient huit colonnes marbrées, surmontées d'une corniche en menuiserie; de là se courbaient huit consoles réunies, portant au sommet un vase de parfums d'où jaillissaient des flammes.

Autour de ce simple mausolée, sur le socle et entre les colonnes, étaient replacés les douze pairs de France et saint Remi catéchisant Clovis. Ce monument avait été élevé aux frais de M. Ludinart de Vauxelles, ancien trésorier de France. Il a été remplacé par celui que nous avons décrit dans le chapitre précédent.

Châsse d'Hincmar et d'Oudard Bourgeois. — La châsse donnée par Hincmar était assez mal travaillée : elle devait

avoir la forme d'un petit temple, autour duquel étaient
rangées les statues de douze archevêques de Reims, ses
prédécesseurs. Construiteen bois, recouverte de lames d'argent, elle fut remplacée par celle d'Oudard Bourgeois.
Cette nouvelle châsse de Saint-Remi était d'argent massif
et enrichie de pierreries ; elle avait la même forme que le
mausolée ; seulement des colonnes torses, ornées de
feuillages, séparaient les statues qui ornaient le contour.
Elle pesait 223 marcs (près de 56 kilog.), et avait coûté
14,356 livres, somme énorme pour ce temps-là ; elle
portait 2 mètres 28 centimètres de longueur sur 1 mètre
28 centimètres de largeur, en y comprenant la couronne
qui terminait le comble. Cette châsse avait été faite, en
1648, par un habile orfèvre de Reims, nommé l'Epicier,
sur l'ordre de dom Oudard Bourgeois, prieur de l'abbaye
de Saint-Remi. On y admirait divers dessins en relief,
représentant le *Baptême de Clovis* et le *Miracle de la
sainte Ampoule :* celle-ci était éblouissante de pierreries.
Commencée en 1636, cette châsse ne fut achevée qu'en
1648 ; elle a disparu, comme toujours, en 1793.

3º *Bâton pastoral de saint Remi.* — Dans le tombeau,
outre la châsse, était renfermé le bâton pastoral que le
pape Hormisdas aurait envoyé à saint Remi, en le nom-
mant légat apostolique. Ce bâton était couvert de feuilles
d'or et orné de pierres précieuses.

4º *Reliquaire de la sainte Ampoule.* — La sainte Ampoule, destinée au sacre de nos rois, était placée dans un
reliquaire d'or, sur le devant du tombeau de saint Remi.
On sait tout le respect qui environnait cette relique, qu'une
tradition, déjà ancienne au temps d'Hincmar, faisait des-

cendre des cieux. Louis XI, pour prolonger sa vie, l'avait fait apporter, en 1463, au Plessis-lès-Tours, où elle resta jusqu'à sa mort. C'était une petite fiole de verre ou de cristal, de 45 millimètres de hauteur, remplie d'un baume brun-foncé, adhérent à ses parois. Elle était enchassée dans une espèce de rose en vermeil, ornée de pierreries. Ce reliquaire s'ouvrait en deux parties. Le dessus était à jour et recouvert d'un cristal, au travers duquel on apercevait le petit vase placé dans le dos d'une colombe d'or; une aiguille d'or servait à détacher une parcelle de ce baume, qu'on mêlait au saint-chrême, sur une espèce de patène d'argent qui était appliquée au reliquaire. Seuls les abbés de Saint-Remi avaient le droit de la porter dans la cérémonie du sacre, et venaient la déposer sur l'autel de Notre-Dame (1).

La sainte Ampoule a été brisée, en 1793, par un certain Rhul, représentant du peuple; cependant quelques parcelles sauvées ont pu servir au sacre de Charles X.

Cercle de Louis XIV. — Nous mentionnerons pour mémoire un cercle noir, de fer ou de plomb, incrusté dans le pavé, près du grand portail, à l'endroit où Louis XIV s'était agenouillé pour adorer la vraie croix (7 Juin 1654).

Pavé. — Mais un des plus curieux monuments de l'église de Saint-Remi, c'était, sans contredit, ce magnifique pavé de mosaïque, qui couvrait le chœur tout entier. Il était formé de petites pièces de marbre, les unes en leur couleur naturelle et les autres steintes et émaillées. Cette mosaïque,

(1) V. M. LACATTE, p. 120.

travaillée avec art, représentait une infinité de dessins qui semblaient être faits au pinceau ou imiter la plus riche tapisserie.

Dès l'entrée du chœur paraissait la figure de *David jouant de la harpe*, avec ces mots près de la tête: *Rex David*. Entre cette figure et l'aigle s'étendait un grand carré, au milieu duquel était l'image et le nom de saint Jérôme ; autour de lui les figures et les noms de tous les prophètes, des apôtres et des évangélistes, auteurs des livres de l'Ancien et du Nouveau-Testament, et ayant chacun leur livre figuré et leur nom écrit ; ces livres étaient les uns fermés, les autres roulés à l'antique ; les auteurs du Nouveau-Testament occupaient le milieu, et ceux de l'Ancien les extrémités.

Au côté droit du chœur, quatre autres espaces carrés étaient séparés l'un de l'autre par un petit intervalle : dans le premier étaient dessinés les quatre fleuves du Paradis terrestre, représentés par des personnages versant de l'eau des urnes qu'ils tenaient sous les bras ; ils étaient désignés par ces quatre noms, *Tigris, Euphrates, Jehon* et *Phison*. Ces quatre figures occupaient les quatre angles du carré, au milieu duquel paraissait une femme nue, tenant une rame et assise sur un dauphin, avec ces mots, *Terra, Mare*. Le deuxième compartiment était orné d'un simple rameau couvert de feuillages ; le troisième représentait dans les angles les quatre saisons de l'année avec leurs noms, *Ver, Æstas, Autumnus, Hiems*; au centre un homme assis sur un fleuve avec ce nom, *Orbis terræ*. Dans le quatrième étaient figurés les Sept Arts libéraux, dont les sujets étaient pour la plupart cachés sous les stalles des religieux ; on y voyait néanmoins ces deux mots, *Septem et Artes*. Le sujet dérobé par les stalles se composait d'une grande figure paraissant sous les traits de la *Sagesse*. C'était une femme assise, tenant de la main droite une lance dont elle perçait *l'Ignorance* et la *Paresse*, qu'elle foulait aux pieds. Dans sa main gauche était le globe terrestre, et au-dessus de sa tête on lisait ces deux vers :

Septem per partes Sapientia dividit artes :
Estque sui juris hoc designare figuris.

Au côté gauche, sur un grand espace quadrangulaire, dont la longueur était double de la largeur, se déroulaient deux bandes larges arrondies en cercle, égales l'une à l'autre et se touchant par leur convexité. Dans la première bande étaient figurés les douze mois de l'année, et dans la deuxième les douze signes du zodiaque. Au milieu et comme au centre de la première bande, on voyait la figure de Moïse, assis dans une chaire et soutenant un ange sur l'un de ses genoux, avec cette légende :

Monstrant hi proceres Legis Moysisque figuras.

Le reste était caché sous les stalles, ainsi que les emblèmes de la *Justice*, de la *Force* et de la *Tempérance*, et ceux de l'*Orient*, de l'*Occident*, du *Midi* et du *Septentrion*. L'une des vertus cardinales, la *Prudence*, était désignée par une femme tenant un serpent, avec ce mot : *Prudentia;* un homme représentant le *Midi* avec ce mot : *Meridies*, figurait sans doute l'une des quatre parties du monde.

Au milieu de la bande circulaire des douze signes du zodiaque étaient représentées les deux Ourses, marquées de leurs étoiles, l'une ayant la queue du côté où l'autre à la tête, comme on les voit peintes sur les globes célestes. Toutes ces figures et plusieurs autres, faites de mosaïque, ressortaient sur un fond jaune de même matière; les plus grosses pierres de cette mosaïque n'excédaient point la largeur de l'ongle : on doit en excepter cependant quelques dalles noires et blanches et quelques pièces rondes de jaspe, les unes purpurines, et les autres ondées de diverses couleurs, qui, appliquées dans certains compartiments de marbre, ressemblaient aux pierres précieuses enchassées dans un anneau.

De là, en montant deux degrés dans la direction du grand-autel, on voyait un autre genre de pavé composé de petites pierres de marbre, divisé en beaux compartiments de marqueterie ; sur les degrés de l'autel étaient dessinés, toujours en mosaïque, le *sacrifice d'Abraham*, l'*échelle de Jacob* et d'autres histoires de l'Ancien-Testament, destinées à symboliser le Saint-Sacrement de l'autel. Ce poème de marbre avait été composé par Guy ou Widon, religieux et trésorier de Saint-Remi en l'an 1090.

L'autel. — Le grand-autel était encore un des plus riches monuments de l'église de Saint-Remi : le devant se composait d'une table d'or, divisée, par des pilastres aussi d'or, en trois panneaux ou compartiments. Dans celui du milieu paraissait la figure du Sauveur, assis sur un trône, la tête couronnée d'un grand nimbe de pierreries ; deux archevêques de Reims, Foulques et Hérivée, se tenaient prosternés à ses pieds. Dans le compartiment du côté droit était la *Sainte Vierge*, et au-dessous divers personnages en bas-relief, dont on lisait les noms : *Karolus, Judith, Ansgardis, Hludericus, Heresindis, Vandalidis.* Dans celui de gauche, on voyait la figure d'un prélat, et au bas de petites figures marquées des noms de *Sigebertus, Herisindis, Sigebertus, Lancindis* ; tous personnages qui, sans doute, avaient contribué par leurs libéralités à ce riche ornement (1) ; il était garni en outre de saphirs, d'émeraudes et d'autres pierres du plus grand prix, et de deux énormes grenats, présents du roi Charles-le-Chauve.

La pierre de l'autel était singulière : on y lisait cette inscription sur les bords : *De summa hac dignitatis ara ferro bipartita gentibus directa, ministrat Nordalbingorum in Welena;* une de ses propriétés était, dit-on, de ne contracter jamais aucune humidité. Cette pierre ne vient point d'Angleterre, comme Marlot l'a cru. Elle était du temps d'Ebbon, qui avait la légation du saint-siége pour la conversion des peuples septentrionaux, au-delà de l'Elbe, et qu'on appelle pour cela Nordalbingiens, c'est-à-dire situés au nord de l'Elbe et au-dessous de Hambourg. L'inscription signifie que la contre-partie de cette pierre, qui a été sciée en deux, a été envoyée aux Danois ; qu'elle sert de table d'autel à l'église du monastère de Wedel que Louis-le-Débonnaire avait fondé; ce prince l'avait donné à Gausbert, parent d'Ebbon, lorsqu'il fut ordonné évêque pour travailler à la conversion des Suédois (2). *In Welena seu Welenacum, vulgo Wehel, aut Wedel, infra Hamburgum.*

Comme on avait donné au grand-autel plus de largeur qu'il n'en avait avant l'érection de la pyramide, en 1610 on y ajouta de chaque côté un cartouche en broderie

(1) Dans l'obituaire de l'abbaye, Judith, Heresinde et Vandalide sont au rang des bienfaiteurs de l'église. Il est à croire que Judith, fille de Charles-le-Chauve, Hulderic, comte de Champagne, et Heresinde, ont contribué à faire ce devant d'autel. Déjà Hulderic et Heresinde, sous le pontificat de Foulques, avaient donné un devant d'autel d'argent pour la chapelle de Saint-Gibrien. (V. FLODOARD. — D. MARLOT. — *Coll. de Champ.*, t. XXVII, f. 10.)

(2) Notes de LACOURT.

d'or (1). Les côtés de cet autel n'étaient guère moins riches
que le devant. Ils étaient tout couverts de lames de vermeil, et l'on en tira près de 100 marcs d'argent, en 1568,
pour la rançon de François Ier. La pyramide dont on vient
de parler, ouvrage plus moderne, fut faite en 1610, par
dom Oudard Bourgeois, religieux de Saint-Remi ; le dessin
en était riche et bien exécuté ; elle était partagée en trois
étages ; les vides étaient remplis par les châsses de saint
Gibrien, de sainte Cilinie, et au sommet par un reliquaire
en forme de portail d'église, renfermant le bras de saint
Philippe ; cette pyramide était ornée de colonnes de marbre
et de jaspe, de plusieurs figures d'anges et de saints, et
terminée par une grande croix d'or, couverte de pierreries,
haute de 1 mètre 66 centimètres, renfermant un morceau
de la vraie croix donné par Hincmar.

Le candélabre et la couronne. — Le candélabre et la
couronne, d'une grandeur extraordinaire, faisaient le
principal ornement du chœur de l'église. D'après la tradition de l'abbaye, ce chandelier aurait été donné par
Frédéronne, femme de Charles IV ; d'autres pensent que
cet ouvrage, postérieur à cette époque (917), ne remonte
qu'au XIIe siècle. Dom Marlot croit que le candélabre et
la couronne étaient dus sans doute à la libéralité des rois
et des princes, qui affluèrent à Saint-Remi après la dédicace de l'église par Léon IX.

Ce qui est certain, c'est que, d'après la tradition, le
corps de la reine Frédéronne reposait sous ce candélabre,
et que les découvertes récentes ont confirmé la tradition (2).

---

(1) *Hæc pyramidis constructa fuit anno 1610, curis et sumptibus domni Oudardi Bourgeois, monachi Remigiani. Antea hoc altare erat omnino isolatum et ultra tumulus S. Remigii. L. S.*

(2) V. M. Pr. TARBÉ, *Sépultures de Saint-Remi.*

Ce chandelier magnifique, dû peut-être au talent d'Ose-
mond, ouvrier habile du XIIe siècle, était d'un cuivre
brillant comme l'or ; du piédestal, partagé en côtes à jour
et très délicatement travaillé, s'élançait la tige, ornée de
feuillages espacés dans toute la hauteur ; le sommet se
divisait en sept branches ayant 5 mètres de développement, terminées par autant de chandeliers destinés
à porter des cierges. La hauteur totale du candélabre était
de 5 mètres.

Le piédestal, dont on peut admirer un curieux fragment
au musée de Reims, représentait la figure des quatre
Evangélistes ; il était aussi enrichi, comme on peut encore
en juger, de cristaux taillés, d'animaux fantastiques et
d'arabesques.

Guidons. — Au-dessus des clôtures du tombeau, aux
galeries, étaient suspendues les bannières ou guidons des
quatre seigneurs qui restaient toujours en ôtage, pour
garantie de la sainte Ampoule (1).

La couronne. — La couronne était placée au-dessus
de l'aigle, au milieu du chœur : elle avait 6 mètres
de diamètre et 18 de circonférence. Elle était de fer et
de cuivre doré, travaillé en filigrane. Elle présentait assez bien la forme d'une enceinte fortifiée, flanquée de
douze tourelles à jour et entre lesquelles étaient disposés
quatre-vingt-seize chandeliers, ornés chacun d'une boule
de cristal. On pense que ces quatre-vingt-seize cierges,
allumés aux sept principales fêtes de l'année, symbolisaient
les quatre-vingt-seize années de la vie de saint Remi. Elle

(1) LACATTE-JOLTROIS, p. 125.

était partagée en douze espaces égaux par autant de tourelles dorées et percées à jour en forme de lanternes. Ces
tours servaient d'assemblage à tout le travail, en bas duquel régnait une ceinture dorée ; sur la bordure étaient
peintes en noir toutes les paroles de l'Evangile de saint
Jean : *In principio erat Verbum.* Cette couronne, qui
remonte sans doute au xıı⁰ siècle , était un ornement
commun dans les églises à cette époque (1). Saint Bernard
en voulait probablement au chandelier , à la couronne et
au pavé de Saint-Remi, lorsque, dans son apologie à Guillaume, abbé de Saint-Thierry, il prétend que ces ornements
superflus sont inutiles à la piété, et ne servent qu'à
contenter la vaine curiosité des spectateurs (2). Le zèle de
saint Bernard l'emporte ici trop loin ; car on aurait pu
condamner tout aussi bien par le même principe la magnificence des églises , la hauteur des clochers, le bruit des
cloches, la richesse des ornements, etc., qu'il approuvait
cependant dans les monastères de son ordre (3). Cette couronne n'a donc été faite ni en souvenir de celle que Clovis
avait envoyée à Rome par le conseil de saint Remi , ni

(1) V. Ducange, Flodoard, etc., l. iii, c. 5.

(2) Ponuntur dehinc in ecclesia gemmatæ, non coronæ, sed rotæ,
circumseptæ lampadibus, sed non minus fulgentes insertis lapidibus.
Cernimus et pro candelabris, arbores quasdam erectas multo æris ponde-
re, miro artificis opere fabricatas, nec magis coruscantes super positis
lucernis quam suis gemmis. Quid putas in his omnibus quæritur?
pænitentium compunctio, an intuentium admiratio. — *Et en parlant du
pavé :* Ut quid saltem sanctorum imagines non reverentur, quibus uti-
que ipsum, quod pedibus conculcatur, scatet pavimentum. Sæpe spuitur
in ore angeli, sæpe alicujus sanctorum facies calcibus tunditur trans-
euntium ; et si non sacris his imaginibus, cur vel non parcitur pulchris
coloribus, cur decoras quod mox fœdandum est ? cur depingis quod
necesse est conculcari ? etc. S Bern. *Epist.*

(3) Les abbés n'ont fait en cela que suivre l'usage établi en plusieurs
églises. V. t. vii, Bolland., p. 22, et t. viii, p. 32 ; V. l'abbé
Bourassé, *Dict. d'Archéologie,* à l'article *Couronne.*

pour conserver la mémoire de la séance des évêques au concile tenu à Saint-Remi sous Léon IX. C'était tout simplement un ornement ordinaire et qu'on retrouvait à Notre-Dame et ailleurs comme à Saint-Remi.

Aigle et stalles du chœur. — Au-dessous de la couronne était placé l'aigle destiné à porter les livres du chœur. Il datait de 1690 et passait pour une des meilleures pièces d'art en ce genre. Nous devons aussi regretter qu'une description détaillée, ou du moins un dessin exact, ne nous ait point reproduit les stalles, dont on vante les belles proportions et la délicatesse. Elles remplaçaient depuis 1735 les anciennes stalles peintes et dorées du xiie siècle.

Trésors disparus. — Mais ce que rien au monde ne pourra réparer, c'est la perte de tous ces trésors qui, accumulés dans l'église de Saint-Remi, furent enlevés ou par les guerres ou dans la tourmente de 93. Si nous résistons au besoin de les décrire, du moins nous en donnerons la nomenclature d'après des pièces authentiques. On conçoit que le trésor de cette antique abbatiale devait être digne de sa splendeur. Les archevêques, les rois, les grands seigneurs comblèrent à l'envi l'église de présents. Les reliques de saint Remi attiraient sans cesse de nouvelles offrandes. L'église avait son trésorier et ses coutres, chargés de veiller à la conservation de ses richesses. Le trésor, à la fin du siècle dernier, fut placé dans le chœur, où on le voit encore, sous une des arcades d'enceinte du côté de l'Evangile ; il fut bâti aux frais de dom Archambauld de Lhôpital, et de dom Lecointre, dignitaires du couvent ; évidemment il ne pouvait contenir qu'une faible partie du mobilier et des ornements. Hélas ! tous ces vases d'or et d'argent, ces châsses enrichies de pierreries devaient disparaître successivement. Toutefois cette dispersion ne date point uniquement de l'époque révolutionnaire.

« Dès 1421, dit M. Pr. Tarbé (1), le monastère perdit une partie de ses trésors. A cette époque désastreuse, où les guerres civiles et étrangères firent tant de mal à la France, les églises portèrent leur part des malheurs publics. En 1535, Saint-Remi fut encore mis à contribution ; il fallut vendre les lames d'or qui recouvraient la châsse du grand Apôtre ; elles pesaient vingt-neuf marcs (six onces et demie). »

« En 1564 (2), on demanda aux abbayes de France l'argent nécessaire à la solde des hommes d'armes du roi ; on prit à Saint-Remi des coupes, des tasses d'argent en assez grand nombre et on les vendit ; elles produisirent 647 livres 8 sous 6 deniers. »

« Quatre ans après, en 1568 (3), un nouvel appel de fonds fut fait, il fallut y répondre, et notre monastère vendit des objets précieux pour la somme de 2,362 livres 19 sols 6 deniers. Une note écrite à cette époque et conservée aux archives de la ville contient la liste succincte des objets qu'il fallut sacrifier. »

« On vendit les lames d'argent qui ornaient les deux côtés du grand-autel, deux plats d'argent, des anneaux destinés à porter des cierges, un saint ciboire, les pieds du reliquaire de saint Paul, deux grands encensoirs, un

(1) La Champagne fut une partie de l'année le théâtre de la guerre V. M. P. Tarbé, *Trésors des églises de Reims.*

(2) On se préparait à faire la guerre aux protestants des Pays-Bas et aux huguenots de France.

(3) La guerre civile déchirait la France.

plat et quatre ampoules (1), une boite d'argent à mettre les pains à chanter ; le tout pesait cent vingt marcs deux onces. »

« On se défit aussi d'une couronne qui se plaçait sur le saint ciboire, des lames d'argent qui couvraient le livre de Saint-Remi, de quelques émaux peints sur or, de trois saphirs et d'autres pierres précieuses. »

« On devine que la Ligue ne se fit pas faute de recourir au trésor de Saint-Remi. »

« Toutes ces pertes n'avaient pas cependant ruiné l'archimonastère, il allait en subir de bien plus importantes.»

« Une lettre du roi, en date du 9 février 1690, ordonna aux évêques de France de retrancher de leurs églises les argenteries non nécessaires pour faire le service divin avec toute la décence convenable. En conséquence de cette injonction, Mgr l'archevêque de Reims (2) donna ordre à son promoteur de se transporter dans toutes les églises de Reims et d'y dresser un inventaire de toute l'argenterie, même des vaisseaux sacrés, qu'elles pouvaient renfermer. Le samedi 25e de Mars, le promoteur fit en l'église de Saint-Remi l'inventaire indiqué, et le 23e jour de Mai l'archevêque signifia aux religieux l'ordonnance qui suit : »

« Vu le procès-verbal fait en l'église de notre abbaye de Saint-Remi, en exécution de nos ordres par notre promoteur, nous ordonnons aux religieux, prieur et couvent de notre dite abbaye d'envoyer incessamment à l'hôtel de la monnaie de notre ville de Reims :

---

(1) Ces ampoules (ampullæ) étaient des fioles ou burettes. Ce mot n'est plus usité que pour désigner le petit vase qui contenait l'huile sainte destinée aux onctions du sacre.

(2) Charles-Maurice Le Tellier, mort en 1710.

1. Un grand reliquaire de vermeil doré, représentant la *Résurrection de Notre Seigneur*.

2. Une image de saint Pierre, d'argent doré.

3. Une image de saint Paul (1), d'argent doré.

4. Une image de saint Gibrien (2), d'argent doré.

5. Une autre petite image de saint Gibrien, d'argent doré.

6. Une image de sainte Catherine, d'argent doré.

7. Un reliquaire d'argent, représentant la *Résurrection de Lazare*.

8. Un reliquaire d'argent doré, haut d'un pied et demi.

9. Un petit reliquaire de saint Germain.

10. Un petit reliquaire de saint Marcoul.

11. Un petit reliquaire d'argent doré et quatre piliers.

12. Trois petites figures d'argent sur un reliquaire de cuivre.

13. Un reliquaire représentant la *Décollation de saint Jean-Baptiste*, et trois petites figures d'argent sur un pied de cuivre.

14. Un reliquaire où est une petite figure d'argent de saint Marcoul.

15. Deux ou trois autres petits reliquaires d'argent avec des cristaux.

16. Quatre bras couverts de feuilles d'argent.

17. Deux grandes croix d'argent pour les processions, sans bâtons.

18. Quatre chandeliers.

19. Une lampe donnée par Messieurs de la Ville (en 1668, après la peste).

20. Deux autres lampes d'argent.

« Et d'employer partie du prix de ladite argenterie à acheter un soleil, et le surplus au profit dudit couvent.

« Donné à Reims, dans notre palais archiépiscopal, le 23e de Mai 1690. Signé Charles-Maurice, archevêque, duc de Reims. »

Et ensuite de la copie de ce procès-verbal est ajouté : « Laquelle ordonnance a été exécutée sans délai, et quelque humble remontrance qu'on ait faite, on n'a pu se dispenser de porter à la monnaie tous les reliquaires et toute l'argenterie susdite ; le tout pesant ensemble environ cent soixante-douze marcs, dont on a touché la somme de

(1) Le pied de ce reliquaire avait été livré en 1568.

(2) Saint Gibrien, né en Ecosse, était venu à Reims, attiré par la réputation de saint Remi. Il resta dans nos contrées et vécut en ermite.

4,800 livres. Signé : F. Sébastien Serpe, prieur, F. Pierre de Bourges, sous-prieur, et F. Joseph Simon. »

Vingt reliquaires environ périrent à cette occasion. Cette perte seule explique la pauvreté du trésor de Saint-Remi en 1792.

Le règne suivant devait aussi lui porter un coup fatal.

« Le 21 Décembre 1759 (1), on fit au chapitre lecture d'une déclaration du roi, qui exhortait les églises et communautés à porter à la Monnaie les argenteries non absolument nécessaires ; d'une lettre de M. de Saint-Florentin, d'une épître du très-révérend père général, et d'une circulaire de Mgr l'évêque de Cydon, grand-vicaire, sur le même sujet. »

« On décida qu'on voulait bien porter à la Monnaie: 1° une croix, six chandeliers et deux lampes, le tout pesant soixante-onze marcs cinq onces, qui avaient été laissés en 1690, lorsque M. Le Tellier força la communauté de porter à la Monnaie cent soixante-douze marcs, tant en reliquaires qu'argenterie. »

« Qu'on emploierait l'argent qui reviendrait de la susdite argenterie, à orner l'autel de Saint-Remi, celui de Saint-Gibrien, et à faire le reste des grilles, et qu'en conséquence l'argent et le billet de la Monnaie resteraient entre les mains de dom Chastelain, sacristain. »

« Le 22, dom Omé, prieur, et dom Chastelain, sacristain, portèrent donc à la Monnaie ladite croix, les six chandeliers et les deux lampes, qui, ayant été pesés, se trouvèrent monter à soixante et onze marcs cinq gros, déduction faite d'un marc trois onces, à cause des différences par rapport aux soudures. Ledit sacristain en reçut comptant,

(1) On doit à l'obligeance de M. L. Paris les notes relatives aux pertes essuyées par Saint-Remi, en 1690 et en 1759.

pour le quart, la somme de 973 livres 16 sous 4
deniers, et pour le surplus, qui consiste en la somme
de 2,919 livres, conformément à la déclaration du roi,
il reçut un billet de reconnaissance du directeur de la
Monnaie, et le 10 Janvier 1761, 145 livres 19 sous pour
la rente (1). »

On le voit, les richesses de Saint-Remi allaient toujours
diminuant, lorsqu'un malheur accidentel vint lui faire
éprouver encore des pertes bien autrement déplorables;
l'incendie qui éclata en 1774, détruisit à peu près la
magnifique bibliothèque et la collection de manuscrits
dont nous avons parlé plus haut. Les clefs qui fermaient
le reliquaire de la sainte Ampoule, disparurent au milieu
des décombres.

Cependant le règne désastreux de Louis XVI était arrivé;
il fallut à Saint-Remi, comme à Notre-Dame, faire, pour
employer une expression du temps, un sacrifice à la patrie; on envoya donc à la Monnaie les objets indiqués au
procès-verbal.

La révolution, en envahissant l'église pour y introniser
la déesse Raison, acheva d'anéantir le peu qui restait.
Nous dirons bientôt ce qui a pu échapper du naufrage.
Les châsses de saint Remi, de saint Timothée, de saint
Apollinaire et de saint Maur, celles de saint Gibrien, de
saint Philippe et de sainte Cilinie, le reliquaire de la
sainte Ampoule, furent brisés sous le marteau démolisseur,
estimés en marcs d'argent et envoyés à la Monnaie.

Sépultures. — L'église de Saint-Remi n'était point seulement riche d'or et d'argent, elle l'était surtout par ses

(1) Évidemment il s'agit d'un emprunt forcé.

souvenirs historiques et jusque dans ses tombeaux. Non
pas que le marbre et la pierre vinssent étaler, sous les
voûtes de la basilique, l'orgueilleux témoignage de notre
néant ; car à l'exception de deux statues des rois Lothaire
et Louis d'Outre-Mer et du tombeau d'Hincmar, tout le
reste, ou à peu près, se bornait à une dalle incrustée, surmontée d'une épitaphe ; mais ce qui faisait la gloire de
Saint-Remi, c'étaient ces rangs pressés de rois, de reines,
de grands seigneurs , d'archevêques et d'abbés , faisant
cortége, même après leur mort, autour du glorieux Apôtre
des Francs.

Nous en donnons aux *Pièces justificatives* les épitaphes
que nous avons à grand peine pu recueillir dans des pages
dispersées. Ici, qu'il nous suffise de passer en revue ces
illustrations éteintes, qui préféraient l'ombre de Saint-Remi
aux mausolées les plus somptueux. Notre travail sera d'autant plus facile qu'il n'est que la reproduction exacte de
l'œuvre de dom Chastelain.

1° *Sépultures des rois, des reines et des grands seigneurs.*

Carloman.

771.

Le premier des rois que l'on sache avoir été enterré dans l'église de Saint-Remi, est Carloman,
roi de Soissons, fils de Pépin d'Héristal et frère de
Charlemagne, mort en 771, à Samoussi, maison
royale dans le Laonnois (1). On ne sait pas pré-
cisément en quel endroit son corps a été déposé ;
on a en effet plusieurs fois changé son tombeau,
que l'archevêque Hincmar fit voir comme une
chose digne de remarque à l'empereur Charles-le-
Chauve, petit neveu de ce prince, lorsqu'il vint à
Reims, cent ans après ; selon le sentiment d'un
auteur versé dans l'antiquité, ce n'était point autre
chose qu'une grande urne de marbre blanc, de 7
à 8 pieds de long, et d'environ 3 1/2 de haut et

(1) FLODOARD, *Hist. Rem. eccles.* — MABILLON, *Annales*, t. 1er.

de large, sans couverture; à peu près semblable au superbe tombeau de Jovin, préfet des Gaules, placé autrefois dans l'église de Saint-Nicaise. En 1756, il fut mis sur des colonnes de pierre, sous la première arcade du collatéral, du côté du cloître, près de la sacristie. On n'y voyait aucune inscription. Mais il est bon d'observer que les restes de Carloman auraient bien pu être tirés de ce tombeau depuis Hincmar, et portés à Saint-Denis. On lit en effet sur un cénotaphe ces mots:

Karolomannus Pipini Filius.

Frédéronne.

917.

La reine Frédéronne, femme de Charles III, dit le Simple, après avoir fait de grands biens à Saint-Remi, eut la dévotion de s'y faire inhumer. Elle mourut en 917. La tradition nous apprend qu'elle reposait sous le grand chandelier. On célèbre son anniversaire au mois de février. Des découvertes récentes ont confirmé ces présomptions.

Louis IV.
954.

Louis IV, roi de France, dit d'Outre-Mer, mort à Reims, en 954, a été enterré dans le sanctuaire, du côté de l'épître.

et Lothaire.
986.

Lothaire, roi de France, fils de Louis IV et de Gerberge, mort en 986, fut de même inhumé dans le sanctuaire, du côté de l'évangile.

Les tombeaux, ou plutôt les cénotaphes de ces deux rois, se voient dans leur entier, ils sont en pierre; on les a conservés dans les différentes ré-édifications de l'église. Le P. Montfaucon a donné (t. 1, p. 348) le dessin de ces monuments qui se réduisent à deux statues. En 1756, ils ont été tirés du sanctuaire et mis dans le collatéral du côté du cloître, aux deux côtés du tombeau de Carloman. On célèbre leurs anniversaires aux jours de leur décès.

Gerberge.

939.

La reine Gerberge, femme de Louis IV, fille de l'empereur Henri Ier, duc de Saxe, sœur de l'empereur Othon Ier et première femme de Gislebert, duc de Lorraine, qui fut noyé dans le Rhin, en 939, a été inhumée vers le haut du chœur, un peu à gauche, sous une tombe plate avec une épitaphe en vers latins. Tous les ans on fait son anniversaire.

Renaud.
963.

Renaud ou Reginold, premier comte de Roucy et mari d'Albrade, fille de Louis IV et de Gerberge, mort en 963, était enterré à droite du chœur, vis-à-vis la reine, sa mère.

Albrade.

Albrade, femme de Renaud, était inhumée près de son époux ; on voit sur sa tombe son épitaphe. On célèbre son anniversaire le jour de son décès ; mais on ignore l'année de sa mort.

Gislebert.
998.

Gislebert, leur fils, comte de Roucy, mort en 998, a été inhumé dans l'église ; mais sa tombe, sur laquelle il y avait une épitaphe, ayant été transportée au bas des degrés du chapitre, a péri quand on a fait le nouveau cloître. On a cependant conservé une partie de l'épitaphe. On conserve aussi

Agnès.

celle d'Agnès, qu'on croit avoir été petite fille de Renaud et d'Albrade, par Hermentrude, leur fille. On ignore où elle fut inhumée. Selon l'épitaphe, cette noble dame vécut en recluse.

Boson.
939.
et Hugues.
961.

On ne sait plus où est enterré le prince Boson, frère du roi Raoul, qui mourut au siége de Saint-Quentin, en 939, non plus que Hugues, fils du comte Robert, mort en 961.

Burchard.
1060.

On voit encore dans le chœur la tombe de Burchard, jeune comte anglais qui mourut en France, en 1060, en faisant le voyage de Rome, et dont le corps fut apporté à Saint-Remi. Il était dans un petit caveau, sous les stalles du chœur, du côté de l'épître. Le père de ce comte, nommé Algar ou Allegar, fit, à cette occasion, présent à l'église de Saint-Remi d'un livre des Evangiles couvert d'or et de pierreries, autour duquel étaient gravés cinq vers latins qui en font mémoire.

Salon.

1150.
Herlobode.

Dans le sanctuaire, vis-à-vis le trésor, on voit la tombe d'un noble chevalier, nommé Salon, mort en 1150.

A côté on en remarque une autre : c'est celle d'une dame de qualité nommée Herlobode, décédée en 1200.

Gautier.
1070.

Gautier, fils de Rodolphe ou Raoul, comte de Crépy, qui fut tué en 1070, près de Reims, en portant du secours au roi Philippe Ier, a été inhumé dans le cloître, sans épitaphe.

Hadvide.
1150.

En 1655, lorsqu'on travaillait à décorer le tour du tombeau de saint Remi, on a découvert près de l'autel, à deux pieds de profondeur, une épitaphe en vers latins, gravée sur une grande tombe ; c'est celle de la comtesse Hadvide, mère ou nièce du fameux Pierre de Celles, morte en 1150.

Marquis de Rothelin

Au côté gauche du même autel a été inhumé

1651. Henry d'Orléans, marquis de Rothelin et gouverneur de Reims, décédé le 4 Mai 1651. Son épitaphe, en français, se trouvait au même endroit.

2° *Sépultures des archevêques de Reims.*

Presque tous les archevêques de Reims, depuis saint Remi jusqu'à Odalric exclusivement, c'est-à-dire pendant plus de quatre siècles, ont eu leur sépulture dans l'église de Saint-Remi. Il a été facile de le remarquer par les tombeaux qu'on a découverts à la construction du jubé en 1649, et à la pose des stalles du chœur en 1735. A l'exemple de dom Chastelain, nous ne donnerons que ceux qui sont bien connus, ou dont les épitaphes sont demeurées.

Saint Sonnace. 633. Saint Sonnace, vingt-deuxième archevêque, étant mort le 20 Octobre 633, fut enterré, comme il l'avait ordonné, au pied de l'ancien tombeau de saint Remi. Ses reliques, qui avaient été transportées à la cathédrale le 4 Novembre 1204, y furent réduites en cendres avec quantité d'autres, dans un grand incendie qui arriva le 6 Mai 1210.

Landon. 650. Landon, vingt-cinquième archevêque, par son testament, choisit sa sépulture à Saint-Remi ; il mourut en 650.

Saint Nivard. 669. Saint Nivard, vingt-sixième archevêque, mourut le 1er Septembre 669. Il fut d'abord inhumé dans l'église de Saint-Remi, et ensuite transporté dans l'abbaye d'Hautvillers dont il était le fondateur ; il y repose dans une châsse de vermeil.

Saint Réol ou Néal. 695. Saint Réol ou Néal, vingt-septième archevêque, mourut le 7 Septembre 695. Il fut d'abord enterré à Saint-Remi, puis transporté dans l'abbaye d'Orbais qu'il avait fait bâtir.

Tilpin ou Turpin. 800. Tilpin ou Turpin, trentième archevêque, auparavant moine de Saint-Denis, après avoir établi à Saint-Remi des religieux bénédictins qu'il forma lui-même aux observances régulières, mourut en l'an 800, après quarante-huit années d'épiscopat, et fut enterré, comme il l'avait désiré, auprès de l'ancien tombeau de saint Remi. On voit sous le jubé son épitaphe composée par Hincmar.

Vulfar.
816.

Hincmar.
882.

Foulques.
900.

Artalde ou Artauld.
961.

Arnould.

Gui de Châtillon.

Raoul-le-Vert.
1124.

Robert
de Lenoncourt.

Vulfar, trente-et-unième archevêque, mourut le 5 Juin 816, et fut inhumé dans Saint-Remi.

Le savant Hincmar, aussi moine de Saint-Denis et depuis trente-troisième archevêque de Reims, non content d'avoir marqué une piété tendre et effective envers saint Remi pendant tout le temps de son épiscopat, écrivit sa vie, et voulut être inhumé auprès de ses restes vénérés. Son tombeau, selon toutes les apparences et les conjectures des plus habiles, n'est autre que celui qui, dans la suite, a été attribué à Raoul-le-Vert, archevêque de Reims. Peut-être qu'à la reconstruction de l'église, il fut transporté là où Raoul fut inhumé. Il était dans le bas-côté de l'église, adossé le quatrième derrière les stalles, vis-à-vis le cloître. Quant à son épitaphe, qui était autrefois dans le sanctuaire, elle a été posée, en 1739, à côté de la grille contiguë à la sacristie. Hincmar est décédé à Epernay, la trente-septième année de son épiscopat, l'an 882, le 21 Décembre.

Foulques, moine et abbé de Saint Bertin, et depuis trente-quatrième archevêque, ayant été tué à coups de lance, par ordre de Beaudoin, comte de Flandres, en 900, fut rapporté à Reims et inhumé à Saint-Remi, avec une épitaphe assez longue.

Artalde ou Artauld, moine de l'abbaye de Saint-Remi et trente-septième archevêque, mort en 961, y fut aussi enterré ; on ignore en quel endroit.

Arnould, fils naturel du roi Lothaire, aussi moine de Saint-Remi et quarantième archevêque, mourut en 1021, et fut enterré vers le milieu du chœur, avec une épitaphe qui subsiste encore.

Gui de Châtillon, quarante-deuxième archevêque, mort en 1055, est aussi inhumé dans le chœur ; on y voyait près de l'aigle son épitaphe en vers latins.

Raoul-le-Vert, archidiacre, puis quarante-septième archevêque, mourut en 1124. On croit qu'il fut enterré là où était le tombeau d'Hincmar. Il n'a point d'épitaphe.

On voit dans le sanctuaire, sous la lampe du milieu, une tombe de cuivre, sous laquelle est déposé le cœur de Robert de Lenoncourt, second abbé commendataire de Saint-Remi et

1532.

soixante-dix-neuvième archevêque de Reims, qui y décéda le 25 Septembre 1532. Le corps de ce digne et charitable prélat est inhumé dans la chapelle de la Vierge, dite du Saint-Lait, en l'église de Reims. Il a fondé deux anniversaires à Saint-Remi pour lui, pour ses parents et pour ses amis; ce qui s'exécutait régulièrement aux mois de Juin et de Septembre.

3° Sépultures des abbés réguliers de Saint-Remi.

Presque tous les abbés reguliers qui ont gouverné l'abbaye depuis Hincmar, premier abbé régulier, jusqu'à Gui Bernard, évêque de Langres, premier abbé commendataire nommé par le roi Louis XI, en 1472, ont eu à Saint-Remi leur sépulture.

Hincmar II.
967.

Hincmar II, homme d'esprit et extrèmement zélé pour toutes les pratiques du cloître, mourut le quatrième du mois de Mars de l'année 967.

Hugues Ier.
970.

Hugues Ier, second abbé régulier, mourut le 4 Août 970.

Rodolphe
ou Raoul.
Lethard.

Rodolphe ou Raoul, troisième abbé régulier, fut béni par l'archevêque Odalric, et mourut en 983.

Lethard, quatrième abbé régulier, mourut le 19 Septembre 989.

On ne sait plus en quels endroits ces quatre premiers abbés ont été inhumés.

Arbode.
1009.

Arbode, cinquième abbé régulier, est mort en 1009. On voyait près du chœur une partie de son épitaphe, qui commençait par ces mots: *Hic jacet Arbodus abbas egregius.*

Airard.
1036.

Airard, sixième abbé régulier, fut béni par l'archevêque Raoul; il mourut le 28 Janvier 1036. Il est enterré au milieu du chœur.

Thierry.
1048.

Thierry, septième abbé régulier, fut confirmé par l'archevêque Gui. Il est mort le 6 Octobre 1048. Il a été inhumé sous la grande couronne, avec une épitaphe que l'on a conservée, quoique sa tombe ne subsiste plus.

Hérimar.
1071.

Hérimar, huitième abbé régulier, fut choisi par Thierry, de son vivant, pour lui succéder. Il fut béni par l'archevêque Gui. Ce fut lui qui fit achever et dédier l'église actuelle, comme nous l'avons dit. Après avoir gouverné sagement pendant vingt-cinq ans, il mourut le 7 Septembre 1071, regretté de ses freres qui lui dressèrent une épitaphe que l'on voyait sur son tombeau, dans le chapitre ; depuis la construction des nouveaux bâtiments elle a été malheureusement brisée, mais on en a conservé une copie.

Après la mort d'Hérimar, le siège abbatial vaqua environ cinq ans, pendant lesquels l'abbé de Saint-Arnould de Metz gouverna la communauté de Saint-Remi avec l'agrément de l'archevêque de Reims.

Henry.
1094.

Henry fut élu canoniquement neuvième abbé régulier en 1076. Il était en même temps abbé de Nogent-sous-Coucy et d'Hombliéres. Il mourut le 17 Mars 1094. On peut présumer qu'il fut inhumé à Saint-Remi.

Robert ou Rupert.

Robert ou Rupert, dixième abbé régulier, succéda à Henry. Quoique très savant, il fut néanmoins déposé en 1097, pour cause de dissipations. On ne sait en quelle année ni en quel lieu il est mort et enterré.

Burchard.

Burchard, religieux étranger, élu en la place de Rupert, fut le onzième abbé régulier. Il abdiqua après trois ans de prélature. On ne sait où il mourut.

Azenaire.
1100.

Azenaire fut élu douzième abbé régulier en l'an 1100. Il était parent de Gui, duc de la Trémouille ; celui-ci, sans doute par considération pour lui, à son retour de la Terre-Sainte, où il avait été avec Godefroy de Bouillon, fit rétablir la même année le monastère qui avait été brûlé en 1098. Il procura encore d'autres avantages à son abbaye, et décéda le 30 juillet 1118 ; il fut inhumé près du chapitre, avec une épitaphe honorable dont on a conservé la copie.

Odon.
1151.

Odon, religieux de Morigni, ensuite abbé de Saint-Crépin-le-Grand, de Soissons, ayant été désigné par Azenaire pour lui succéder, fut élu treizième abbé régulier de Saint-Remi en 1118. C'est cet abbé, rempli de vertus et de mérites, qui fonda la Chartreuse du Mont-Dieu dans le diocèse de Reims. Il mourut le 10 Janvier 1151. Son tombeau, relevé en pierres et orné d'une arcade, était autrefois à droite de la porte du chœur, du côté de la sacristie. Mais en 1660 , quand on élargit cette porte, on fut obligé de le transporter dans le collatéral , sans toutefois lever le corps.

Il est le troisième après celui de Carloman. Outre la figure de cet abbé que l'on y voit presque au naturel, il y a divers ornements sculptés, et en particulier des chartreux qui tiennent en leurs mains des instruments d'architecture. Il ne reste que quelques fragments de son épitaphe.

Hugues II.

1162.

Hugues II était grand prieur quand il fut élu quatorzième abbé régulier. Il mourut le 18 avril 1162 et fut inhumé dans le chapitre, où on voyait ci-devant son épitaphe.

Pierre Ier.

1182.

Pierre I, surnommé le Dampierre, abbé de Celles, dans le diocèse de Troyes, fut le quinzième abbé régulier de Saint-Remi. Il y attira plusieurs savants religieux , étant très-savant lui-même. Après dix ans de régie , il fut fait évêque de Chartres, où il décéda le 19 février 1182, et fut enterré dans l'église de Notre-Dame de Josaphat, où on voit sa tombe et son épitaphe.

Simon.

1194.

Simon, seizième abbé régulier, fut béni par le cardinal Guillaume de Champagne, archevêque de Reims ; il décéda le 24 Juillet 1194. Il est inhumé à côté de l'autel de la nef qui est au midi. Quand on fit le jubé en 1649, on trouva le corps de cet abbé tout entier, revêtu de ses ornements sacerdotaux, avec lesquels il avait été enterré, et tenant son bâton pastoral. Il y avait sur sa tombe une épitaphe honorable que l'on a conservée.

Pierre II.
1203.

Pierre II, dit de Ribemont, dix-septième abbé régulier, est mort le 30 Juillet 1203. Il a été inhumé dans le chapitre.

Ingon.
1205.

Ingon, grand prieur, fut le dix-huitième abbé régulier. Il décéda le 9 Juillet 1205. On ne sait où il fut inhumé.

Milon de Bazoches.

Milon de Bazoches, dix-neuvième abbé régulier, ne demeura à Saint Remi que dix mois, ayant été élu abbé de Saint-Médard de Soissons.

Gui.
1212

Gui fut choisi pour vingtième abbé régulier et béni en 1206. Il mourut le 7 Septembre 1212.

Pierre III.
1257.

Pierre III dit le boiteux, religieux de Saint-Remi, fut d'abord abbé de Nogent-sous-Coucy, puis fut élu vingt-unième abbé régulier. Se voyant fort

1237.
Adéodat
ou Dieudonné.
1239.

Pierre IV.

1251.

Gislebert.
1253.

Odon II.
1269.

Barthélemy d'Epinal
1284.

Jean Ier.
1297.

Roger.
1317.

âgé, il se démit en 1236 en faveur du suivant et mourut le 11 Mars 1237.

Adéodat ou Dieudonné, vingt-deuxième abbé régulier, après trois ans de gouvernement, décéda le 6 Août 1239. On ne sait où ces trois abbés ont été enterrés.

Pierre IV, dit de Sacy, vingt-troisième abbé régulier, gouverna douze ans, et mourut le 15 Octobre 1251. Il fut inhumé dans la chapelle de la Vierge, où sa tombe et son épitaphe demeurèrent jusqu'en 1752.

Après le décès de Pierre de Sacy, les religieux eurent de la peine à s'accorder pour lui donner un successeur. Ce ne fut que sept mois après qu'ils élurent, pour vingt-quatrième abbé régulier, Gislebert, qui mourut le 25 Mars 1253. Il fut inhumé dans la chapelle de la Vierge. On n'a recouvré qu'une partie de son épitaphe.

Il y eut encore de plus grandes difficultés après la mort de Gislebert, pour l'élection d'un abbé. Les religieux cependant élurent, par la voie d'un compromis, pour vingt-cinquième abbé régulier, Odon, deuxième de nom ; chapelain du pape Innocent IV, il obtint de lui le droit de se servir d'ornements pontificaux ; après quinze ans de prélature, il mourut le 11 Janvier 1269, et fut enterré dans la chapelle de la Vierge, avec une épitaphe que l'on a conservée.

Barthélemy d'Epinal, élu vingt-sixième abbé régulier, et confirmé par l'archevêque Jean de Courtenay, en 1270. Monté à cheval, la mitre en tête, et revêtu d'une chappe, il porta la sainte Ampoule dans l'église de Reims, pour le sacre du roi Philippe-le-Hardi. Il décéda le 12 Juillet 1284. On ignore le lieu de sa sépulture.

Jean Ier, dit de Clinchamps, vingt-septième abbé régulier, était d'une illustre famille. Etant allé à Rome, pour quelques affaires, il y mourut le dernier Avril 1297. Son corps fut inhumé dans l'église de Saint-Martin-du-Mont, près de son frère le cardinal de Clinchamps, dit Grand Colet. Mais son cœur fut apporté à Saint-Remi et enterré devant le jubé, sous une tombe avec épitaphe.

Roger, grand-prieur, fut élu vingt-huitième abbé régulier. Il présenta, en 1299, à Messieurs

14

du chapitre, Robert de Courtenay, qu'il avait conduit processionnellement depuis l'église de Saint-Remi jusqu'à la chapelle de Sainte-Catherine, vis-à-vis Saint-Denis, pour être mis en possession de l'archevêché. Il mourut le 17 Octobre 1317. Il était inhumé dans l'église de Saint-Remi, sous une grande tombe noire.

Jean II.
1347.

Jean II, dit du Mont, vingt-neuvième abbé régulier, fit serment à l'église de Reims, en 1318. Il décéda le 4 Mars 1347. On ne connait pas le lieu de sa sépulture.

Jean III.
1362.

Jean III, dit Lescot, trentième abbé régulier, prêta serment à l'archevêque de Reims, devant le grand-autel de la Cathédrale. Il décéda le 29 Décembre 1362, et fut enterré dans la chapelle du cloître, dite de Saint-Christophe, qui ne subsiste plus. On a conservé son épitaphe.

Pierre V.
1394.

Pierre V, dit de Marcilly, trente-et-unième abbé régulier, prêta serment à l'archevêque le 3 Août 1363. De son temps, il y avait à Saint-Remi deux savants religieux, dom Ponçart de Vendresse et dom le Picart de Larisville; ils ont laissé différents ouvrages.

L'abbé Pierre décéda le 3 Janvier 1394, et fut inhumé devant l'autel de Saint Remi sous une tombe noire.

Jean IV.
1439.

Jean IV, dit Canart, quoique jeune, mais homme d'esprit, fut élu canoniquement trente-deuxième abbé régulier. Il fit serment à l'archevêque le 26 Octobre 1394 et mourut en 1439. On ne sait où il fut inhumé.

Nicolas Robillart.
1461.

Nicolas Robillart, trente-troisième abbé régulier, décéda le 21 Juillet 1461, et fut enterré près du tombeau de Saint-Remi.

Héméric Hocquedé.
1464.

Héméric Hocquedé, abbé de Saint-Thierry, fut élu trente-quatrième abbé régulier de Saint-Remi, et mourut au mois de Janvier 1464. On ignore le lieu de sa sépulture.

Guillaume de Villers.
1472.

Guillaume de Villers, autrement Guillaume le Moine, fut choisi par la communauté pour le trente cinquième abbé régulier; il fut le dernier élu canoniquement. Après avoir beaucoup travaillé pour le bien spirituel et temporel de son abbaye, il décéda le 15 Octobre 1472, et fut inhumé auprès du tombeau de Saint-Remi. Aussitôt le décès de

cet abbé, les religieux s'étant assemblés capitulai-
rement, élurent pour lui succéder dom Nicolas
d'Auxenvillers, leur confrère, prieur de Condé ;
mais Gui Bernard, évêque de Langres, et chance-
lier de l'ordre de Saint-Michel, nommé par le roi
Louis XI, ne le laissa point jouir tranquillement.
Il fut obligé de se contenter d'une modique pen-
sion avec la dignité de grand-prieur et de vicaire-
général de l'abbaye.

Aucun des abbés commendataires ne fut inhumé dans
l'église de Saint-Remi.

*4° Sépultures de plusieurs autres personnages de dis-
tinction.* — Ce serait entreprendre un immense nécrologe
que de vouloir s'étendre sur cette nomenclature de grands
prieurs, de sous-prieurs et d'un infinité de religieux recommandables, ou par leur science et leurs vertus, ou par
la noblesse de leur origine. Il faudrait en effet citer les
Moët dont les ancêtres ont été ennoblis par Charles VII,
à cause de leur grande piété, *propter insignem pietatem* ;
les Cauchon et les Colbert qui ont donné à l'église de
saints évêques et de pieux abbés, et à l'état des grands
hommes ; les Ravineau, les Lévêque, les Angier, les Co-
quault, les Noël, les Lespagnol, les Chevalier, les Souin,
les de Launois, les Coquebert, les le Paige, les Gilbaut,
les Bourgeois, les Frison, les Chartemps, les Feret, les
Roland, les Saubinet, les Bignicourt, les Maillefer, les
Lebœuf, les Dorigny, les Chastelain et les de La Salle,
etc., dont quelques-uns ont fait de pieuses fondations
soit à Saint-Remi, soit à d'autres églises, soit même à
l'Université de Reims qu'ils ont honorée de leur talent.
Il suffit de dire que l'on conserve dans l'église de Saint-
Remi, dans le cloître, et dans les cimetières qui sont aux
environs, les dépouilles mortelles et les cendres précieuses

d'une multitude de personnages de tout état et de toute condition qui ont voulu s'y faire enterrer jusqu'au xviie siècle. Nous en avons déjà nommé quelques-uns, nous ne pouvons nous dispenser d'en nommer encore d'autres avant de finir. C'est donc injustement, ajoute dom Chaste-lain, que quelques critiques ont depuis peu accusé les religieux de Saint-Remi d'avoir laissé périr d'anciens mo-numents qui ne peuvent que leur faire honneur, illustrer la ville de Reims et relever la gloire de plusieurs familles.

Jean Lépinette, chanoine de Reims, décédé en 1514, et sa nièce nommée Céline, décédée le 21 Août 1563, sont inhumés sous une grande tombe près de la grille méridionale du chœur, et à côté, deux chanoinesses de Saint-Pierre-lès-Nonnains c'est-à-dire les Dames, dont les noms ne se peuvent lire.

Près de la chapelle de la Vierge, on voit la tombe de Remi le Jay, aussi chanoine de la cathédrale de Reims, mort le 20 Janvier 1515. Au côté droit du tombeau de saint Remi est une tombe de marbre noir aux armes de Lenoncourt, sur laquelle on lisait que M. Pierre de Lenoncourt, abbé de Moutiers-en-Argonne, âgé de 17 ans, était décédé à Reims le 5 Janvier 1611. Il est enterré sous cette tombe. Il était petit neveu de l'archevêque Robert de Lenoncourt.

Vis-à-vis de la chapelle Saint-Gibrien, sous une tombe de pierre blanche, a été inhumé Pierre d'Epinal, chanoine de Saint-Timothée, curé de Cernay-en-Dormois et frère de Barthélemy d'Epinal, vingt-sixième abbé. Il est mort le 3 Octobre 1306.

En 1561, le 5 Décembre, est décédé Nicolas Prégent, aussi chanoine de Saint-Timothée. Il a été enterré dans le cloître; on y voyait autrefois son épitaphe, à côté de celle de deux chanoines de la métropole, dont l'un est mort en 1523 et l'autre en 1550, et dont les noms se sont trouvés effacés.

Dans la nef, vis-à-vis l'autel de la Croix, a été inhumé Jean Bérelle, cha-noine de Sainte-Balsamie, qui trépassa le 9 Août 1594.

Devant la porte méridionale, donnant entrée sur le tombeau, on voit la tombe d'un prêtre nommé Eustache, qui avait fait décorer l'ancienne châsse de Saint-Remi. Son épitaphe est gravée sur sa tombe. Il est mort en 1270.

Assez près est celle d'une dame, nommée Adèle de Ventelay, décédée en 1272, et celle d'Arnould le Charlier, de Gerson, mort le 14 Septembre 1401. A peu près au même endroit est inhumé Thierry de Rosnay, physicien, c'est-à-dire médecin du roi Philippe-le-Bel. Il décéda au mois de Janvier 1305. Son épitaphe est en latin.

Vis-à-vis de la chapelle de Saint-Gibrien, entre les deux bénitiers, on trouve la tombe de Didier Buat, clerc et argentier de Robert de Lenoncourt, qui mourut âgé de plus de cent ans, le 15 Février 1607. On célébrait son obit tous les ans comme celui d'un bienfaiteur de l'abbaye.

Vers le bas de l'église et au pied de la tour méridionale, on peut lire une épitaphe assez curieuse : elle est d'une dame de piété, nommée Guiburge, morte en 1220.

Derrière le chœur, vis-à-vis le cloître, près du sépulcre de Carloman, il y a une tombe de pierre, relevée en table et ornée d'une arcade et de plusieurs figures, avec deux épitaphes en vers latins. Ce tombeau, qui était dans la chapelle du cloître, démolie en 1670, avait été dressé à la mémoire d'Herbert Mordlachar, bourgeois des plus notables du Ban de Saint-Remi, distingué par sa charité envers les pauvres pendant une cruelle famine, et mort en 1150. Son épouse s'appelait Havide, et on a tout lieu de croire que Richer, Guarin ou Warin et Drogon Mordlachar, tous qualifiés du nom de bourgeois de Saint-Remi, dans un ancien acte, étaient ses fils. Il y avait un autre tombeau, presque de la même structure que le précédent, dans la chapelle dite de Saint-Nicolas; il a été démoli en 1751. C'était celui d'un nommé Richer, sans doute fils d'Herbert. Il mourut en 1190.

Dans la chapelle de la Vierge on voyait avant 1752 les tombes et les épitaphes de Remi de Tuisy, sénéchal de Reims, qui trépassa le 31 Mars 1231, et d'Ermenias, sa femme, qui mourut le 26 Septembre 1235; de Pierre de Retest, écuyer, d'Isabelle de Roucy, sa première femme, morte le 12 Mars 1396; et de Marguerite le Cerf, sa seconde femme; enfin celui d'Isabelle de Ville-Sauvage, veuve de Henri de Vervins, seigneur de Saint-Loup, dame de Saint-Loup et Prouilly, qui trépassa le 7 Septembre 1420.

Dans la chapelle de Saint-Marcoul, il y avait trois tombes de pierre noire, sous lesquelles ont été inhumés Jacques Labarbe, bourgeois de Reims, trépassé le 1er Août 1340, Agnès, sa femme, Everard Labarbe et plusieurs autres de la même famille.

Dans le cimetière, derrière l'église, on apercevait autrefois une tombe noire, sur laquelle on lisait l'épitaphe de Thibaut de Thuisy, autrement dit le petit Bourgeois de Reims, qui mourut en l'an 1360, et celui de Sibille, son épouse, qui mourut le 26 Mai 1349. Derrière la chapelle de Saint-Benoît, au même cimetière, on voyait encore la tombe d'une dame de qualité nommée Ringarde. On apprend, par son épitaphe, qu'elle décéda au mois d'Août, et laissa 20 livres aux religieux.

En 1757, on découvrit, en travaillant au perron du portail méridional de l'église, une grande tombe de pierre blanche, sur les revers de laquelle on lisait l'épitaphe d'un homme recommandable par sa bonne vie, nommé Teurbolde. Elle est au moins du IXe siècle, si l'on en juge par le caractère.

§ II.

Monuments , Trésors et Mobilier conservés.

Tout ce que nous avons dit, dans ce chapitre, sur l'ornementation et le mobilier de l'église de Saint-Remi, n'a
de valeur que comme souvenir d'un passé que l'on voudrait
pouvoir faire revivre. Pour nous consoler de tant de ruines,
voyons ce que la piété des contemporains a pu imaginer
de mieux, soit pour recueillir les débris épars, soit pour
commencer une nouvelle œuvre de restauration.

Bas-relief. — *Saint Sépulcre.* — En entrant par le
portail de Lenoncourt, ce qui frappe d'abord, à droite en
entrant, c'est un petit bas-relief qui n'a d'autre valeur que
d'être un curieux specimen de l'art du xvᵉ siècle ; il représente les *Scènes de la mort et de la résurrection de Jésus-
Christ.* Ce n'est point une œuvre d'art, mais, comme
curiosité, il méritait d'être conservé. Immédiatement après,
dans une espèce de petite chapelle pratiquée dans l'épaisseur du mur, on a eu l'heureuse idée de placer un groupe
du Saint Sépulcre. Ce monument, qui n'est point sans
mérite, était autrefois dans l'église de la Commanderie du
Temple. L'acquéreur, M. Lemoine, ayant converti l'église
en celliers, donna les statues du Sépulcre à l'église de
Saint-Remi. *Joseph d'Arimathie et Nicodème tiennent le
linceul ; Salomé et Marie, mère de saint Jacques, apôtre,
sont debout près du tombeau ; la Sainte Vierge, accablée
de douleur, est soutenue par saint Jean.* Dans l'église du
Temple, ces sept figures étaient accompagnées de deux

gardes placés l'un à droite et l'autre à gauche du Sépulcre, qui porte cette inscription :

Frère François Jarradin, commandeur de céan, a fait faire ce sépulcre en l'an mil cinq cent trente et ung.
Priez Dieu pour luy.

Trois baptêmes. — Vis-à-vis se trouvent les fonts baptismaux, près desquels on a récemment placé le Retable connu sous le nom des trois baptêmes; il représente en effet celui de Jésus-Christ, de Constantin et de Clovis. On l'attribue à l'un des frères Jacques.

Au-dessus était cette inscription :

Honor Deo sit , virginique Mariœ ;
Pax vivis et requies defunctis. Amen. 1610.

Le sujet de droite représente le *Baptême de Clovis.* Le roi est à genoux dans une cuve profonde, les bras croisés sur la poitrine. Au-dessus plane une colombe, tenant à son bec la sainte Ampoule; elle est environnée de nuages, laissant échapper des rayons de lumières qui tombent sur le prince. A droite paraît saint Remi, versant de l'eau, entouré d'un diacre porte-croix et d'un céroféraire; on voit aussi Clotilde et les deux sœurs du roi, Lantilde et Alboflède. Au-dessus on lit l'inscription suivante :

Accipit e cœlo, tingens baptismate Regem ,
Vas sacro plenum chrismate , Remigius.

Le relief du centre représente le *Baptême de Jésus-Christ par saint Jean.* Au-dessus est cette inscription :

Vox patris auditur , præsto est sub veste columbœ
Flamen , Jesus aquas corpore sanctificat.

Le troisième rappelle le *Baptême de Constantin;* le pape Jules II, portant la triple couronne, verse de l'eau sur la

tête de l'empereur ; autour de lui sont deux diacres ou
cardinaux et deux autres personnages de distinction. On
lit ces deux vers pour inscription :

Constantinus erat lepra perculsus utraque
Sed statim sacris utraque sedit aquis.

Autel des fonts baptismaux. — On remarque à côté de
ce bas-relief un autel assez moderne, représentant la
Vierge aux Douleurs. C'est encore une nouvelle importation
faite dans l'église de Saint-Remi. Deux statuettes représentent, l'une probablement le donateur, et l'autre *saint
Antoine.*

Dalles historiées. — La première chapelle qui se présente
en entrant dans l'abside, est celle de Saint-Eloi, pauvre
comme toutes les chapelles de Saint-Remi, mais remarquable par un dallage du xiiie siècle ; véritable rareté
archéologique, échappée aux ruines de Saint-Nicaise. Les
sujets qui ornent ces dalles , sont dessinés sur la pierre en
traits creux, remplis de plomb fondu. L'ensemble représente divers faits de l'Histoire sainte , depuis le déluge jusqu'à David, mais interrompus par des lacunes regrettables
qu'il a été impossible de combler. Les caractères qui désignent chaque scène biblique sont ceux employés sous
saint Louis et ses successeurs immédiats. Sur quelques-
unes de ces dalles, nous trouvons des casques pointus ou
à quatre faces, des boucliers taillés en écu, des chevaux
de bataille habillés de fer, couverts de draperies, qui nous
rappellent le sceau de Thibaut, comte de Champagne ; on
a donc lieu de penser qu'elles remontent à la fin du xiiie
siècle ou au commencement du xive. Lacourt et dom Marlot
nous apprennent qu'elles étaient dans le sanctuaire de Saint-
Nicaise, devant un grand autel de forme antique. Elles

étaient posées en losange et séparées, soit par des bandes de marbre, soit par les carreaux à feuillages qui les accompagnent.

Dispersés par l'orage de 93, ces glorieux débris ont été pieusement recueillis et abrités avec soin dans la chapelle de Saint-Eloi, la première de l'abside, en entrant par le portail de Lenoncourt. Voici les sujets de ces dalles échappées du naufrage :

1 Construction de l'arche
2 Loth donne aux anges l'hospitalité.
3 Loth force ses gendres de quitter Sodome.
4 Les anges pressent Loth lui-même de quitter la ville.
5 La femme de Loth changée en statue.
6 Sacrifice d'Abraham.
7 Isaac bénit Jacob.
8 Colère d'Esaü et stupéfaction de Jacob.
9 Echelle de Jacob.
10 Jacob reçoit de Laban l'ordre de garder ses troupeaux.
11 Lutte de l'ange contre Jacob.
12 Bénédiction de Jacob après la lutte.
13 Jacob bénit ses enfants.
14 Moïse et Aaron changeant la verge en serpent.
15 Les grenouilles dans le palais de Pharaon.
16 Les moucherons.
17 Les animaux atteints de la peste.
18 Le Seigneur fait pleuvoir la grêle sur l'Egypte.
19 Les ténèbres couvrent les Egyptiens, tandis que la lumière luit pour les Israélites.

20 Mort des premiers-nés ; une mère montre à Pharaon son enfant mort.
21 Fuite dans le désert, figurée par des chameaux.
22 Poursuite des Israélites par les soldats de Pharaon.
23 Moïse exhorte les Hébreux dans le désert.
24 Séparation des eaux de la mer rouge.
25 Passage de la mer rouge.
26 Les Egyptiens y suivent les Hébreux.
27 Destruction de l'armée égyptienne.
28 L'eau du rocher.
29 Aaron soutient les bras de Moïse priant pour les Israélites.
30 Le serpent d'airain.
31 Les Israélites adorent les faux dieux des filles de Moab.
32 Moïse brise les idoles.
33 Nabuchodonosor convie,au son de la harpe, les adorateurs de son idole.
34 Les trois compagnons de Daniel dénoncés à Nabuchodonosor.
35 Résistance de ces trois jeunes hommes aux ordres du roi.

36 Les trois victimes dans la fournaise; un ange entouré d'un nimbe crucifère les accompagne.

37 Nabuchodonosor réduit à la condition des animaux.

38 Festin de Balthasar.

39 Daniel explique la vision de Balthasar.

40 Prophétie de Daniel, relevé par la main divine de son état de faiblesse. Au sommet de cette dalle, on lit en abrégé le nom de Nabuchodonosor et ceux de Daniel et de Cyrus.

41 Suzanne au bain (fragment).

42 Suzanne et sa famille comparaissent devant les deux vieillards.

43 Accusation de Suzanne.

44 Suzanne condamnée à mort.

45 Prière de Suzanne.

46 Contradiction des vieillards, qui désignent deux arbres différents, sous lesquels le crime de Suzanne aurait été commis.

47 Confusion des prêtres de Baal, et preuves de leur stratagème.

48 Daniel dans la fosse aux lions.

Il faut lire, dans l'intéressante notice de M. Pr. Tarbé, illustrée de magnifiques dessins par M. Maquart, l'explication détaillée de ce dallage, peut-être unique en France. « Dallage de six siècles, écrivait l'auteur en finissant, vous irez encore vous asseoir au sein d'une chapelle; vous brillerez comme dans vos premiers jours; les verrières mystérieuses jeteront sur vous leur pluie de fleurs étincelantes, et sur vous, agenouillée, la religion ira bientôt prier le Dieu qui fait les gens de cœur et les grandes cités ! » Ce désir a été, du moins en partie, réalisé. Les dalles de Saint-Nicaise sont à Saint-Remi; mais les verrières étincelantes manquent toujours, et les gens de cœur qui s'agenouillent pour prier, sont de plus en plus rares.

Autels. — Les autels de l'église de Saint-Remi ne sont point malheureusement en harmonie avec l'architecture qui les entoure; c'est qu'il faut plus de temps pour réparer que pour détruire. Espérons qu'un jour, de beaux autels romans, ornés d'émaux ou de statuettes enfermées dans de riches arcatures, viendront compléter la décoration architecturale.

On peut, en passant, distinguer dans l'abside deux statues du Christ, dont l'une est assez remarquable.

Statues romanes. — En quittant le tombeau, il ne faut point oublier de jeter un regard sur les deux statues placées derrière le trésor ; elles sont en bois, peintes et dorées, et accusent, par leurs formes étroites et par l'agencement des draperies, le type de la sculpture du xie ou du xiie siècle. Ces deux figures, qui n'ont rien de remarquable au point de vue de l'art plastique, offrent en échange des têtes d'une belle et pieuse expression ; elles portent l'une et l'autre un livre dans la main ; elles décoraient autrefois l'église collégiale de Sainte-Balsamie.

Le trésor d'Archambauld, auquel ces statues sont adossées, est une œuvre d'architecture insignifiante ; il a de plus l'inconvénient d'ajouter encore une nouvelle variété aux nombreuses variétés de style qui distinguent le chœur et le sanctuaire. Il renferme le cœur de Charles, de Louis et de François de Lorraine, et celui de Talleyrand de Périgord.

Chaire. — Dans la nef s'élève une chaire moderne qui ne peut guère remonter au-delà du xviie siècle. Trois bas-reliefs en font l'ornement ; ils représentent *Saint Remi recevant la sainte Ampoule ; saint Benoît implorant le Saint-Esprit et donnant sa règle à ses religieux.* Le plus grand mérite de cette chaire est d'avoir appartenu aux bénédictins, dont elle porte encore le chiffre.

Sacristie. — Deux portes, dans le style du xve siècle, retrouvées par hasard, ferment l'entrée de la nouvelle sacristie. Sur deux panneaux, ornés dans le style de

l'époque, est sculptée l'*Annonciation de la Sainte Vierge ;*
l'ange, tenant un lys à la main, fléchit le genoux devant
Marie, qui reçoit, de l'air le plus modeste, la salutation
de l'envoyé céleste. C'est dans cette sacristie que se trouvent renfermés quelques émaux précieux et les fameuses
tapisseries que nous allons bientôt décrire.

Emaux. — Ces émaux sont vraiment remarquables et
d'une assez grande valeur. La richesse des teintes et du
coloris, la beauté des expressions, l'élégance du dessin,
supposent une main exercée. Jules Landin, émailleur de
Limoges en 1663, était en effet un des plus habiles artistes
de son temps. Seize de ces émaux sont fixés aux châsses
qui renferment les restes précieux des premiers martyrs
de Reims. Les douze autres attendent une destination.
Nous en donnons les divers sujets :

1 Emblème de martyr.
2 Ordination de S. Timothée et de S. Maur, par S. Pierre et S. Paul.
3 Mission de S. Timothée et de S. Maur.
4 Prédication de S. Timothée au peuple de l'église de Reims.
5 Prédication de S. Maur au peuple rémois.
6 S. Maur célèbre le sacrifice de la messe.
7 S. Maur administre le sacrement de baptême.
8 S. Maur administre le sacrement de confirmation.
9 Emprisonnement de S. Maur et de S. Timothée.
10 S. Maur traduit devant l'empereur.
11 S. Maur pressé par l'empereur de renoncer à la foi.
12 L'empereur ordonne à S. Maur de sacrifier aux dieux.
13 Un nouveau chrétien conduit en prison.
14 S. Timothée pressé de sacrifier aux dieux.
15 Le même saint pressé d'embrasser le culte des idoles.
16 Martyre de S. Timothée.
17 Autre martyre de S. Timothée.
18 S. Préject et S. Juvin, compagnons de S. Timothée, amenés devant l'empereur.
19 Supplice d'un martyr.
20 Conversion de S. Apollinaire, l'un des bourreaux de S. Timothée.
21 S. Apollinaire cruellement fustigé devant S. Timothée.
22 S. Timothée et S. Apollinaire ont la tête tranchée.

23 Exécution de plusieurs martyrs, et punition de Lampade,
leur juge.
24 S. Maur confère le baptême à
de nouveaux chrétiens.

25 On conduit un martyr au
supplice.
26 Inhumation pompeuse des
martyrs.
27 Leur apothéose.

Landin a eu soin de placer son nom sur plusieurs de
ces tableaux.

Nous ne devons pas omettre un certain livre d'évangiles,
orné d'émaux, qui doivent être beaucoup plus anciens. Sur
une face de la couverture apparaît *Jésus en croix*, et sur
l'autre est représenté le *Martyre de sainte Fébronie*.

Ces émaux, quelques châsses insignifiantes, une ou deux
chasubles qui ne sont ni bien anciennes, ni bien remarquables, voilà tout ce qui nous reste des immenses trésors
entassés par les siècles dans l'église de Saint-Remi. Il est
vrai que nous avons encore pour nous dédommager les
admirables tapisseries, dont M. Jubinal a donné les splendides dessins.

Tapisseries. — Avant de décrire les tentures qui ornent
l'église de Saint-Remi, nous ne pouvons oublier deux
tapisseries célèbres, dont on possède depuis longtemps la
gravure, et qui, selon toute probabilité, sortirent des manufactures rémoises. Ces établissements, dont l'origine
remonte au moyen-âge, virent, non-seulement au xvi[e]
siècle, mais encore au xive, au xve et peut-être sous saint
Louis, leurs produits acceptés avec honneur dans les
cours, les châteaux et les basiliques.

La première de ces deux tentures, intitulée : *Tapisserie
du sacre de Charles VI*, est celle dont le père Montfaucon
a donné la gravure au tome III de ses *Monuments de la
Monarchie française*, planche 19, et qu'il a décrite page 74
du même volume.

La deuxième, dont nous possédons aussi la gravure, est celle qui représentait l'*Entrée de Charles VII à Reims*, à l'époque de son sacre. Il en a existé quelques fragments jusqu'en 1817 ; mais on ne sait aujourd'hui ce qu'ils sont devenus.

La belle collection des tapisseries données à l'église de Saint-Remi offre, outre l'intérêt du sujet, l'avantage d'être complète et celui de l'exactitude du vêtement civil, qui manque aux tentures de la cathédrale.

Les tapisseries de Saint-Remi sont au nombre de dix, toutes d'égale grandeur et de forme pareille. Elles furent données en 1531, à cette église, par Robert de Lenoncourt, abbé commendataire de Saint-Remi. Elles représentent *la Bataille de Tolbiac, le Baptême de Clovis, la Peste de Reims*, et les divers événements qui donnèrent lieu aux miracles de l'Apôtre des Français. « Les tapisseries de Saint-Remi, dit M. Vitet, dans son rapport, sont des chefs-d'œuvre moins parfaits, quant au dessin et quant à la perspective, que ceux de Valenciennes, mais aussi beaux de couleur et de travail. Les têtes ont ce regard sérieux et expressif qu'on remarque dans les premiers tableaux de l'école allemande. Il est même probable qu'un peintre de cette école en aura fait les modèles. C'est surtout à l'envers qu'il faut voir ces beaux tapis ; les couleurs, garanties de ce côté contre l'action de l'air, ont conservé presque tout leur éclat. Sur les dix tapisseries de Saint-Remi, il y en a quatre moins altérées que les autres, et qui paraissent avoir moins servi. En effet, dans les processions et autres cérémonies, on n'étalait en général que six tapisseries. »

Ce que dit ici M. Vitet, sur le caractère allemand des tapisseries de Saint-Remi, est d'autant plus juste qu'il n'y a, pour s'en convaincre, qu'à les comparer aux planches

11e et 12e des tapisseries de Berne, qui représentent des
monuments à peu près contemporains des tentures de
Saint-Remi. Il y a identité de manière dans le dessin et
ressemblance dans un assez bon nombre de têtes. C'est ce
qui peut-être porterait à croire que les tapisseries de Saint-
Remi n'ont point été exécutées à Reims (1).

La première de ces tapisseries offre un ensemble parfait
et un agencement plein d'harmonie, malgré le grand nombre
de scènes diverses et de personnages qui s'y trouvent re-
tracés. En haut, vers la gauche, on aperçoit Jésus-Christ
et les apôtres regardant un ermite endormi auprès d'une
chapelle. Cet ermite est saint Montan aux pieds duquel est
tracé ce quatrain en écriture gothique :

> Dieu puissant dist à Montain,
> Près son hermitage endormy,
> Que Celinie pour tout certain
> Aurait ung fils nommé Remy.

Parmi les apôtres, il faut remarquer surtout celui qui
est à l'extrémité du groupe, vers la droite. Le type de
sa physionomie est tout-à-fait allemand.

Au centre de cette tapisserie est placée la *scène de la
naissance de saint Remi*, qu'entoure le plus gracieux encadrement. Sainte Céline, couchée dans un lit, vient de
mettre au jour le fils que lui avait annoncé saint Montan,
et que deux femmes sont occupées à laver au milieu de
l'appartement. Le spectateur voit se dérouler sous ses yeux
une riche chambre du moyen-âge, à laquelle rien ne
manque comme ameublement et comme élégance.

(1) Voir les dessins publiés par M. Jubinal dont nous analysons le
texte.

Au bas de ce sujet, on lit :

> Sainte Celinie après se transporta
> Vers son mary Emiles pour affaires ;
> Puis saint Remy en vieillesse porta
> Qu'elle enfanta pour bonne œuvre parfaire.

En haut de la tapisserie, sur la droite, nous apercevons sainte Céline, accompagnée de trois personnages, dont un est coiffé d'un capuchon assez semblable à celui que l'on donne ordinairement au Dante. Saint Montan, qui est aveugle, vient à elle, appuyé sur un bâton, et au-dessous d'eux on voit ces mots :

> Espérant la veue recouvrir,
> De vers Celinie se transporte,
> Car Dieu lui promit d'y ouvrir
> Par le mistère qu'il rapporte.

Au-dessous on voit saint Remi, que sa mère tient dans ses bras, rendant la vue à saint Monton, ainsi que l'explique la légende suivante :

> Le créateur à ce cas entendit,
> L'enfant Remy print du lait qu'il tétait
> Et d'icelui claire veue rendit
> A saint Montain qu'alors aveugle était.

Les principaux personnages de cette tapisserie ont leurs noms écrits au-dessous ou à côté d'eux. On remarque la même chose dans les autres sujets.

La deuxième tapisserie nous montre saint Remi devenu ermite. Sa piété et sa sainteté ont rendu son nom si célèbre, que le clergé et un grand nombre de laïcs viennent, bannière en tête et revêtus de leurs plus riches habits, le chercher dans son ermitage pour le nommer évêque. Remi refuse d'abord ; mais bientôt, vaincu par leurs instances, il se rend aux vœux qui lui sont exprimés ;

nous le voyons, entouré de plusieurs évêques, assis sur le siége épiscopal, tandis qu'on lui impose la mitre et qu'on lui présente l'anneau pastoral.

A droite de ce sujet, on voit un homme qui s'agenouille devant saint Remi, lequel lui tend une aumône. Près de là sont deux démons qui s'enfuient et semblent regretter le corps d'où le grand évêque vient de les chasser. C'est ce qu'indique la légende suivante en deux quatrains :

> En l'hermitage où saint Remy repose,
> Tout le clergée à bien faire empesché
> Le va prier, disant qu'il se dispose
> Pour accepter de Reims l'archevêché.

> Faisant reffus, à l'église on le mène ;
> Là est sacré d'aulcuns dévots prélatz ;
> Donnant l'aumone ung jour de la semaine
> Ung démoniacle il remist en soulas.

La troisième tapisserie retrace quatre miracles de saint Remi. Le premier, qui occupe une grande partie de cette belle page, offre *la ville de Reims livrée aux flammes.* Nous voyons les citoyens, armés de seaux, monter aux échelles et chercher à éteindre l'incendie ; puis, sur le premier plan, saint Remi en costume épiscopal, tenant d'une main la croix et de l'autre excommuniant deux diables qui s'enfuient à toutes jambes.

Au bas de ce sujet on lit :

> Diables avaient dedans Reims le feu mis
> Pour le mectre en adversité ;
> Mais saint Remy chasse tels ennemis,
> Et préserva de feu cette cité.

Au-dessous de ce sujet, dans un fort petit espace, nous voyons saint Remi rendant la vie à une démoniaque. Cette femme est morte et étendue sur un lit ; le saint la bénit et la ressuscite.

Au-dessous de ce fait sont tracés ces quatre vers :

> Une pucelle avait le diable au corps
> Qui au sortir à dure mort la livre ;
> Sainct Remy faist que par divins accords
> La ressuscite et de mal la délivre.

A l'autre extrémité de la tapisserie, saint Remi est représenté à table avec plusieurs personnes. Des serviteurs
apportent différents mets ; dans l'angle est un chien , et
sur la table on voit plusieurs oiseaux.

Au-dessous de cette scène, on lit :

> Sans crainte, les oiseaux des champs
> Venoient mangier dessus la table ,
> Et dilectoient par doux chants
> Le sainct piteux et charitable.

Le miracle qu'on voit reproduit au-dessous de ce sujet,
est celui qu'expliquent ces paroles :

> Ung tonneau vuyde à sa parente
> Il bénit , puis fut plein de vin ;
> Par grâce de Dieu apparente
> Faisait maint ouvrage divin.

La quatrième tapisserie représente, dans le lointain et
d'une manière fort confuse, *la Bataille de Tolbiac*. Nous
y voyons d'abord Clovis, puis son conseiller Aurélien, par
l'avis duquel le fondateur de notre monarchie invoqua le
Dieu de Clotilde. Le roi est au plus fort de la mêlée ; il
porte le costume militaire, non de son siècle, mais du XVIe.
Son casque, ainsi que celui de plusieurs autres combattants,
est orné d'un long panache flottant, et les chevaux sont
caparaçonnés de fer. Sur les drapeaux romains on distingue
l'aigle noire à deux têtes ; sur les bannières françaises, de
même que sur le casque de Clovis, on voit pour armoiries
des crapauds ou des grenouilles.

Cette dernière circonstance demande une explication.
On sait que, selon nos anciens chroniqueurs, avant que
les fleurs-de-lys eussent été apportées du ciel à Clovis,
trois crapauds étaient les armes de nos ancêtres. Voilà
pourquoi Nostradamus appelle le roi de France l'héritier
des crapauds (Voy. ses *Centuries*), et pourquoi Jean Nau-
cler a écrit que Clovis portait dans son écusson trois grenouilles de sinople en champ d'argent. C'est aussi ce qui
faisait dire à Artevelle que les Français, pour l'atteindre,
ne passeraient pas la Lys, à moins qu'ils ne se fissent
crapauds.

Au moyen-âge, cette fable était adoptée si universel-
lement que l'auteur de nos tapisseries ne pouvait pas
manquer de la reproduire. On la retrouve encore indiquée
de la même manière sur les tapisseries de la Cathédrale,
qui représentent la *Bataille de Tolbiac ;* sur un bas-relief
gravé dans les *Mémoires de la Société des antiquaires de
France*, sur plusieurs anciens monuments ; mais on ignore
son origine, discutée par Mabillon, Marlot, Sainte-Marthe, etc.

Au-dessous du sujet dont nous parlons, on voit deux
quatrains dans l'arrangement desquels il y a confusion, et
qu'il faudrait peut-être lire ainsi :

> Les Allemans mectent en fuite
> Clovis et les gens dont se réclame (sic)
> Aurélien, et en poursuite
> Dic au roy pour éviter blasme :

> « Croit au Dieu auquel croit ta femme. »
> Ce qu'il faict ; puis à coups de taille
> Revien sur eux et les diffame
> Et soudain gagne la bataille.

Au bas de cette scène s'en présente une autre qui en fut
la conséquence politique. Dans un des appartements du
palais de Clotilde, nous voyons la reine, Clovis et plusieurs

seigneurs assemblés, écoutant les paroles de saint Remi
qui essaie leur conversion. Cette scène est conforme à
l'histoire qui nous apprend que, lorsqu'après la bataille
de Tolbiac, Clovis se fut retiré auprès de Clotilde, à Ju-
viniacum (Juvigny du Soissonnais), celle-ci manda secrètement saint Remi, le priant d'insinuer au roi la parole du
salut ; car Remi était singulièrement versé dans la science
de rhétorique, dit Grégoire de Tours. Les costumes des divers seigneurs sont fort riches et appartiennent au xvie
siècle. Clotilde porte, sur la coiffe qui lui couvre la tête,
une petite couronne fort élégante, et Clovis est en quelque
sorte le portrait de François Ier. Cette scène est expliquée
par le quatrain qui suit :

> Clotilde royne à sainct Remy envoye
> Déligemment pour le cœur esmouvoir
> Au roi Clovis afin qu'il se pourvoye
> De saincte foy que chacun doist avoir.

Dans le tableau qui suit, on voit, au milieu de l'église
de Reims, Clovis tout nu, plongé jusqu'à la ceinture dans
la cuve des cathécumènes. Près de lui, sur un coussin,
est la couronne, et autour du bassin on aperçoit Clotilde,
saint Remi, Aurélien, etc. Au-dessus du roi paraît la colombe plus blanche que la neige, qui, suivant les légendes,
apporta dans son bec la sainte Ampoule. Enfin ce tableau
est couronné par l'apparition d'un ange, qui tient dans
ses bras un écusson à trois fleurs-de-lys. Dans le fond de
l'église, on distingue un tableau représentant *Jésus crucifié*
et les *Saintes Femmes pleurant au pied de la croix*.

On lit au bas de cette scène :

> A sainct Remy Clovis réquert baptème
> Et se repent d'avoir sans luy vescu ;
> Dieu tout puissant luy transmet le sainct-chresme
> Semblablement des fleurs de lys l'escu.

La tapisserie cinquième représente d'abord saint Remi remettant à Clovis un petit baril plein de vin, en lui disant qu'il serait victorieux tant que le baril ne sera pas vide. Dans un coin, on aperçoit un ange qui vient révéler à saint Remi la connaissance de ce fait; et, sur le premier plan, on voit le Saint tendant au roi le baril. A leurs pieds est une espèce de lion, et Clovis porte sur son couvre-chef une couronne enrichie de pierreries.

Voici le quatrain explicatif :

> A Clovis comme il fut notoire
> Ung baril de vin prépara
> Et luy dist tu auras victoire
> Autant que le vin durera.

A l'autre extrémité de la tapisserie, pour faire pendant à cette scène, on aperçoit un meunier refusant à saint Remi de lui laisser comprendre son moulin dans le bien de l'Eglise, ce qui, selon Hincmar, fut cause que le moulin s'écroula immédiatement.

La légende est celle-ci :

> Un moulnier de mauvaise affaire,
> Son moulin au sainct refusa
> Qui en vouloit bonne œuvre faire
> Et pour ce fondit et brisa.

Le reste de la tapisserie est occupé par l'*histoire de saint Genebaud,* que saint Remi condamna à rester emprisonné pendant sept ans pour ses péchés. Saint Genebaud se rend à la prison sur l'ordre de saint Remi. Aux pieds de ce dernier est une femme à genoux, lui demandant l'aumône. Sa pose est pleine de naturel.

On lit sous ce tableau la légende suivante :

> Par sainct Remi en prison fut inclus
> Sainct Genebaud sans faire résistance ;
> Durant sept ans dit qu'il serait reclus
> Par son péché et ferait pénitence.

En effet, on aperçoit dans une tourelle saint Genebaud
derrière une fenêtre garnie de barreaux en fer. Vers cette
fenêtre descend un ange qui parle au saint. Celui-ci ré-
pond qu'il ne sortira qu'autant que saint Remi lui-même
viendra ouvrir les portes de sa prison ; Remi vient alors
en compagnie de l'ange pour le mettre en liberté. Telle
est la scène représentée immédiatement au-dessous de
la première. Toutes deux sont décrites et commentées par
ces quatre vers :

> L'ange de Dieu en sa prison descend
> Et délivrance au dict sainct il apporte,
> Lequel respond que à cela ne consent
> Si sainct Remy ne luy ouvre la porte.

La sixième tapisserie nous montre d'abord sur la gauche,
vers le haut, et entourée d'un gracieux encadrement, une
chambre du moyen-âge et un homme couché dans un lit
orné de courtines, en présence de plusieurs personnes.
Parmi elles il faut remarquer saint Remi, le gendre du
malade, et au pied de la couche une femme éplorée.

Ce sujet est ainsi expliqué :

> Ung bourgeois laisse aucun sien héritage
> Pour prier Dieu et la vierge Marie,
> Mais un sien gendre ayant mauvais courage
> Longtemps après aux lois il contrarie.

Pour faire face à cette scène, l'artiste a placé à la droite
du spectateur un élégant édifice ouvert et soutenu par des
colonnes, sorte de galerie imitée de quelque palais du
xvie siècle. Là nous apercevons saint Remi, le gendre du
bourgeois et un groupe assez considérable d'assistants.

Au-dessous, nous lisons :

> De faulx témoings se gendre sollicite ;
> Pour l'héritage, il fait tenir chapitre ;
> Devant l'évesque ung procès il suscite
> Et le débat qui le tient a faulx titre.

Dans la partie inférieure de la tapisserie, sous le premier sujet, se trouvent saint Remi et un autre prélat assis.
A leurs pieds est un greffier. Devant eux, à genoux, se
tient le gendre en question, vêtu d'un superbe manteau
et semblant plaider. Derrière lui sont plusieurs personnages qui lèvent la main, probablement les faux témoins
dont il vient d'être parlé.

Voici la légende explicative de cette scène.

> Ung bon prélat avecques sainct Remy.
> Au jugement du procès il assiste ,
> Mais avarice avait tant endormy
> Le poursuivant qu'en son mal il persiste.

Le quatrième et dernier sujet de ce tableau nous offre
saint Remi ressuscitant le testateur, afin qu'il puisse
lui-même déclarer quelles avaient été ses intentions et
convaincre son gendre. Saint Remi, vêtu de ses habits
épiscopaux, la croix à la main, semble bénir le tombeau.
Nous voyons alors le mort, enveloppé dans son linceul,
se mettre sur son séant. Le gendre et deux femmes qui
sont sur la droite, paraissent dans l'épouvante, et la foule
qui suit saint Remi, regarde le miracle avec avidité.

Aux pieds de saint Remi on lit:

> Le procès veu et le tout composé,
> Sainct Remy dit au gendre sans doubter,
> Si de ce cas créoroit le trépassé
> Que devant tout Dieu fit ressusciter.

Dans la septième tapisserie, nous apercevons d'abord,
vers le haut, trois scènes faisant partie du même sujet.
La première nous montre une campagne, au fond de
laquelle se dressent plusieurs meules de blés. Sur un plan
plus rapproché du spectateur, on voit quelques gerbes
toutes faites, et enfin plusieurs hommes occupés à brûler
ces gerbes. Plus loin nous voyons saint Remi descendu

de cheval, regardant accourir à lui plusieurs cavaliers. Près de lui s'étendent les flammes qui dévorent les gerbes. Enfin on aperçoit dans la troisième scène plusieurs individus frappés de terreur, prosternés la face contre terre ou à genoux, implorant le ciel. Ces divers faits sont expliqués ainsi en deux quatrains.

Voici le premier :

> La charité qu'en sainct Remy domine
> Fait rassembler en plusieurs lieux les bledz
> Pour obvier à certaine famine
> Ordonne et veult être ainsi assemblez.

Le deuxième quatrain est ainsi conçu :

> Aulcuns gourmans saoulz et remplis de vin ,
> Brulent les bledz et font maux infinis
> Eux et les leurs par le vouloir divin
> Sont et seront par grévure punis.

Le bas de cette tapisserie présente, en deux scènes, un sujet différent. On y voit le concile tenu en France par ordre de Clovis (on ne dit pas positivement en quel temps ni en quel lieu), dans le but de confondre l'arianisme. Devant saint Remi et les autres membres du concile, un évêque arien discute : voilà le premier tableau.

Il est ainsi décrit :

> Ung sainct concile en France s'assembla
> Pour soustenir saincte foi catholique
> Ung hérétique arrian le troubla
> Voulant ouvrer d'œuvre diabolique.

Le second tableau nous montre cet évêque arien devenu muet tout-à-coup, se jetant aux pieds de saint Remi, qui, selon l'histoire, lui rendit la parole en *invoquant le nom de Jésus-Christ , vrai fils de Dieu ;* ce qui engagea cet évêque à confesser trois personnes divines en une , et acheva d'éteindre l'arianisme en Gaule.

Au bas de ce fait on lit :

> Cet arrian contemple sainct Remy
> Puis soubdain perd de parler l'usage ;
> A deux genoux requert de Dieu l'amy
> Luy pardonner son méffaict et outrage.

Dans la huitième tapisserie paraît saint Remi devant l'image de la Vierge, occupé à chanter matines. Derrière lui, pour l'honorer, on remarque saint Pierre et saint Paul portant la clé et le glaive. Ils chantent chacun une leçon, et saint Remi continue. Dans un coin, nous apercevons saint Thierry qui se cache et regarde cette scène. A côté, saint Remi à genoux demande à Dieu sa bénédiction, et un peu plus loin, nous le voyons supplier saint Thierry de ne pas raconter ce qu'il a vu. Deux quatrains décrivent ce miracle.

Le premier est ainsi conçu :

> Sainct Pierre et Pol d'admirable façon
> Viennent des cieulx soubz terrestres courtines,
> Et chacun dits une leçon,
> Puis sainct Remy paracheve matines,

Voici le deuxième quatrain :

> Voyant qu'ils sont remontez es lieulx saincts,
> Demande à Dieu la benédiction.
> Sainct Thierry, homme dévocieulx,
> Se musse et cache en contemplation.

Au-dessus de ces quatre vers, on lit en haut de la tapisserie ces paroles que saint Remi adresse à Saint-Thierry, qu'on voit le chapeau en main, debout sur le seuil de sa porte :

> Puisque avés veu ce haut mistaire,
> Je vous supplie de le taire.

Le bas de la tapisserie représente en trois scènes *la vieillesse et la mort de saint Remi*. Dans le premier sujet, nous voyons le saint prélat aveugle, faisant son testament en présence de saint Médard, de saint Genebaud, etc.

Au bas on lit :

> Sainct Remy fait devant plusieurs prélats
> Son testament ; perdue avoit la veue,
> Par patience il recouvre soulas,
> Et de santé sa personne est pourveue.

Le deuxième sujet nous le montre faisant communier ses clercs, et dans le dernier nous le voyons expirer.

La légende explicative est ainsi conçue :

> La messe il dict , puis à ses clercs il donne
> Le corps de Dieu par une humble demande.
> De cœur dévot à la mort il se donne
> Et son esprit au seul Dieu recommande.

Au-dessus de ce sujet, dans la partie supérieure de la tapisserie, quatre anges transportent aux cieux l'âme de saint Remi. Toute cette page est magnifiquement distribuée.

La neuvième tapisserie nous offre d'abord les *funérailles du saint patron de Reims*. Le clergé , en deux endroits différents, chargé du corps de saint Remi, le porte à l'église de Saint-Timothée, qu'on aperçoit dans le lointain, près de celle de Saint-Sixte et de Saint-Nicaise.

Voici les deux quatrains qui expliquent cette scène :

> Tout le clergié par bon accord
> Conclut qu'avec l'ayde do Dieu
> Seroit enterré le sainct corps
> En l'église Sainct Timothieu.

Le deuxième quatrain est ainsi conçu :

> Le cercueil ne purent porter
> Au dict lieu n'y en autre part :
> Prient Dieu les reconforter
> Et que dela facent despart.

Au-dessous de ces deux scènes, le corps de saint Remi reçoit la sépulture dans une autre église que remplit le clergé, et au fond, au-dessus de l'autel, se trouve la statue de sainte Geneviève. Ce tableau a donné lieu aux vers suivants :

> En une église anciennement faicte
> Est mys le corps en digne sépulture.
> La volonté de Dieu fut lors parfaicte ;
> Car de la terre on fit large ouverture.

La dernière scène de cette tapisserie est relative à la *peste de Reims*. On aperçoit d'abord une tourelle, sur laquelle, au-dessous de trois fleurs-de-lys et d'un rameau, armes de la cité, est écrit : *La ville de Reims*. Dans le lointain sont des maisons, une église, etc., et l'on voit sortir de la ville, pour en faire le tour, le clergé, bannières déployées, suivi des bourgeois et des bourgeoises le cierge en main. En tête apparaît une châsse, sur laquelle est étendu un drap richement travaillé, provenant du tombeau de saint Remi ; deux prêtres portent la châsse placée sur un brancard.

Au-dessous de ce sujet on lit :

> La peste vint de Reims pourchasser
> Les corps humains, n'épargne laid ni beau.
> Les citoyens par icelle chasser
> Portent le drap prins dedans son tombeau.

La dernière et dixième tapisserie de Saint-Remi offre, dans sa partie supérieure, deux sujets. Le premier est la translation de saint Remi, opérée par les anges. Nous sommes dans l'église où le corps du Saint a été déposé. La pierre sous laquelle était son tombeau, est levée, et à côté nous voyons quatre anges chargés du cercueil, se

diriger vers le lieu où il doit être conduit. Au-dessous de
cette scène on lit :

> Anges par divin bénéfice
> Et comme Dieu voulut permettre
> De translation font l'office
> Et mettent le corps où fault mettre

A côté de ce tableau, mais séparé de lui par un arbre,
s'élève une église ayant au-dessus de la porte la statue du
Saint. Une troupe de gens d'armes arrive. L'un d'eux veut
enfoncer la porte à coups de pied. Son pied reste pris
au bois.

Voici le quatrain qui décrit ce fait :

> Ung gendarme voulut abastre
> La porte d'une sienne église
> Pour la piller après desbastre :
> Le pié tins contre sans faintise.

Au-dessous de ces deux sujets il y a trois autres
scènes.

La première nous représente saint Remi, suivi de plusieurs anges, dont l'un porte une croix. Le Saint tient à
la main une espèce de discipline dont il frappe un personnage qui semble dormir, et au-dessous de la mitre
duquel on lit ces mots : l'évêque de Mayence.

Le quatrain qui explique ce sujet est ainsi conçu :

> Sainct Remy bapt l'évêque de Mayence
> Car il n'avoit dict à son roy Conrat,
> Que ung vasal ne faisoit diligence,
> Rendre son bien qu'il avoit prins en rapt.

Ce tableau a pour pendant un autre sujet, où nous
voyons d'une part saint Remi, de l'autre, la Vierge tenant
l'Enfant-Jésus dans ses bras ; puis saint Jean, et devant

eux, à genoux, un personnage nommé Radunis. On lit
en bas :

> Radunis vist et a cler peut connoistre
> La mère de Dieu, sainct Jean et sainct Remy,
> L'un à la destre et l'autre à la senestre,
> Dont fust joyeulx après qu'il eut dormy.

Enfin le dernier sujet de cette tapisserie nous montre
le donateur des tentures de l'église de Saint-Remi, à
genoux et la croix en main.

Au-dessus de lui on lit :

> L'an mil cinq cents, trente et ung ajoustez,
> Le révérand Robert de Lenoncourt,
> Pour décorer ce lieu de tous coustez,
> Me fist parfaire, encor le bruyt en court.
> Honorant Dieu et la céleste court
> En laquelle est le benoist sainct Remy,
> Il me donna pour le cas faire court
> Ceste démonstre de son salut amy.

Telles sont les dix tapisseries conservées dans l'église
de Saint-Remi. Ces monuments méritaient bien d'être
publiés ; car, outre l'intérêt qui s'attache à leur sujet,
ils offrent par la perfection de leur travail, par l'habile
agencement de leur composition, par l'habileté avec laquelle les dessins en ont été tracés, un objet d'études
variées.

Nos dix tentures sont aux armes réunies, et plusieurs
fois sur chacune d'elles : 1º de Robert de Lenoncourt, qui
portait de gueules à la croix engreslée d'argent ; 2º du
chapitre de la Cathédrale, qui portait d'azur à la croix
d'argent cantonnée de quatre fleurs-de-lys.

Nous ne croyons pas sortir du sujet, en parlant des
toiles peintes que depuis longtemps possède l'Hôtel-Dieu
de Reims. Ces toiles, qui ont servi de cartons pour
quelques-unes des tapisseries de la Cathédrale, sont au

nombre de trente-neuf. Elles ont diverses dimensions. Douze d'entre elles représentent la *Passion de Jésus-Christ;* trois, les *douze Apôtres* (celles-ci sont accompagnées d'inscriptions rimées) ; une autre offre deux sujets de l'*Histoire de Judith;* une deuxième, deux sujets de celle d'*Esther;* une troisième, deux de celle de *Suzanne; l'arrestation et la mort de Pilate* sont représentées sur deux toiles fort grandes; le siège de Jérusalem par les Romains en occupe une autre d'égale grandeur ; enfin une autre nous offre *Vespasien malade;* et la vingt-troisième représente la *Piscine probatique.*

Les seize dernières sont relatives aux actes de la vie de Jésus-Christ, et paraissent être les dessins mêmes de Pepersaek. C'est du moins d'après ces toiles qu'ont été faites les tapisseries de cet artiste, qui se trouvent dans l'église métropolitaine de Reims.

Voici ce qu'en a dit M. Vitet : « Quant aux pièces de l'Hôpital, ce ne sont pas des tapisseries, mais de grandes toiles peintes, destinées probablement à servir de modèles aux ouvriers qui fabriquaient les tapisseries.... Elles ont été pour la plupart peintes au milieu du xvᵉ siècle. Le dessin en est franc et fait à la volée, la couleur jetée avec adresse et sans hésitation. Ce sont des tableaux du plus grand prix, indépendamment de tout intérêt historique et de tout mérite de rareté et de singularité.

PIÈCES JUSTIFICATIVES.

A

Etat approximatif des constructions, des embellissements, des dégradations et des réparations diverses de l'église de Saint-Remi, depuis l'an 1009 jusqu'en 1856.
(Ms de la Bibl. Imp. *Collect. de Champagne*, t. 27.)

1009. Airard, sixième abbé régulier, l'an 1009, fit travailler à l'église troisième de Saint-Remi, celle d'Hincmar menaçant ruine. — Après vingt-huit ans de travaux, il mourut, la laissant inachevée.

1041. Ces travaux, entrepris sur une trop grande échelle, furent détruits par son successeur Thierry, — qui commença, en 1041, l'église actuelle. Il mourut en 1048, la laissant inachevée.

1049. Hérimar continua l'œuvre. Il acheva la croisée méridionale, commença celle opposée, — et fit couvrir le tout d'une charpente dont le bois provenait de la forêt d'Orbais. — Les bourgeois y travaillaient à l'envi. — Le pape Léon IX en fit la dédicace au mois d'Octobre 1049.

1090. Pavé de mosaïque, par Guy ou Widon, religieux de Saint-Remi.

Vers 1168, Pierre de Celles, abbé, cent-vingt ans après modifia et améliora la construction. — L'entrée lui sembla trop simple; — l'église n'était pas voûtée, ou du moins elle ne l'était qu'en bois. — L'abside ou le rond-point était moins élevé que le reste de l'église. — Il fit faire un portail plus orné, mieux entendu que l'ancien. — Il fit bâtir le rond-point et le tour des chapelles telles qu'on les voit, et voûter toute l'église en pierre.

1310. Construction, à Laon, de la châsse de saint Gibrien; elle était de vermeil, ornée de pierreries.

1387. Ouragan qui renverse du côté méridional un mauvais campanile en bois, remplacé plus tard par la belle flèche du transsept.

Vers 1400, Jean Canart refit la couverture du corps de l'église, — éleva le petit clocher du centre, sur le transsept de l'église.

Vers 1500, Robert de Lenoncourt, voyant la croisée méridionale menacer ruine, fit construire le portail de côté, ayant fait allonger cette croisée d'une toise environ.

1531. Tapisseries données par Robert de Lenoncourt.

1533. Tombeau de saint Remi commencé et achevé en 1537, sous Robert de Lenoncourt.

1568. On vend, pour subvenir aux nécessités du royaume, les faces latérales en vermeil du maître-autel.

1578. Premier jubé construit par dom Ravineau.

1602. Philippe du Bec, abbé commendataire, fit refaire la grande rose qui est du côté du dortoir, au-dessus de l'orgue, tombée le 11 Juin 1602, — et qui avait entraîné la chute d'une autre espèce de clocher.

1610. Dom Oudart Bourgeois, grand-prieur, et dom Thierry Chatelain, prévôt de Corbeny, font ajouter au maître-autel une pyramide à trois étages, de pierre et de marbre, destinée à recevoir les reliquaires.

1619. Bas-relief des trois baptêmes, commandé par dom Jean l'Espagnol, prieur de Saint-Remi.

1636. Dom Oudart Bourgeois fait fondre, en argent massif, la châsse de saint Remi; elle est terminée en 1638.

1649. Deuxième jubé construit par les soins de dom Jacques de Bignicourt.

1654. Cercle de fer et de plomb placé dans la nef, à l'endroit où s'était agenouillé Louis XIV, le lendemain de son sacre.

1656. L'an de Notre Seigneur 1656, Madame Talon, veuve de feu M. Talon, advocat-général à Paris, et mère de celui d'à-

présent, mère de dévotion envers nostre glorieux patron
saint Remy, a donné mil livres tournois, pour estre employées à faire une closture d'arcade auprès du sépulchre
de saint Remy. C'est celle qui est à costé de l'Epistre,
proche l'autel du milieu. Elle a esté commencée sur la
fin de l'année 1656, et achevée au commencement de
1657.

1658. Cejourd'hui l'an 1658, pour l'exécution du vœu fait et
arrêté au conseil de cette ville de Reims, pour l'honneur
de Dieu et pour le triomphe du patron tutélaire saint Remy,
de faire dresser et ériger une entrée magnifique au tombeau
du même saint, du côté du septentrion, correspondant au
balustre environnant ledit tombeau, vinrent Messieurs les
lieutenant et conseillers du conseil de Ville, tant ecclésiastiques que laïques, en ceste église, en très bon ordre,
deux à deux, précédés de leurs sergents, les grosses et
moyennes cloches tintées, où ils furent reçus en la nef
de l'église par les vénérables prêtres et religieux, prieur
du couvent : aux quels ayant icelui lieutenant de ville fait
entendre l'intention du conseil, furent introduits toute
l'assemblée. Puis après leurs oraisons faites, les maîtres
architectes ou maçons présentèrent à M. Nicolas Amé,
pour lors lieutenant de ville, la pierre qui la première
devait être assise à l'ouvrage désigné, et prenant icelui
Amé la truelle en mains, et avec icelle avoir assise icelle
première pierre pour et au nom de toute la ville et les
habitants de Reims, ce qui fut annoncé par le son non
seulement des cloches ainsi, aussi de plus de vingt petards
déchargés au devant du grand portail de l'église du monastère de Saint-Remy, leur patron tutélaire. Ceste closture
d'arcade est composée partie de colonnes de marbre, partie
de cuivre, avec plusieurs beaux enrichissements, le tout fort
bien travaillé : c'est celle qui est du costé de l'Evangile
tout proche le dit tombeau : Où depuis ils y ont fait mettre
une très belle porte de cuivre.

1660. En l'an de Notre-Seigneur 1660 a esté commencée une belle
closture d'arcade dans nostre église de Saint-Remy de
Reims par la diligence et libéralité de M. Villequain,
grand prieur, et du couvent tout ensemble, et parachevée

16

l'année suivante 1661. Elle est fort richement élabourée et embellie de diverses colonnes et pièces de marbre tant noir que jaspé: c'est celle par laquelle on entre au chœur du costé de la sacristie.

1661. Après la clôture du sanctuaire, due aux libéralités de la Ville, de M. Talon et de dom Villequain, au mois de Novembre 1661, le premier pillier de l'église par dehors, du costé du midi, tomba et fonça la première voulte des aisles dudit costé, ce qui donna grande appréhension que les voultes de l'église ne vinrent à tomber. — Convenu que pour les réparations l'abbé fournira 6,000 livres et le surplus payé par moitié, — en sorte que ledit pillier a été réparé l'an 1663, un autre pillier et les voultes les années suivantes et a été le tout terminé en 1666.

1663. J. Harduin, émailleur de Limoges, fond les émaux que l'on admire encore à l'église de Saint-Remi.

1666. L'an de Notre-Seigneur 1666, sur la prétention qu'avait monseigneur de Saint-Paul, pour lors nostre abbé, que certains deniers provenant d'une acquisition faite sur la terre de Neuvisy (qui est un fief mouvant de l'abbaye) lui appartenoient, quoy que mal fondée, attendu que ledit fief nous est tombé en partage; le couvent, toujours pour éviter aux difficultés, a consenti que lesdits deniers seroient emploiés à la construction d'une closture d'arcade dans nostre église, ce qui a été fidèlement exécuté : c'est celle du chœur qui est du costé de l'épistre. — Sur la demande de l'abbé de Saint-Remi, Henri d'Orléans, duc de Longueville, fait les frais des deux portiques.

1669. En l'an de Notre-Seigneur 1669, M. Fabre, prestre et vicaire de la paroisse Saint-Jacques, à Reims, meu de dévotion envers nostre saint Patron saint Remy, a légué par testament à nostre monastère une sienne maison size au Ban Saint-Remy, à condition que nous ferons faire une closture d'arcade proche le tombeau dudit saint du costé de la chapelle de Saint-Gibrian, semblable à celle que Messieurs de la Ville ont fait construire de l'autre costé, proche la sacristie, ce qui a esté fidèlement exécuté: et mesme nostre communauté fournit encore 600 livres du sien pour pouvoir l'achever entièrement, attendu que ladite maison n'a été vendue que deux mille trois ou quatre cents livres, et ladite arcade faite et parfaite reviendra à trois mille livres. — Orgues renouvelées par les bénédictins de Saint-Remi.

1670. En l'an 1670, M. L'Hospital et M. Le Cointre, anciens religieux de notre abbaye, voyant que le lieu où estoient renfermées nos sainctes reliques ne correspondait point à la nécessité de nostre église, poussés d'un saint zèle, ont entrepris d'en faire construire un plus beau et magnifique et à leurs frais et dépens : ayant choisi, à cet effet, l'arcade proche le grand-autel du costé de la sacristie, correspondante à celle des Trois-Baptèmes miraculeux, qui est de l'autre costé : De quoy ils sont venus à chef y ayant contribué également.

1673. Autel élevé derrière le tombeau par la marquise de Rothelin.

1690. Nombreux reliquaires envoyés à la monnaie de Reims. Placement d'un magnifique aigle du chœur, sous la couronne d'Odon de Cluny.

1710. Louis Pisant, prieur, a fait faire une troisième balustrade de cuivre au tombeau de saint Remi, du côté de l'évangile.

1711. La même année 1711, au mois d'Octobre, on a démoli les deux petits autels qui étaient aux deux côtés du tombeau de saint Remi, pour achever la balustrade. Cette démolition s'est faite après en avoir obtenu la permission de Monseigneur l'archevêque, et celle du très-révérend père supérieur-général.

1713. Au mois de Mars, découverte d'anciennes sépultures.

1725. Mme de La Fond, veuve de M. Elie de La Fond, conseiller au Châtelet de Paris, a fait présent à la sacristie de 2,000 francs, pour être employés à faire deux bâtons pour les chantres. C'est M. Jacob, orfèvre à Paris, qui les a faits au prix de 2,200 francs. Le monastère a payé les 200 francs restant.

Deux parties des hautes voûtes collatérales, du côté du cloître des religieux, minées par la pluie, entraînent dans leur chute les voûtes inférieures.

1732. Le révérend père dom Maloet a fait brosser tous les murs et les voûtes de l'église, hautes et basses, moyennant la somme de 60 francs. Il y avait trente ans qu'on n'y avait touché, depuis que dom Thomas Blanquin, prieur, l'avait fait blanchir.

1733. Restauration à la couronne, par François Neveu, écolier de philosophie.

Un religieux de l'abbaye répare et dore la couronne du chœur.

Chaises du chœur. — Le bois provenait des forêts du Mont-Dieu; on les fit sur les dessins des sieurs Boisemont, Gagneron et les trois frères Le Bègue, menuisiers à Reims. — Ces derniers ont l'entreprise moyennant prix de 5,000 [1] environ.

Les trois frères et cinq compagnons, logés et nourris, ont commencé à trois ailes le 1er Mai 1734, et tout fut exécuté le 16 Janvier 1735.

Le R. P. Prieur a fait venir en même temps de Soissons le sieur Déclet, maître sculpteur, qui s'est chargé de la sculpture, moyennant prix et solde de 3,000 [1].

L'achat des bois,	3,400 [1]	
Menuisiers et sculpteurs,	7,500	11,900 [1]
Serrurier et maçon,	1,000	

Avec la grille et les faux frais, l'exécution et la pose desdites chaises est revenue à 18,000 [1].

1735. M. R. P. D. Fr. Hachette a fait poser une porte, grille de fer pour servir de clôture à la porte du chœur qui est du costé de la sacristie, pour empêcher le populaire de pénétrer, moyennant la solde de 850 [1].

Cette même année, le R. P. prieur a fait rétablir en maçonnerie les *campanes* des voûtes du chœur et de la nef qui étaient entr'ouvertes, et réparer une partie de la charpente de la nef du côté du midi, et recouvrir en plomb neuf une travée de l'aile septentrionale de l'église, du côté du couchant.

18 Février, cérémonie de la pose des premières pièces de charpente pour les chaises du chœur. Vernis mis aux chaises moyennant prix de 300 livres.

Deux encensoirs neufs faits par M. Tibaron, orfèvre, natif de Reims, demeurant à Paris.

1736. On a refait à neuf le beffroi ou la charpente de la tour, du côté des Minimes, dit des Portières, ce qui a coûté environ 600 livres.

On a aussi refait une réparation considérable aux deux tours, principalement à celle du côté du monastère, fort endommagée depuis environ quarante ans par le tremblement de terre de 1690.

1736 et 1737. Cette même année et les suivantes, on a fait rétablir toutes les vitres de l'église, dont on a remis la plus grande partie à neuf, et particulièrement la grande rose du portail et les trois fenêtres du dessous; ce qui a coûté 6,000 livres pour la moitié de l'ouvrage. Il y en a encore autant à faire. Le tout a été fini, en 1739, par Payen, maître vitrier.

La même année, le R. P. Prieur dom Fr. Hachette a fait poser aux deux côtés du grand-autel une grille de fer avec deux portes, à la place d'une balustrade de bois ouvragé à jour, qui tombait en pourriture. La grille est du travail d'un nommé Nique, serrurier de Soissons, et a coûté 4,000 livres, y compris la maçonnerie et autres faux-frais.

On a ôté, en même temps, les six colonnes de cuivre et les rideaux qui entouraient le grand-autel.

Cette même année, on a recouvert à neuf, en plomb, le côté du couchant de l'aile méridionale de l'église, dont on a aussi rétabli la charpente et les lattes.

Le 23 Octobre 1737, on a rétréci la profondeur du grand-autel, en repoussant la table de marbre consacrée par le pape saint Léon, contre la pyramide qui lui sert de rétable, moyennant quoi on a rallongé le sanctuaire d'un pied et demi. On a retrouvé, sous le grand-autel, une grosse pierre d'un pied et demi en carré de ses quatre faces, haute d'environ trois pieds, dans le milieu de laquelle on a pratiqué un trou en carré. Dans ce trou il y a une boîte de bois, faite en rond comme un cylindre; dans ce bois une autre de plomb, fermée à clef, où sont, comme on l'a jugé, les reliques que saint Léon a remises sous l'autel en le consacrant. Au pied de cette pierre, au devant de l'autel, on a trouvé au rez-de-chaussée un autre trou carré, couvert d'une pierre de marbre blanc, où on a trouvé d'autres reliques avec cette inscription : *Hic sunt reliquiæ : inventæ sunt in primo altari ;* ce qui fait juger que ce sont celles que Hincmar avait mises dans l'autel qu'il avait fait construire, l'écrit étant pareil à celui de son épitaphe qui est à côté de l'Evangile, contre un pilier du sanctuaire. L'année suivante, on a déplacé cette épitaphe, et on l'a remise en dehors du chœur au pilier proche la balustrade de marbre.

1738. Le 25 Juillet de la même année, le R. P. Prieur D. Fr. Hachette a fait marché avec Nique, serrurier de Soissons, pour faire une grille d'appui autour du tombeau de saint Remi, à la place des balustres de bois qui l'environnaient, moyennant la somme de 500 livres, à 55 livres la toise. Il y en a 9 toises 1 pied.

Au mois d'Août de la même année, on a déplacé les deux cénotaphes de Louis IV et Lothaire, son fils, qui étaient adossés contre les deux piliers du sanctuaire, en face du chœur, et on les a mis au-dessous des Trois-Baptèmes, du côté de l'Epître où est la crédence.

(En 1736, on les a transportés où ils sont maintenant, dans le collatéral, proche la sacristie. — Note de dom Chastelain.)

Au mois de Décembre, sous l'administration du P. D. Hachette, on a résolu de revêtir de menuiserie les deux piliers du sanctuaire, dans le goût des chaises du chœur, et on a relevé le pavé qui était défectueux entre le grand autel et le tombeau de saint Remi, vis-à-vis duquel l'on a trouvé un reste de tombe noire, sur l'épaisseur de laquelle étaient écrites, en lettres de cuivre, bien dorées et incrustées dans la pierre, ces paroles en lettres romaines, comme au temps d'Hincmar : *Scedinorum* (scieur de pierres) *Remigi, suscipe votum, et per te capiant quæ pia corda petunt.*

1739. Au mois de Septembre 1739, on a posé une nouvelle porte à la sacristie d'un goût riche et moderne, surmontée d'un attique dans lequel sont en grand relief les armes du cardinal Gualtieri, notre dernier abbé, mort à Rome, parce que cette porte a été construite des deniers que sa succession a été condamnée de nous fournir pour l'ornement que tous les abbés commendataires sont obligés de donner à notre église à leur avènement ou prise de possession, évalué par le concordat à la somme de mille écus. La grille d'autour du tombeau, où on a mis aussi les mêmes armes, a été faite des mêmes deniers.

On a nettoyé et bien brossé toutes les voûtes et les murs de l'église de haut en bas.

Croix processionnales faites par Tibaron, orfèvre de Paris, pour la somme de 25,000 livres ; — paix, calices et patènes faits par le même.

1740. Parcelle de la vraie croix mise au trésor.

1742. On a fermé, plafonné et pavé la sacristie.

1745. On boise la sacristie : — Thomas Lebègue et N. Gaudri, son beau-frère, menuisiers. — Le tout au prix de 8,000 liv.

1748. Custode en carton doré.

Porte en fer, du prix de 360 livres, mise au tombeau de saint Remi, à la place de celle usée.

1751. Dans le mois d'Avril on a commencé à ragréer et mettre en couleur toutes les voûtes des chapelles et ronds-points du chœur de l'église, les chapelles pavées de grandes pierres et petits carrés de marbres noirs en losanges. — Ensuite on a posé les autels de marbre au tombeau, les grilles de fer pour fermer les chapelles, on a boisé en plein la chapelle de la Vierge ; dépensé pour le tout plus de 12,000 livres. — Ces ouvrages ont été achevés dans le mois de Mai 1753. — Les deux chapelles de Saint-Jean et Saint-Benoist n'ont été finies que dans le mois d'Avril 1754.

1755. On dressa des échafauds solides et faits avec art, on démolit plusieurs voûtes tant du chœur, de la nef que de la croisée de l'église, et on les refit tout à neuf aussi bien qu'un arc-boutant du côté méridional ; ce qui fut exécuté l'année suivante , par les sieurs Rousseau et Lefèvre, architectes de Reims. — On fit aussi en même temps 9 croisées nouvelles dans le collatéral du côté du cloître. — On en rouvrit plusieurs autres, on refit à neuf une grande partie de la charpente et des couvertures , tant en plomb , qu'ardoises et tuiles , — et les deux flèches qui sont sur les deux tours du grand portail ; — enfin on rétablit à neuf les quatre perrons des portes de l'église.

1756. Au mois de Juin on a fait et posé la grille de fer qui est dans le collatéral du côté du cloître ; elle a coûté 1,100 fr. dont la sacristie a payé la moitié au sieur de Braine fils, serrurier.

1757. Au commencement du mois de Novembre 1757, dom Pierre Chastelain a fait mettre en la place de la porte de cuivre par laquelle on va au tombeau de saint Remi, et qui est proche le trésor, une grille de fer. Cette grille a été faite à Reims, par le sieur Revel, maitre serrurier, pour le prix de 300 l de l'argent de la sacristie.

1758. Dans le mois de Janvier 1758, le même sacristain a fait mettre une grille de fer en la place de la porte de cuivre, par laquelle on entre au tombeau, du côté de la chapelle Saint-Gibrien : elle a été faite par le sieur Revel, et coûte 300 livres. Il y avait auparavant des portes de cuivre qui étaient toutes délabrées et à moitié pourries.

1759. Oratoire de drap d'or. Livres d'épîtres et évangiles. Dais brodé. Cabinets de la sacristie.

Gradin de bois du grand-autel. Pied de la crédence.

Argenterie portée à la Monnaie ; — l'argent employé à orner l'autel de Saint-Remi, de Saint-Gibrien ; — à finir les grilles.

Grille de fer dans le collatéral méridional, prix 1,072 livres.

1760. Dans les mois d'Octobre, Novembre et Décembre 1760, dom Chastelain, sacristain, a fait paver la chapelle Saint-Gibrien comme les autres chapelles. Il a fait poser l'autel ou tombeau de marbre, toute la boiserie et le tableau. Il a payé pour le pavé, environ 300 livres, au sieur Lecocq ; pour le tombeau, au sieur Pestiaux, 600 livres ; pour la boiserie, y compris la serrure et sculpture, au sieur Gaudri, 550 livres ; et pour le tableau, au sieur Marmotte, 200 livres du produit de la sacristie. On a commencé à y dire la messe le second dimanche de l'Avent.

Croix d'argent du prix de 191 livres, chez la Ve Legoix, orfèvre.

Croix d'argent avec du suaire du Lazare.

Appui de communion à l'autel de Saint-Remi, par le sieur Fyon, serrurier, pour 360 livres.

1793. Ruhl fait briser sur la place publique la sainte Ampoule. Destructions et vandalisme dans l'église. Confiscation du trésor, etc. Profanation des reliques de saint Remi.

1795. Exhumation des reliques de saint Remi.

1796. Reliques déposées dans une châsse provisoire de bois doré. L'église, qui était devenue un magasin à fourrages, est rendue au culte. Procès-verbal sur l'authenticité des reliques retrouvées de saint Remi.

1803. Tombeau provisoire, élevé dans l'église de Saint-Remi par la munificence de M. Ludinart de Vauxelles. Restauration des chapelles par M. l'abbé Bertin. Groupe du tombeau de Jésus-Christ donné par M. Lemoine. Ces statues provenaient de l'église de la commanderie du Temple.

1824. Révision solennelle, sous la présidence du cardinal de Latil, du procès-verbal constatant l'authenticité des reliques de saint Remi.

1825. On décide la reconstruction, en bois et en plâtre, des voûtes de la nef, etc., terminées en 1842. Le pignon du grand portail est tronqué, pour réparations.

1829. Le gouvernement alloue 225,000 francs, pour la construction et pour la restauration de l'église. Les travaux commencés sont bientôt interrompus par les événements politiques.

1839. La somme de 292,000 francs est reconnue nécessaire. Reprise des travaux de restauration générale, sous la direction de M. Brunette. Une grande partie des hautes et basses voûtes sont relevées, les piliers, les arcs-boutants, le grand portail, les contreforts consolidés; l'église dallée et badigeonnée; l'ancienne rose, remplacée par une autre en fonte, est heureusement remplacée elle-même depuis; reconstruction complète de la tour méridionale et du fronton du grand portail.

1842. L'orgue actuel placé dans le chœur. Nouvelle consécration de l'église de Saint-Remi par Mgr le cardinal Gousset. Rajustement du vitrail de la rose septentrionale.

1847. Tombeau de saint Remi reconstruit en entier, sur un plan qui a permis d'utiliser les statues de Robert de Lenoncourt.

Nous terminerons cette longue nomenclature par le court aperçu des réparations faites dans ces dix dernières années. La sacristie a été embellie de deux portes du xve siècle ; l'autel des Trois-Baptêmes a été enlevé du sanctuaire, et reporté près des fonts baptismaux ; les dalles historiées de Saint-Nicaise ont été placées dans une chapelle et restaurées. M. Maréchal a exécuté les verrières du grand portail; M. Ladan, de Reims, a réparé assez heureusement celles de l'abside; M. Leclerc, de Mesnil-St-Firmin, a fourni à la chapelle de la Sainte Vierge trois verrières; M. Didron vient de livrer un nouveau vitrail, qui, par le style, surpasse ce qui a été fait jusqu'ici ; enfin M. Wendling a réparé le fronton du portail du sud, tandis que M. Brunette relevait la tour méridionale et restaurait le fronton du grand portail, etc., etc.

B.

Incendie de l'Abbaye de Saint-Remi.

Extrait d'un manuscrit de la Bibliothèque de Reims (1).

———

La maison de Saint-Remi a été brûlée trois fois avant l'incendie du 15 Janvier 1774. La première fois en 1098 (2) ; la seconde en 1481 ; la troisième en 1751. Cette fois, le roi Henry II se trouvait à l'abbatiale, où le cardinal de Lorraine, abbé de Saint-Remi, lui donnait à dîner (l'abbaye était alors unie à l'archevêché). Le feu, disent les mémoires du temps, prit à l'abbatiale et se communiqua au dortoir des religieux, qui fut réduit en cendres. A cette occasion, le roi donna aux religieux une somme de vingt-quatre mille livres, et le cardinal, leur abbé, fit rebâtir le dortoir, l'année suivante.

(1) Dom Chastelain nous a aussi laissé une histoire secrète de l'incendie de Saint-Remi. Elle a été reproduite dans la *Chronique de Champagne*, t. I, p. 114. Nous avons préféré celle-ci à cause des détails précis qu'elle donne sur la distribution du monastère.

(2) Le monastère avait conservé cette inscription curieuse sur l'incendie de 1098 : anno D : MXCVIII, cum incendio consumptum fuisset magna ex parte monasterium nostrum observatam Ecclesiam nostram novam, quæ non multo ante dedicata fuerat a domino Papa Leone, et restauratum monasterium sumptibus fortissimi ducis Guidonis Trimoliensis, cognati abbatis nostri, et ordinis Sancti Benedicti, pii defensoris reducis ab expugnatione sanctæ Hierusalem, quo navigaverat in auxilium Gothefridi ducis; dominus abbas noster, ut singulis sabbatis gratiam Deo redderentur, hanc deiparæ Virginis effigiem in oratorio novitiorum posuit anno M. C.

Extrait des archives du monastère. (*Coll. de Champ.*, t. XXVII, p. 183.

Le feu de 1774 prit le samedi 15 Janvier, vers dix heures et demie du soir, au-dessus du grand corridor régnant le long de la bibliothèque, du côté du septentrion, et au-dessus de la chambre de dom Jean-Baptiste Haudiquier, lors prieur de cette abbaye.

On a eu quelques soupçons, mais qui n'ont pas été approfondis, que le feu avait été mis, ou par négligence, ou par malice, par un jeune homme, fils d'un gentilhomme des environs, nommé de Montigny, qui avait été confié à Messieurs de Saint-Remi, pour lui donner instruction et éducation. Ce jeune homme, sujet indocile et indisciplinable, âgé de 14 ans, avait été trouvé plusieurs fois dans l'endroit où prit le feu, du moins où il parut d'abord. Quoi qu'il en soit de la façon dont le feu ait pris, il est certain que ce ne fut ni par la cheminée du prieur, ni par l'intérieur de la bibliothèque. Il se manifesta tout-à-coup vers dix heures et demie. Les flammes se firent jour à travers les toitures en ardoises, et s'étendirent avec une prodigieuse rapidité, en face, sur le grand dortoir, le long des bâtiments qui règnent au-dessus du cloître et vont droit à l'église s'appuyer au-dessous de la rose de la croisée du septentrion, puis au-dessus du chartrier, de l'orgue; et de l'autre côté, au-dessus de la chambre du prieur, de la bibliothèque et du corridor qui règne sur la partie du cloître jointe au réfectoire, du côté du septentrion. Il n'y avait pas une demi-heure, ou une heure au plus, que le feu avait paru, lorsque ces deux ailes de bâtiments furent embrasées dans toute leur étendue.

Avant que l'on pût être assemblé pour porter du secours, le feu s'étendit au pavillon carré qui termine cette aile d'une part, et commence celle du côté du couchant; puis tout ce qui composait les infirmeries au dernier étage devint la proie des flammes, avec les chambres d'hôtes au second; le beau corridor, les salles de réception au premier étage, le rez-de-chaussée du cloître, et enfin tout ce qui est au niveau de la grande cour d'entrée. Cette aile forme le troisième côté du carré, va s'appuyer aussi contre l'église au-dessous du clocher, et se prolonge en un bâtiment en retour d'équerre, qui s'étend hors du niveau du portail de l'église, dans la grande place vis-à-vis la rue de Fléchambault: là sont le parloir, la chambre du suisse, les bureaux des cellerier et dépositaire; en haut, au premier, cinq chambres; et au-dessus un grenier: ce bâtiment a été sauvé pour la plus grande partie.

La quatrième partie du cloître est appuyée à l'église, dont les arcs-boutants s'étendent de deux en deux arcades jusque dans le jardin, ou préau du cloître. Il n'y a sur cette partie du cloître, qu'une espèce de grenier qui sert de garde-meubles et de magasin à avoine. Sa façade est pourtant régulière, percée de croisées séparées par des pilastres, le tout faisant face et semblable aux autres côtés. Il n'y a point de bâtiments sur cette partie, qui d'ailleurs est défendue, d'espace en espace, par les arcs-boutants de l'église : le feu ne s'y est donc pas communiqué, d'autant qu'on y porta les secours et les forces des ouvriers pour couper les communications des deux ailes qui y aboutissent. Si le feu y eût pénétré, on n'aurait pu sauver l'église. (V. le plan de l'abbaye.)

La chose qui a le plus surpris tous les spectateurs, oisifs, travailleurs et autres, c'est la prodigieuse promptitude avec laquelle tout a été en feu, non seulement dans les trois ailes dont nous venons de parler, mais encore à un pavillon carré placé dans le flanc du grand dortoir et qui le sépare du bâtiment qui s'étend au levant, et va se terminer aux murs de la rue du Cerf. Ce bâtiment est composé au rez-de-chaussée d'une salle immense, percée de chaque côté de six croisées, dans les trumeaux desquels sont placés les portraits d'évêques, archevêques, abbés de cette maison. — Sur cette salle, est ce qu'on appelle le petit dortoir, garni des deux côtés d'une vingtaine de chambres de religieux. Sur ce dortoir est un plafond simple, et au-dessus, la charpente, sans grenier ; les deux bouts de ce bâtiment sont, du côté de la maison, un pavillon, un peu élevé au dessus du dortoir, dans lequel il y avait une grande place carrée, qui servait de décharge à la bibliothèque. Il y avait dans cette chambre, à l'événement du feu, quelques livres de peu de conséquence, et cent quatre-vingts exemplaires, en feuilles, de la Bible de dom Sabbathier, qui tous ont été brûlés. L'autre extrémité, au levant, est terminée aussi par un pavillon carré, dans le bas duquel sont le lavoir, les prisons ; au premier étage les commodités, et au-dessus le chauffoir des jeunes religieux, la classe des cours, etc. A force de secours, et aux dépens du premier pavillon, on est parvenu à arrêter la communication et à conserver ce bâtiment, lequel sépare le grand jardin à gauche et le jardin de l'église à droite.

Le public avait regardé comme incroyable la promptitude avec laquelle tout le tour de la maison a été enflammé, et s'était persuadé qu'il fallait qu'on eût placé, d'espace en espace, des matières combustibles avec des traînées de communication. Cette opinion n'a paru avoir aucune probabilité aux personnes instruites du local : en effet aucun des bâtiments brûlés n'avait de greniers, pas même de doubles planchers. Les corridors, la bibliothèque n'étaient couverts que de simples plafonds sans planchers par dessus ; il n'y avait aucuns murs de refend ; le feu ayant pris dans l'angle qui joint à l'aile de la bibliothèque l'aile qui s'étend à l'église sous la rose de la croisée du septentrion, n'a trouvé aucun obstacle : tout était bois de charpente, chevrons, lattes, etc., extrêmement vieux : il s'est porté en avant et à droite tout à la fois ; les plafonds des corridors qui étaient en lattes et en terre, et celui de la bibliothèque qui était en bois, ont été bientôt pénétrés ; en sorte que toutes les matières combustibles, les boiseries, etc., les meubles dans les chambres, et partout, se sont allumés ensemble, aussitôt que la très faible séparation d'un simple plancher a été couverte par le feu.

Rien n'est resté de ce qui était bois dans toute l'étendue des trois ailes du bâtiment. Le feu n'a été arrêté que par les voûtes, sur lesquelles tout a été consumé, comme dans un fourneau. Il n'était pas possible d'arrêter le progrès des flammes, par pompes, seaux, ni autres secours humains. Le feu n'était pas abordable, et l'on s'est vu réduit à considérer ce spectacle affreux, avec une sorte de surprise et d'admiration, tandis que les ouvriers s'appliquaient uniquement à couper les communications de l'église.

A peine le feu eut-il fait sauter les ardoises et les lattes, que les flammes se sont élevées et éclairaient toute la ville, jusques dans ses parties les plus éloignées, comme si elle avait été illuminée pour une réjouissance publique. Le feu qui consumait la toiture paraissait symétriquement arrangé : on eut dit qu'on avait attaché des lampions sur toutes les portions de cette charpente.

Aussitôt que la flamme se fût fait jour dans la bibliothèque, dans les chambres, tout le tour de la maison parut tout d'un coup illuminé. Chaque croisée sembla d'abord comme éclairée par un transparent de feu d'artifice ; mais quelques moments après, les flammes brisèrent toutes les vitres, et sortaient par tous les carrés des croisées, qui s'allumèrent, presque en un même instant, dans tout le pourtour de la maison, et faisaient l'effet de l'illumination la plus symétrique, la mieux disposée et la plus promptement exécutée. Quelques instants après, toutes les croisées consumées laissèrent passage à un torrent de flammes qui s'élançaient au dehors dans toute l'étendue des ouvertures des portes et des croisées. — Comment eut-il été possible d'aborder dans ce gouffre enflammé, qui vomissait de toutes parts le feu, comme le Vésuve ou l'Etna ?

On ne peut se figurer l'effroi de tous ceux qui habitaient cette maison. Dom Félix Plioux, qui venait depuis un quart d'heure de se renfermer dans sa chambre, qui était dans le grand dortoir proche le chauffoir, fut surpris d'apercevoir une grande clarté; il mit la tête à sa fenêtre et vit le feu déjà au comble, dans l'endroit déjà indiqué au commencement de cette relation. Il frappa à toutes les portes, et malgré le plus grand bruit, ne pouvait réveiller personne. Dom Delorme, bibliothécaire, fut un des premiers éveillés, et courut à la chambre du père prieur, frappant et criant de toutes ses forces: Sauvez-vous, père prieur, vous n'avez pas un instant à perdre, sauvez-vous ! Le chef de la maison, qui avait été inquiété par quelque bruit ou crépitation qui se faisait entendre au-dessus de lui, était levé, nu en chemise, au milieu de sa chambre, ayant cru que c'était une de ses fenêtres qui était restée ouverte. A ces cris effrayants, il ouvre sa porte, avance un pas et voit au-dessus de sa chambre, dans le grand corridor, le feu déjà considérable, qui avait percé le plafond et tombait à ses pieds. Il recule quelques pas en arrière, saisit sur un fauteuil à côté de son lit, une robe et un mauvais scapulaire, qu'il endosse tout en se sauvant, il court au grand dortoir qui était tout proche, crie, frappe à toutes les portes. Les portes des chambres s'ouvrent les unes après les autres, et tous ces religieux, les uns en chemise, les autres à demi-habillés, accourent et ne savent où ils vont. On aperçoit le bâtiment tout en feu, et on entend de tous côtés les cris que la frayeur et la surprise devaient naturellement faire pousser. Le prieur court sans culotte, sans bas, sans souliers, à l'extrémité du grand corridor, criant de toutes ses forces: Sauvez les malades, sauvez les malades. De retour, il se présente à sa chambre: il n'était déjà plus temps, ni plus possible d'y entrer; les planchers et plafonds étaient consumés, écroulés dans la chambre; c'était un brasier de flammes qui occupait la porte toute entière.

Les religieux se jetaient de toutes parts, les uns à la bibliothèque, dont le comble était déjà tout en feu ; les autres çà et là, et partout où ils croyaient pouvoir sauver des effets précieux. Ceux qui se portèrent à la bibliothèque, en arrachèrent quelques livres qu'on sauva, les uns par les fenêtres, les autres en les livrant à ceux qui se présentaient (car le peuple occupait déjà la maison de tous côtés). Le feu ne laissa pas long-temps le loisir, à ceux qui voulaient sauver les livres, de les tirer des rayons; on vit de toutes parts le feu percer à travers le plafond qui était de planches peintes, et ceux des ouvriers qui étaient accourus trouvèrent le danger si pressant qu'ils enlevèrent, comme malgré eux et malgré M. le prieur et ses religieux, les grilles, pour tâcher de sauver les manuscrits. Bien leur en prit, car un instant après toute la charpente, doubleaux, plancher, s'enfoncèrent dans le vaisseau, et le feu prit de toutes parts à la très-belle menuiserie qui la revêtissait dans tout son contour.

Le feu gagnant toujours de toutes parts, on fut contraint d'abandonner le haut, pour démeubler et sauver ce que l'on pourrait des effets les plus précieux qui se trouvaient dans les étages inférieurs à ceux qui brûlaient. Alors les officiers dom Lefebvre, dom Vernaux, dom Beaudart, etc., firent démeubler les bureaux, mirent sous la clé les papiers et les effets qu'ils avaient entre les mains pour le courant et firent transporter ces effets dans des maisons voisines, habitées par des gens connus. On enleva de même tout ce que l'on put des salles inférieures: l'argenterie, le linge de table et généralement ce que la confusion permettait de tomber sous la main. On sauvait par les fenêtres des chambres, livres, habits, matelas, etc.

La frayeur ne tarda pas à gagner le peuple qui craignait pour l'église et pour les effets précieux, renfermés dans la sacristie, dans le trésor, dans le tombeau de saint Remi, dans toute l'église; aussi ne balança-t-on pas, de peur de soulever le peuple, et on fit porter tous les effets du trésor, de la sacristie, chez les pères Minimes. On enleva la châsse de saint Remi, son bâton pastoral et la sainte Ampoule, que l'on transporta à Saint-Nicaise, maison du même ordre; on y transporta aussi beaucoup de calices et autres vases sacrés.

Dès le milieu de la nuit du samedi au dimanche, on n'eut plus de crainte que le feu se communiquât à l'église, tous les bâtiments étaient écrasés, et des matières combustibles se consumaient sur les voûtes et entre les murs; mais cependant le dimanche tout entier, le lundi et même encore le mardi, les ouvriers furent sur pied et étaient occupés à jeter de l'eau sur ces monceaux de matériaux qui brûlaient encore.

Dès le dimanche matin, il y eut encore plus d'ordre que pendant la nuit; la compagnie de l'arquebuse, une compagnie de bourgeoisie furent employées; on plaça des sentinelles de toutes parts pour conserver les effets que le feu n'avait pas réduits en cendres: par exemple, le chartrier et autres places intéressantes.

Il est bien difficile d'estimer la perte que l'abbaye de Saint-Remi a faite en cette occasion; et quoique l'on ait sauvé, comme on l'a déjà dit, le linge, l'argenterie de la maison, plusieurs meubles, tous les effets de l'église, tous les papiers contenus dans le chartrier, etc.; la perte des bâtiments consumés dans l'espace de plus de 350 toises, tout le mobilier des religieux, va sûrement à une somme considérable. Comment estimerait-on la perte d'environ vingt-quatre mille volumes de toutes les classes des sciences et des arts, dont la plupart d'anciennes éditions rares et recherchées, qui sont épuisées, et qu'on ne pouvait plus se procurer, à quelque prix que ce soit? Comment estimerait-on la perte de plus de neuf cents volumes manuscrits environ, dont un grand nombre n'ont jamais été imprimés, et qui faisaient partie de cette belle bibliothèque? Quel dédommagement pourront faire dix-huit cents volumes échappés aux flammes, parmi lesquels il y a seulement quatre-vingt-dix volumes manuscrits; surtout, si l'on considère qu'un grand nombre sont dépareillés! Des sept volumes de la belle Polyglotte, il n'en reste que deux; d'une belle Bible française, manuscrite in-folio, forme d'atlas, il ne reste que le second volume; de la belle collection des Conciles, imprimée au Louvre, il y a quatre ou cinq volumes qui manquent, etc.; le fameux manuscrit de Phèdre est brûlé.

Quels regrets ne doit pas causer la perte du vaisseau même qui contenait cette collection? Cette place avait cent cinquante-quatre pieds de longueur, sur vingt-trois pieds de largeur, y compris un ancien corridor qu'on y avait réuni depuis peu: elle était percée dans sa longueur, au septentrion, par huit croisées; elle était revêtue, dans toute son étendue, d'une très-belle menuiserie en châtaignier, travaillée magnifiquement; chaque trumeau était revêtu de même, et décoré à chaque coin par un pilastre d'ordre corinthien, cannelé, monté sur un piédestal, et terminé par les

17

chapiteaux, architrave, frise et corniches qui appartiennent à cet ordre. Dans la face opposée aux croisées, chaque partie opposée aux trumeaux et aux croisées formait des entrecolonnements, et les pilastres qui les soutenaient étaient accouplés par leur réunion. Chaque entrecolonnement, dans tout le pourtour, était garni de tablettes à différentes distances symétriques, dont les faces étaient ornées d'un quart de rond, avec une double baguette, et jointes dans toutes les divisions à pointe de diamant, comme les croisées. Chaque croisée était revêtue de menuiserie, et le dessous de l'appui rempli d'une petite armoire garnie de rayons. Cette menuiserie était en sa couleur de châtaignier naturel, sans peinture ni vernis. On avait seulement peint en bleu des petits cartouches sur la frise, au-dessus et au milieu des entrecolonnements, et apparemment pour y peindre en lettres d'or les différentes classes des livres rangés sur les tablettes. Le plafond était en bois, peint en bleu et partagé en trois grands tableaux ornés de cadres et d'enroulements. Dans ces trois cadres était peint le *Triomphe de la Religion*, d'après les cartons connus du fameux Rubens, qui se sont multipliés par la gravure ; on n'a pu apprendre par quel copiste ils ont été exécutés. Entre les trois grands tableaux, il y avait plusieurs cartouches, les uns ronds, les autres ovales, dans lesquels on avait peint, de la même main, les attributs des sciences et des arts libéraux ; la face opposée aux croisées était terminée par deux portes à deux battants, par lesquelles on entrait dans la bibliothèque par ses deux extrémités, par le grand corridor qui venait d'être fini.

L'extrémité de cette salle, du côté du levant, était revêtue de menuiserie façonnée en armoires grillées. C'était dans ces armoires fermées que l'on conservait les livres hérétiques et prohibés par quelque cause que ce fût ; on y tenait aussi sous clé le plus grand nombre des neuf cents manuscrits, dont on regrette la perte.

Il y a fort peu de religieux qui n'aient fait quelque perte particulière, soit d'une partie de leur vestiaire, soit de petits meubles, de livres, que l'usage permet aux religieux d'avoir à leur propre, et qu'ils transportent avec eux dans les fréquentes transmigrations, auxquelles ils sont sujets ; parmi les meubles, on entend de petits tableaux, des estampes dont ils peuvent orner leur chambre aux dépens de leur petit pécule, et qui sont plus ou moins précieux, à raison du goût et des connaissances de chaque particulier.

On peut rire de la perte d'une vingtaine de très mauvais tableaux qu'on avait fait placer tout le long d'un superbe couloir ou galerie qu'ils déshonoraient. Ces œuvres de peintres-vitriers, comme Charpentier, dit Michel Morin, étaient très-dignes du feu ; mais il n'aurait pas fallu que le bûcher ait coûté si cher.

On ne doit pas dire de même de nombreuses cartes géographiques qui étaient là à leur place, et on peut regretter la perte du *Siége de la Rochelle* et du *Siége de Breda*, morceaux précieux sortis du burin de Calot, et qui étaient des plus anciennes et meilleures épreuves.

On peut encore oublier une certaine petite chapelle pratiquée dans un trou, au fond de ce corridor ; elle péchait contre toutes les proportions de l'architecture, et n'a servi qu'à faire gagner des journées aux ouvriers qui riaient en la faisant. On avait cependant adapté au dehors une ancienne menuiserie d'ordre dorique, qui était proportionnée dans toutes ses parties, et prouvait que l'ouvrier qui l'avait anciennement construite pour un autre objet, connaissait les règles de son art.

Un objet bien digne de regrets, c'est tout ce qui était dans la chambre de dom Jean-Baptiste Haudiguier, prieur. Les flammes ont consumé tout son vestiaire, ce qu'il avait de livres de la maison et les siens : tout ce qu'il avait fait depuis quarante ans, et qui était en manuscrit, a subi le même sort : son esprit et ses connaissances doivent faire juger que le public est autant intéressé que lui à cette perte. C'est dans son secrétaire qu'était enfermée, parmi d'autres effets, une bourse qui contenait des médailles ; entre autres, une suite de celles qui ont été frappées aux différents sacres, et les deux petites clés qui ouvraient le reliquaire contenant la sainte Ampoule ; tout cela a été la pâture des flammes : on n'en a pas même trouvé les lingots dans les décombres.

A l'époque de ce feu, la maison était composée de :

Jean-Baptiste Haudiguier, grand prieur, cardinal, etc.; Charles-Antoine Gilliot, sous prieur, senieur et cardinal ; Maximilien-Emmanuel Delportes, doyen, senieur et cardinal ; Jean-Gérard Lefebvre, cellerier ; Pierre Mignot, dépositaire; Nicolas Dupuis, sous dépositaire ; Thomas Verneau, procureur ; Jean-Joseph Baudard, adjoint au dépositaire ; André-Salomon Delorme, bibliothécaire, cardinal ; Charles Bazin, infirmier ; Joseph-Philippe Sutaine, trésorier-sacristain, cardinal ; Joseph Grandpierre, surintendant de la musique, secrétaire du chapitre conventuel et cardinal; six enfants de chœur; Luc Dufresne; Louis Debar; Claude Gérard; Jacques-Claude Vincent; François Grévin; Pierre-Nicolas Froussart, Firmin Thaury; Félix Plioux, cardinal; Jean-Nicolas Leveau; Jean-Remy Léniel, professeur, senieur; Nicolas-Joseph Rivard, professeur, senieur; et neuf étudiants en théologie, profès.

Commis : Thomas Hennin, Gérard. — Domestiques: Un suisse; deux tailleurs; un garde-église; deux aux chambres d'hôtes; deux à l'infirmerie; un à la cave; un à la dépense; deux cuisiniers; un marmiton; deux à l'écurie; deux au jardin.

Presque aussitôt le feu, les neuf étudiants, les deux professeurs, dom Cazin, dom Thaury, dom Grévin, dom Leveau, dom Félix, dom Verneau, dom Froussart, un des commis et plusieurs domestiques ont été, ceux-ci renvoyés, ceux-là transférés dans d'autres monastères, et la maison a été réduite à treize ou quatorze, qui exercent les mêmes fonctions qu'auparavant. Dès le quatrième jour on a rapporté le Saint-Sacrement, et les offices ont été continués de la manière accoutumée.

(Bibl. Imp. *Collect. de Champagne*, t. xxvii.)

C

Procès-verbal des trésors livrés en 1790 (1).

« Cejourd'hui 22 Décembre 1789, à la réquisition de M. le le prieur et de la communauté de l'abbaye de Saint-Remi de Reims en Champagne, moi Nicolas Legoix, marchand orfèvre, demeurant audit Reims, j'ai, en présence de M. Cazé, doyen, et de dom Défaulx, cellerier de ladite abbaye, commissaires nommés pour cet effet par les religieux de la susdite abbaye, procédé à l'examen des poinçons et aux pesées des pièces d'or et d'argent tirées de leur trésor, dont le détail suit.

» Savoir :

En Or.

» Une croix d'or en filigrane, et le milieu d'un devant d'autel en or, poinçon de Paris, pesant dix marcs une once un gros et demi.

Argent doré.

» Une croix et un bénitier en vermeil, poinçon de Paris, pesant quatorze marcs une once.

» Débris d'une croix dorée, pesant deux marcs cinq gros.

(1) Pour ne point multiplier les pièces justificatives, nous renvoyons au procès-verbal de la spoliation de 1793, cité dans les *Trésors de Reims*, par M.P.TARBÉ, (p. 302) Comme ce procès-verbal ne donne qu'une simple évaluation en marc d'argent, sans entrer dans les détails des objets enlevés, nous avons cru inutile de le reproduire.

Argent.

» Une figure d'argent représentant saint Benoît , poinçon de Reims, pesant vingt-deux marcs quatre onces quatre gros.

» Une figure d'argent représentant saint Remi, poinçon de Reims, pesant vingt-cinq marcs une once quatre gros.

» Une figure d'argent représentant saint Paul, poinçon de Reims, pesant dix marcs trois onces deux gros.

» Une figure d'argent représentant saint Pierre, poinçon de Reims, pesant huit marcs sept onces quatre gros.

» Croix , chandeliers et goupillon d'argent, poinçon de Reims, pesant dix-sept marcs deux onces.

TOTAUX :
Or,	10 marcs 1 once 1 gros 1/2.			
Argent doré, 16	»	1	»	5	»
Argent, 84	»	2	»	6	»

» De tout ce que dessus j'ai fait rédiger le présent procès-verbal, en deux copies, pour servir et valoir ce que de raison ; et ont, mes dits sieurs Lecuyer, prieur, Cazé et Défaulx , signé avec moi lesdits jour, mois et an susdits. »

L'inventaire de 1790 , que nous allons donner, nous fera connaître le peu qui avait été épargné ; ces tristes débris allaient eux-mêmes périr.

Inventaire de l'or, argenterie et châsses de l'église de Saint-Remi , fait en 1790 par Messieurs municipaux de la Ville de Reims.

Une grande châsse d'argent de sept pieds moins un quart de pouce de longueur, large de deux pieds un pouce à sa base, haute de quatre pieds et demi dans le total de ses deux corps et de l'a-mortissement. Elle contient le corps entier de saint Remi, seizième archevêque de Reims. Elle est, pour la forme et les ornements, pareille au tombeau, exécutée en pierres de Chamery, village à deux lieues de Reims. Ce tombeau est orné au dehors de colonnes et de niches dans lesquelles sont les douze pairs de France, avec les attri-buts qu'ils portent aux sacres des rois de France.

Au devant du tombeau, devant la grille de fer, est une porte de vermeil et or, garnie de pierreries de différentes couleurs et nuances.

Dans le milieu de cette porte, il s'en trouve une d'or, ornée au centre d'un cristal de roche et de forme ovoïde ; et vers la serrure, l'anneau de François Ier, roi de France.

Au-dessus de cette porte, il s'en trouve une autre en or et en vermeil, enrichie de pierreries.

Au second corps d'architecture, au-dessus des douze pairs de France, il y a plusieurs bas-reliefs relevés au ciselet et représentant différents traits de la vie de saint Remi.

Au dedans du tombeau, on conserve à côté de la châsse le bâton pastoral de saint Remi, et dans un reliquaire d'argent, la sainte Ampoule, qui contient le baume qui a servi au sacre du roi Clovis et sert toujours depuis au sacre de nos rois (1).

On voit au maître-autel trois arcades l'une sur l'autre ; sous la première est une châsse (2) dont le devant et les côtés sont de vermeil. Elle renferme une partie des reliques de saint Gibrien, prêtre.

Sous la seconde arcade est une châsse revêtue de feuilles d'or, renfermant une partie des reliques de sainte Cilinie, mère de saint Remi ; au-dessus est un grand cristal de roche.

Sous la troisième arcade est une châsse d'argent doré, en forme d'église, renfermant le bras de saint Philippe, apôtre (3).

Une grande figure en argent, haute de trois pieds.

Une châsse en or et en argent, contenant les reliques de saint Théodulfe, troisième abbé de Saint-Thierry (4).

Une châsse de cuivre doré, garnie de figures en argent, renfermant les reliques de saint Oricle et celles de ses sœurs.

(1) Nous avons décrit le tombeau de saint Remi et le reliquaire de la sainte Ampoule dans un des chapitres précédents.

(2) Cette châsse était située sous l'arcade du milieu. Elle était ornée de pierres précieuses, et avait été fabriquée en 1310. Une autre châsse l'avait précédée ; elle avait été faite par les ordres de Samson, quarante-neuvième archevêque, en 1145

(3) Une charte de l'official de Reims, en date de Février 1269, constate qu'un chevalier, venant de Terre-Sainte, avait apporté le bras de saint Philippe et l'avait déposé au trésor de Saint-Remi. Cette pièce est conservée parmi les archives de la Ville.

Le reliquaire de saint Philippe était orné de deux tours sculptées avec soin ; il représentait une façade d'église. Le bras du saint était entier, simplement desséché et couvert de sa peau. (MARLOT).

(4) On peut voir l'histoire de ces martyrs dans Flodoard, livre I, c. 8.

Quatre châsses de bois doré, avec leur piédestal, et des chandeliers, pareillement de bois doré.

Un reliquaire de cuivre doré.

Deux bras d'argent.

Un coffre d'ivoire contenant les reliques de saint Timothée, martyrisé à Reims.

Un reliquaire garni en argent.

Deux petits reliquaires d'argent.

Une lampe d'argent.

Un ostensoir ou soleil d'argent doré.

Un grand ciboire d'argent doré avec une chaîne d'argent, dans lequel est renfermé un petit vase d'argent contenant les saintes hosties.

Un autre ciboire d'argent.

Un petit ciboire d'argent.

Une coupe d'argent.

Deux livres ou textes : la couverture de l'un est en or et celle de l'autre en vermeil.

Un bâton en forme de canne, garni d'argent et de cuivre.

Un diurnal en lettres gothiques, garni de velours.

Deux mitres d'anciens abbés (1).

Une croix d'argent doré.

Deux grandes croix processionnales d'argent doré (2).

Deux bâtons en argent pour les chantres (3).

Deux grands chandeliers d'argent.

Une couronne d'argent, garnie de pierreries, servant pour la châsse de saint Remi.

Deux paulmes d'argent servant pour la châsse de saint Remi, quand on l'expose.

Une petite châsse de vermeil.

Deux instruments de paix d'argent doré.

Quatre calices de vermeil avec leurs patènes.

Cinq calices d'argent, dont l'un est ciselé, avec leurs patènes.

---

(1) Les abbés de Saint Remi avaient droit de porter la mitre, la crosse, les sandales et la dalmatique.

(2) Ces croix étaient celles que l'on portait à la tête des deux files que formait la communauté quand elle sortait en procession.

(3) Ces bâtons étaient les insignes de la dignité des chantres.

Un grand bassin d'argent.

Une aiguière d'argent.

Deux encensoirs d'argent avec leur navette et leur cuiller.

Un vase d'argent renfermant les saintes huiles.

Un chandelier à main d'argent, à manche d'argent.

Un bâton d'ébène garni d'argent.

Deux baleines garnies d'argent.

Quatre grands bâtons garnis en moire d'argent pour le dais.

Quatre paulmes de cuivre argenté pour le dais.

Un coffre de bois renfermant le suaire de saint Remi.

Un bâton garni en argent et en cuivre argenté.

Un grand candélabre de cuivre à sept branches, haut de dix-huit pieds.

Une grande couronne de fer en forme de cercle, dont le dehors des ornements est de cuivre argenté et doré, laquelle est suspendue au milieu du chœur par une grosse chaîne de fer.

Un grand aigle de cuivre ciselé.

Une croix et six chandeliers de cuivre bronzé.

Huit chandeliers de cuivre et quatre chandeliers de bois doré sur la pyramide de l'autel.

Deux gros chandeliers de cuivre.

Six autres chandeliers de cuivre, beaucoup plus hauts que les précédents.

Sur tous les autels, il y a des chandeliers de cuivre argenté; ils sont au nombre de vingt, et six croix de même métal.

Six chandeliers de cuivre et une croix de bois doré, et deux petits chandeliers de cuivre à côté de chaque autel.

Un tabernacle de bois doré avec son gradin.

Vingt-quatre petits chandeliers de cuivre.

Quatre petites croix de même métal.

Le tour du tombeau de saint Remi et de la chapelle est orné de balustrades de cuivre.

Deux bénitiers de cuivre.

Aux clochers des tours il y a six grosses cloches, six plus petites au clocher du chœur, et plusieurs clochettes aux chapelles.

Cinq pupitres de fer.

Dix chandeliers de cuivre argenté et doré.

Douze grilles de fer qui séparent le sanctuaire du chœur du tombeau.

Des balustrades de fer, à hauteur d'appui, pour la clôture de toutes les chapelles.

Six chandeliers d'étain, trois de cuivre argenté.

Plusieurs lanternes en ferblanc.

Cinq lanternes de verre.

(Archives de la Ville de Reims.)

D

Epitaphes des anciens tombeaux de l'église de Saint-Remi.

———

AGNÈS.

Agnes, quæ dormit sub tumba marmoris, agnum
   Qui nunquam dormit mente sequuta fuit.
Huic petra lectus erat, cibus aridus, aspera vestis,
   Somni rara quies, absque quiete preces.
Ferrea vincla ferens, ferrum mutavit in aurum,
   Pro mœrore brevi gaudia summa metens.

AIRARD.

Hic tumulatur Airardus generosus (1) et abbas,
   Ecclesiæ speculum, ac patriæ columen (2).
Prudens ac sapiens, humilis fuit iste, beatus
   Moribus, et meritis nobiliter viguit.
Remigius præsul proprium hunc nutrivit alumnum,
   Quem dolet amissum tota caterva pium.
Octonis quoque bis denis hic rexit ovile.
   Dic, lector tituli ; parce, Redemptor, ei.

ALBRADE.

Hoc Albrada locor, de pulvere pulvis, in antro,
   Et genus heroum proteror hic miserum.
De primo qualem contraxi pulvere sortem,
   Ac causam sortis hæc monimenta ferunt.
Particulas sol quinque means lustrarat aquari,
   Hæc me cum tenebris obruit urna suis.

(1) *Generosus* veut dire homme de qualité (l. c.)
(2) Airard était rémois (l. c.)

Anonyme.

Paverat hic inopes quem vermis pascit in urna;
  Texerat hic nudos quem petra nuda tegit,
Excellens meritis quasi Job, quasi Loth, quasi Jethro,
  Et vita Tobias scilicet alter erat.
Job meruit patiens, et Loth pascens peregrinos,
  Jethro docens rectum, Tobia alendo bonos.

ARBODE.

Hic jacet Arbodus abbas egregius,
Quem grege pastorem de proprio vigilem.
. . . .
Postquam bis denis veste senectutis
Hunc tibi Bernerus ornavit titulum.

AZENAIRE.

Quæ non effari valet os, et cor meditari,
His Azenari, venerande pater, satiari
Te faciat Christi dignatio, quem coluisti,
Quem magis optabas, quam vivere domnus et abbas.

BURCHARD.

Anglica quem genuit, hunc tellus gallica condit,
  Clara stirpe cluit, anglica quem genuit.
Proh dolor! exul obit, dum Romam pusio tendit;
  Dum te, Petre, petit, proh dolor! exul obit.
Se petiit revehi Remis sub limine læti
  Aulæ Remigii, se petiit revehi.
Dulcis ephebe tuis, heu! primi gratia floris,
  Heu! lugende nimis dulcis ephebe tuis.
Altera lux aderat, qua taurus sole flagrabat,
  Dum pubeda meat, altera lux aderat.
Quem tegit hoc taphium Burchardi nomen adeptum,
  Grande decus procerum, quem tegit hoc taphium.
Lector, habes titulum, pete Petrum pandere regnum,
  Anglus adibat eum, lector, habes titulum (1).

_____

(1) Le père de Burchard avait donné à l'église de Saint-Remi un évangéliaire qui
rappelait ainsi la mort prématurée de son fils.

  Hic codex venlæ lapsis, legato vitæ,
  Vobis Burchardi memorare, magne Remigi :
  Postulat ut cœlis, tecum ceu commanet arvis
  Alegar dux anilis simul, et consors lateralis,
  Alegica pontificum summo dant munus amicum.

JEAN DE CLINCHAMPS.

Clari prælati, generosa stirpe creati,
Cunctis principibus, Clinocampoque vocati ,
Conditur hoc tumulo cor nobile Joannis,
Quique monasterio bis quinis plusque sub annis,
Hic regium (1) tenuit abbas, et vixit honore,
Sic. . . . . cunctis fervet amore
Hic merito fuit . . . . . . pastor monachorum
Sic subito det veniæ dit . . . .
Corpus et ossa pia Romæ cum laude probati,
Montibus ecclesia Martini sunt tumulata,
Quæ simul egregii tenet ossa sui specialis
Fratris Gervasii, istius tituli cardinalis
Mille trecenteno Domini ternis minus anno
Hic abbas humilis in fine migravit aprilis.

FOULQUES.

Hoc tumulo magni Fulconis membra teguntur,
  Remorum sedis præsulis egregii.
Germine nobilium quem Francia protulit ortum,
  Aulaque de scholis sumpsit et excoluit.
Hinc Deus assumptum statuit virtute probatum
  Ecclesiæ speculum, pontificemque pium.
Septenos denosque simul cui præfuit annos,
  Tres menses, denos insuper atque dies.
Auxit episcopium, superaddens plurima rerum,
  Urbis et istius mœnia restituit.
Orbis honor, patriæ tutor, pietatis amator,
  Pro studio pacis confoditur jaculis.
Septenum denumque diem jam mensis agebat
  Junius, ut dira morte peremptus obit.
Cui matris Domini , pariter quoque præsulis almi
  Remigii pietas obtineat requiem. Amen.

GERBERGE.

Francorum specimen, Francis memorabile nomen,
Hoc regina sacro Gerberga locatur in antro,
Grandis honor regni, cui vita monastica cordi,
Hæc era Remigio sua rerum contulit almo,
Sol quintus Maii quam vidit carne resolvi,
Remigii meritis cui detur vita perennis.

(1) Nota regium hic sumi pro verbo regimen. (L. s.)

GISLEBERT.

Militiæ titulis, et sanguine clarus avorum,
　　Gisleberte, jaces, hoc cinis in tumulo.
Vita fugax, ætasque brevis, malefida juventus,
　　Divitiæ fragiles, consolidata tibi...

GUIBERGE.

Rachel, Suzanna, Rebecca, Tabitha, Ruth, Anna ;
Sex fuit ista una Guibergis, quam gerit urna.
Rachel ore, fide Rebecca, Suzanna pudore,
Corde Tabitha pio, Ruth sensu, moribus Anna.
Hanc rapuit mundo lux festa sequens Benedicti.
Qui prece succurrent defunctæ sint benedicti.

GUY DE CHATILLON.

Fluxus honor mundi, proceres ! cur debet amari ?
Dum manet, excruciat, et post quid, cernite, fiat.
Iste bis undenos geminos cum mense per annos,
Archiepiscopium possedit Vuido Remorum ;
Stat pius, ac humilis in culmine nobilitatis.
Heu miseram sortem ! facit hunc caro putrida vermem :
Ast animam Jesus foveat vi nominis ejus,
Terrea calendis linquentem claustra septembris.

HERBERT.

Tempore quo messis sterilis fuit et seges, aurum
　　Messuit Herbertus, far dedit omne Deo.
Perpetuo solidos XL pro se dedit, et XL
　　Pro sponsa monachis, hac ratione tamen
Ut quotiens annis solis rota volverit illis
　　Officium totiens annua missa daret.
Stella sagittantis signi, cum Phœbus ibidem
　　Esset undecima luce, sagittat, cum.

HÉRIMAR.

Hic jacet Herimarus, cui se si conferat alter,
　　Si se per meritum conferat, alter erit.
Per meritum dico, per quod pater ordinis hujus,
　　Ordinis et rerum commodus auctor erat.
Nil sibi virtutum, nil sanctæ defuit artis,
　　Nec gravis incessus, sed neque sermo gravis.

Mille trecentenis decursibus hebdomadarum
  Appositis septem, rexit ovile suum.
Cum ruit hic, ipsa noster ruit ordo ruina,
  Decidit et totus, hoc moriente, locus.
Qui si non tantum ipsi quod facit est aliquantum,
  Credimus hoc per eum deposuisse Deum.
Exuitur membris septena luce decembris,
  Sed peperit meritum vivere post obitum.

HINCMAR.

Nomine non merito præsul Hincmarus ab antro
  Te, lector, tituli, quæso, memento mei.
Quem grege pastorem proprio Dionysius olim
  Remorum populis, ut petiere, dedit.
Quique humilis magnæ remensis regmina plebis
  Rexi pro modulo, hic modo verme voror.
Ergo animæ requiem nunc, et cum carne resumpta,
  Gaudia plena mihi, hæc quoque posce simul.
Christe, tui clemens famuli miserere fidelis,
  Sis pia cultori, sancta Maria, tuo
Dulcis Remigii, sibimet devotio prosit,
  Qua te dilexit pectore, et ore, manu.
Quare hic suppetiit supplex sua membra locari,
  Ut bene complacuit, denique sic obiit.

JEAN III *dit* LESCOT.

Conditur hic dignus abbas, pius atque benignus,
Progenie clarus, cunctis in famine charus,
Simplex, pacificus, humilis vereque pudicus,
Famam virtutis zelans, verbumque salutis,
Cognomen Scoti retinens nomenque Joannis.
Huic domui totis sexdecim quasi præfuit annis,
Vitæ finalis decies sex mille trecentum
Et duo, natalis lux quarta dabit documentum.
Qui titulum legis hunc, speculum tibi cerne paratum,
Atque Deum pete propter eum quem scis hic humatum.

DOM JEAN LESPAGNOL.

Hic dum fluxa fugis melioribus utere claustris,
  Desistensque solo vivere, vive polo.
Mens tua præpotior cœlesti gaudeat arce,
  Marmore sub isto leniter ossa cubent,

Donec voce tubæ supremus corpora judex
  Excitet ad formas cuncta redire suas.
Te quoque, qui vises hoc bustum, vota precesque
  Pro functi requie fundere non pigeat.
Spagnolus hic doctor, qui per septem atque viginti
  Annos huic claustro præfuit archiprior,
    Obiit anno salutis 1619 (1).

LOTHAIRE.

Undecies quinis et nongentis simul annis
  Fluxis a partu virginis eximiæ,
Quartus sceptra tulit, tunc jure Lotharius armis,
  Nomine, principibus, divitiisque potens.
Remigii Remis fuit unctus in æde, novembris
  Idibus, et regni tunc diadema tulit.
Uno et ter denis regnans feliciter annis,
  Remis extremos finiit ipse dies;
Jnque monasterio Sancti cum patre quiescit
  Remigii, quorum tu, miserere, Deus.

De eodem.

Cujus ad obsequium coiere duces, bonus omnis
Quem coluit, sate Cæsaribus, monumenta doloris,
Cæsar Lothari, prætendis luce secunda
Terrifici Martis quod eras conspectus in astro.

De eodem.

Si de belligeris debetur adorea gestis,
  Jureque victores quernea sesta ferunt,
Quartus ego viridi sum fronde Lotharius ergo
  Jure coronandus, lilia tria gerens (2).
Namque duces Domni, calcitrantesque jugavi.
  Ottoque Romanus non mihi prævaluit.
Unum terque decem gestavi sceptra per annos,
  His actis Lachesis succubui imperio.
Anno milleno bis septem vero remotis
  Remigii Remis me sacra capit humus.
Francigenæ celebres precibus pulsate tonantem,
  Ut famulo perpes det diadema suo.

GERBERGE.

Regum stirpe sata, rebus specieque beata,
Moribus ornata, fidei probitate probata,

(1) On voit par là que ces épitaphes sont postérieures à Charles VI.
(2) Ces vers ont été composés par D. Lespagnol. On a ajouté simplement la date de sa mort.

Jure superlata Francis Gerberga vocata,
Concidit in fata, sed e carne satis decorata
Defluit ingrata sanies, et quidquid humata
Et desolata caro debet non adamata,
Non super optata facies, possessio lata,
Non mihi gemmata vestis fuit hæc operata,
Quin regina data sim vermibus, ut patre nata
Paupere. Dilata mors esse potest reserata,
Non autem ablata. Mala, lector, plange patrata.
Non semper grata venit ut fuit hora putata.

LOUIS IV *dit* D'OUTRE-MER.

Si quantis regum sit subdita vita periclis
   Nossent qui cupiunt regna vel imperia,
Sceptra pili facerent nec venarentur honores,
   Cæca nec ambitio corda gravaret eis.
Et quovis Cræso pauper tranquillior Irus,
   Nec marcet variis sollicitudinibus.
Rex Ludovicus ego Francorum, nomine quartus,
   Ærumnas varias et mala multa tuli.
Proditor Herbertus patrem mihi morte Peronæ
   Carceris affecit quando tenellus eram.
Anglorum petii profugus cum matre penates,
   Anglorum siquidem filia regis erat.
Tunc mea possedit burgundus regna Rodulphus,
   Isque pedicorum morsibus interiit.
Ad mea regna duces Galli tunc me revocarunt,
   Et Remis unctus gallica sceptra tuli.
Corvis esca fuit pendens Herbertus in arvis :
   Authori proprium crimen obesse solet.
Contra Normannos exercens prælia tandem,
   Victus ego tenebris carceris obtenebror.
Exivi, Carlo tamen obside quem generaram,
   Extremos sed ibi finiit ipse dies.
Me præcesserunt tres reges atque triginta ;
   Annis regnavi sex quater atque tribus,
Annis nongentis quinquagintaque peractis,
   Et lustro Domini febribus occubui.
Sancti Remigii Remensis in æde quiesco.
   Ad Dominum pro me fundite, quæso, preces.

De eodem.

Efflueret Domini dum nongentesimus annus,
   Annis decursis sex quater et quatuor,

Francorum capiens Burgundiis sceptra Rodulphus,
    Ipse pedicorum morsibus occubuit.
Hugonis Comitis regnum possederat astu
    Herberti Comitis intus et insidiis.
Tres sed apud Gallos non est miratus aristas
    Non rapitur rapidos Gallica terra duces.
Heus legitimus Ludovicus fugerat Anglas
    Ad partes juvenis cum genitrice sua.
Natus erat Carli qui tristia fata Peronæ
    Herberti inclusus carcere pertulerat.
Hugonis Comitis Ephebus Ludovicus ad oras
    Regreditur Gallas et diadema gerit.
Hic Ludovicus erat quartus qui prælia gessit
    Contra Normannos marte nec incolumi;
Carcere detentus Rhotomagi non prius exit
    Quam natus detur Carlus in obsidium,
Qui clausus moritur, natos tres inde propagat,
    Quorum primævus regia sceptra tulit,
Et nothus illius Remensem pontificatum
    Arnoldus rexit moribus egregius.
At Comes Herbertus suspensus in aere Corvos
    Pavit, qui nequam proditor extiterat.
Rex moritur tandem, cujus Remensis in æde
    Sancti Remigii molliter ossa cubant.
Hunc præcesserunt tres Reges atque tringinta
    Annis sceptra tulit sex quater atque tribus.

ODON.

Justus, mansuetus, morum probitate repletus,
    Vermibus iste datus fuit abbas Odo vocatus.
Pontificis more primus celebravit, honore
    Hoc sibi concesso, damnorum pondere presso
Isti cœnobio prælatus munere divo,
    Debita persolvit, et post tria lustra resolvit,
Cum trino mense, vilis cinis in cinerem sese
    Anno milleno centeno bis LX que noveno
Hic obiit Janique die de vertice deno.

PIERRE DE CELLES.

Mænibus et plateis urbem insignivit et auxit,
    Et variis posuit tecta superba locis,
Hunc pia plebs habuit tanto pietatis amore
    Oscula mille suis ut dederit pedibus.

PIERRE DE SACY.

Largus, sensatus, mitis, Petrusque vocatus,
E Saceio natus, jacet hic tumulatus.

REGNAULD.

Plebis amor, procerumque decus, pietatis amator,
    Hic, Ragenolde, solveris in cinerem.
Inter opes, clarumque genus, conspectus in armis,
    Prætuleras ferro, pacis amore, togam.
Sol quinto decimo radiabat velleris auro,
    Cum suprema tibi clauserat hora diem.

NICOLAS ROBILLART.

Hic jacet venerandus in Christo pater dominus Nicolaus
Robillart, quondam abbas istius ecclesiæ, qui dictam ecclesiam
Bene rexit per spatium viginti duorum annorum vel circiter,
Et qui diem suum clausit extremum anno Domini
M. CCCCLXI vigesima prima Julii. Orate pro eo.

SIMON.

Sufficit in titulo Simon mitissimus abbas,
    Dormit in hoc tumulo cui placet oda brevis.
Prudens, præclarus, largus, devotus, abundans,
    Sensu, doctrina, munere, mente, bonis,
Erexit, rexit, dispersit, respuit, emit
    Ecclesiam, monachos, danda, cavenda, Deum.

THIERRY.

Stat Theodoricum decoris meruisse sepulchrum,
Qui magna magnum sic munerat æde patronum
Tum vir magnificus fuit, abbas munere dignus.
Quippe gerens habitus virtutis de speciebus.
Fovit ut undenos pater his commissa per annos;
Octobris sexta sua quæque recepit origo.
Clemens ergo stolam reduci pater indue primam,
Atque spei summam recreato trade secundam.

TILPIN.

Hic requiescit humo Tilpinus præsul, honoris
    Vivere cui Christus vita et obire fuit.
Hunc Remi populo martyr Dionysius almus
    Pastorem vigilem misit et esse patrem.

Quem pascens quadragenis est amplius annis,
Veste senectutis despoliatus abit.
Quartas cum nonas mensis september haberet,
Mortua quando fuit mors, sibi vita manet.
Et quoniam locus atque gradus hos junxerat, Hincmar
Huic fecit tumulum, composuit titulum.

FIN.

ERRATUM.

Page 43, *ligne* **33**, au lieu de : Foulques, chorévéque et administrateur de l'Eglise de Reims ; Nothon, Hincmar, Foulques, d'abord moine de Saint-Bertin, tous trois archevéques de Reims ; *lisez :* Foulques, chorévéque, et Nothon, tous deux administrateurs de l'Eglise de Reims; Hincmar et Foulques, d'abord moine de Saint-Bertin, l'un et l'autre archevéques de Reims.

TABLE DES MATIÈRES.

CHAPITRE III.

ÉGLISE DE SAINT-REMI.

§ I. *Eglises antérieures à l'église actuelle.*

§ II. *De l'église actuelle.*

Partie descriptive.

—

CHAPITRE Iᵉʳ.

LE MONASTÈRE.

CHAPITRE II.

L'ÉGLISE.

§ I. *Extérieur de l'église actuelle.*

§ II. *Intérieur de l'église.*

CHAPITRE III.

MOBILIER ET TRÉSORS DE L'ÉGLISE DE SAINT-REMI.

Pièces justificatives.

—

Reims, Imp. de P. Regnier.

www.ingramcontent.com/pod-product-compliance
Lightning Source LLC
Chambersburg PA
CBHW071809020726
47502CB00004B/1048